LA ORACIÓN

RICHARD FOSTER

Wipf & Stock
PUBLISHERS
Eugene, Oregon

Wipf and Stock Publishers
199 W 8th Ave, Suite 3
Eugene, OR 97401

La Oración
Verdadero refugio del alma
By Foster, Richard J.
Copyright©1994 by Foster, Richard J.
ISBN: 1-59752-360-7
Previously published by Editorial Caribe, Inc, 1994

Título del original en inglés: *Prayer
Finding the Heart's True Home*
©1992 por *Richard J. Foster*
Publicado por *Hodder & Stoughton*

Para Eugene y Jean Coffin
Mis pastores

Cuando era niño, escuché a Eugene y Jean bromear respecto a que eran como un par de «viejos pantalones». Siempre hablaban más de lo que sabían. En estos últimos cincuenta años han tenido un ministerio compasivo que es inseparable y les «viste» bien.

Contenido

RECONOCIMIENTOS	vii
PREFACIO	ix
EL REGRESO A CASA: Una invitación a la oración	1
Parte I El camino hacia el interior: *en busca de la transformación necesaria*	7
1 Oración sencilla	9
2 Oración del desamparado	21
3 Oración de examen	33
4 Oración de lágrimas	45
5 Oración de renuncia	59
6 Oración transformadora	71
7 Oración de pacto	85
Parte II Movimiento ascendente: *en busca de la intimidad necesaria*	99
8 Oración de adoración	101
9 Oración de descanso	115

10	Oración sacramental	129
11	Oración incesante	147
12	Oración del corazón	161
13	Oración meditativa	177
14	Oración contemplativa	193

Parte III   El camino hacia el exterior:
en busca del ministerio pertinente   209

15	Oración cotidiana	211
16	Oración de súplica	223
17	Oración intercesora	239
18	Oración sanadora	253
19	Oración de sufrimiento	271
20	Oración de autoridad	287
21	Oración radical	305

Reconocimientos

Es casi imposible, para cualquiera, hacer mención de todas las personas que han participado en nuestra formación. Cuando se escribe un libro, el problema se intensifica. No me es posible darle las gracias a cada una de las personas que han colaborado en este libro, pero agradeceré a algunas, con la esperanza de que representen a muchas otras que permanecerán en el anonimato.

Estoy profundamente agradecido a quienes leyeron todo o parte del manuscrito, y me dieron valiosas sugerencias: Carolynn Foster, Nathan Foster, Lynda Graybeal, Dosty Hill, Janet Janzen y Carol Mullikin. Además, recibí la valiosa crítica y el apoyo de los miembros del Centro Milton, en donde leí varios capítulos durante las reuniones semanales. Mi gratitud para ellos: Harold Fickett, Janine Hathaway, Frank Kastor, David Owens, Virginia Stem Owens, Charles Parker, Bruce Parmenter y Jim Smith.

Quiero agradecer también a mis antiguos feligreses y estudiantes, quienes me ayudaron a examinar mis ideas a través de los años, tanto en la teoría como en la práctica. Ellos han sido mis maestros. También estoy en deuda con un grupo especial de personas que oraron por mí durante el proceso de escritura de este libro, y mantuvieron en alto mis brazos, cada vez que me sentía desfallecer: Wendell Barnett, Ken y Doris Boyce, Karen Christensen, Taddie Gunn, Dosty Hill, Ed y Alice Kerr, Claudia Mitchell, Bonnie Parker, Betse Rockwood y Dick y Gayle Withnell. Además, expreso mi gratitud a Carolyn Armitage de Hodder y Stoughton por su destreza editorial y su cálido apoyo.

Doy gracias a Lynda Graybeal por cuidar de la oficina y cumplir con todos los detalles, demasiado numerosos para mencionarlos, de tal modo que yo pudiera tener tiempo libre para escribir. Y finalmente, le doy gracias a Dios por Carolynn, quien oró conmigo y por mí desde la concepción hasta el nacimiento de este libro.

Prefacio

Desde hace ya mucho tiempo había querido escribir sobre el tema de la oración. Sin embargo, de haberlo hecho entonces habría cometido el pecado de presunción. No estaba preparado. Todavía me faltaba mucho, mucho más, por aprender y experimentar. Son muchos los temas en que es perfectamente válido conversar sobre las dudas y divagaciones que uno tiene al respecto, pero no es así cuando se trata de la oración. La oración nos conduce hasta el Lugar Santísimo, donde nos inclinamos ante el más profundo de los misterios de la fe, y tememos tocar el Arca. Los años han ido y venido, y aunque todavía soy un novato en las distintas formas de orar (¿quién podrá acaso dominar algo en lo que el objetivo principal es ser dominado?), de alguna manera, creo que he recibido la señal divina de aprobación. Ahora es el tiempo. Y aquí estoy escribiendo, y al hacerlo hablo tanto por la persona negligente que he sido en cuanto a la oración, como también por la persona de oración que espero llegar a ser.

A través de estas páginas intentaré dar nombre a nuestras experiencias de oración. Será un poco similar a lo que hizo Adán en el Jardín de Edén cuando dio nombre a los animales. Espero definir de esta manera algo del carácter de nuestros diálogos con Dios. Numerosas personas oran mucho más de lo que creen. Con frecuencia, tienen una imagen demasiado «fantástica» de lo que es la oración. Por eso les cuesta trabajo reconocerla en su experiencia, y eso les lleva a condenarse a sí mismas por no orar. Estoy seguro que muchos pasajes de este libro le serán familiares, y le hará decir: «¡Claro que sí, yo he experimentado eso!» Espero que al denominar las experiencias que hemos vivido, podamos aumentar nuestra comprensión de lo que Dios está haciendo entre nosotros, de manera que busquemos ser más intencionales en nuestras prácticas.

Debo hacer notar —desde este primer momento— el problema lingüístico que enfrentamos al dirigirnos a Dios. El pronombre personal (él) expresa este problema, y pretender resolverlo con el uso de diagonales o guiones (él/ella, él-ella) sólo propicia mayor dificultad en el significado y lectura; además, estéticamente resulta feo. Por lo tanto, me he visto en la necesidad de optar por el uso convencional del pronombre en masculino, aunque estoy consciente de lo inadecuado que resulta ello para hablar de Dios. Soy el primero en reconocer que nuestra lengua es por cierto inadecuada y limitante en estos casos. Evidentemente Dios incorpora, y a la vez transciende, nuestras clases de género, puesto que Dios no es una deidad masculina en contraposición a una deidad femenina.

En realidad, el uso de la «oración Abba» por Jesús fue una acción inclusiva. Al usar el diminutivo de «padre», Jesús revela que nuestra relación con Dios involucra no sólo la fuerza y el poder comúnmente identificados con la masculinidad, sino también la ternura y el cuidado íntimo que con frecuencia son asociados con la feminidad.

Quizá sea conveniente dar una breve idea de la estructura de este libro. Sin llevar el ejemplo demasiado lejos, podríamos decir que los tres caminos de oración que usamos apuntan hacia el carácter trinitario de nuestro Dios. El camino hacia el interior (Parte I) representa la oración dirigida hacia Dios el Hijo, Jesucristo, en su papel de Salvador y Maestro para nuestras vidas. El camino ascendente (Parte II) es la oración presentada a Dios el Padre, que corresponde a su papel como nuestro Rey soberano y Amante Dios. El camino hacia el exterior (Parte III) es la oración que hacemos a Dios el Espíritu Santo, que se relaciona con su tarea de Capacitador y Evangelista entre nosotros. El camino hacia el interior viene en primer lugar, por la simple razón de que Dios se nos ha revelado a sí mismo de forma clara y concreta a través de Jesucristo.

Reciban estas palabras de ánimo antes de ponernos en marcha por el difícil camino que conduce al Lugar Santo: la oración saludable necesita en todo momento de experiencias comunes y terrenales, que nos saquen de las penalidades diarias. Tales como una caminata, una conversación o unas buenas carcajadas. O trabajar en el jardín, platicar con los vecinos o limpiar las ventanas. También amar a nuestra pareja, jugar con nuestros hijos o trabajar con nuestros colegas. Para estar en buena condición espiritual al escalar los Himalayas del espíritu, necesitamos ejercitarnos primero en los valles y colinas de la vida cotidiana.

Richard J. Foster
1º de enero de 1992

El regreso a casa: una invitación a la oración

La oración plena y verdadera no es otra cosa que amor.
—San Agustín

Dios me ha permitido, en su gracia, tener un leve atisbo de su corazón, y quiero referirles lo que he visto. Hoy el corazón de Dios es una herida de amor abierta. Está dolido por nuestra distancia y preocupación. Se lamenta porque no estamos a su lado. Está en duelo porque nos hemos olvidado de Él. Llora por nuestra obsesión con lo demasiado y lo mucho. Está sediento de nuestra presencia.

Nos está invitando, a volver a casa, al hogar del que somos parte; a regresar al hogar, aquel para el cual hemos sido creados. Dios está con los brazos ampliamente extendidos para recibirnos. Su corazón se ha ensanchado para abrigarnos a todos.

Por mucho tiempo hemos estado en un país lejano: un país de ruido, prisas y gentío; un país de subir, empujar y tirar; un país de frustración, miedo e intimidación. Pero Él nos da la bienvenida a casa: al hogar de serenidad, paz y gozo; al hogar de amistad, compañerismo y apertura; al hogar de intimidad, aceptación y afirmación.

No tenemos por qué actuar con timidez. Nos está invitando a la sala de su corazón, donde nos podemos poner cómodos y conversar libremente. Dios nos invita a su cocina de amistad, donde podemos platicar y mezclar todo con buen humor. Nos invita al comedor de su fortaleza, donde podemos comer todo lo que nuestro corazón apetezca. Nos invita al cuarto de estudio de su sabiduría, donde podemos aprender, crecer y pasar todo el tiempo que deseemos... para hacer todas las preguntas que queramos. Dios nos invita a su taller de creatividad, donde podemos ser sus ayudantes, trabajando en su compañía para determinar cómo se verán los sucesos. Nos invita al dormitorio de su descanso, donde encontramos nueva paz, y podemos estar desnudos, vulnerables y libres. Es el lugar de profunda intimidad, en donde conocemos y somos conocidos en nuestra totalidad.

La llave y la puerta

La llave de esta casa, de este corazón de Dios, es la oración. Quizás nunca antes has orado, excepto en momentos de angustia y terror. Puede ser que la única vez que el Nombre Divino ha estado en tus labios ha sido en expresiones de enojo. Olvídalo. Precisamente estoy aquí para decirte que el corazón del Padre está abierto, y eres acogido.

Quizás no crees en la oración. Posiblemente has tratado de orar, te has descepcionado profundamente... y desilusionado. Pareciera que tienes poca fe, o ninguna. Eso no importa. El corazón del Padre está abierto, y eres acogido.

Quizás estás golpeado y herido por las presiones de la vida. Otros te han maltratado y te sientes temeroso. Tienes viejos y dolorosos recuerdos que nunca han sanado. Evitas la oración porque te sientes demasiado distante, demasiado impuro, demasiado indigno. No desmayes. El corazón del Padre está abierto, acogiéndote.

Quizás has orado durante muchos años, pero las palabras se han vuelto frías y rígidas. Ya casi nada sucede. Dios parece remoto e inaccesible. Escúchame. El corazón del Padre está abierto, y eres acogido.

Quizás la oración es el deleite de tu vida. Has vivido en la vecindad divina por mucho tiempo y puedes atestiguar de sus bondades. Pero estás buscando más: más poder, más amor, más de Dios en tu vida. Créeme. El corazón del Padre está abierto, y a ti también se te recibe para ir más alto y más profundo en Él. Si la llave es la oración, la puerta es Jesucristo. Cuán grande es la bondad de Dios, que nos provee de un camino hacia su corazón. Él sabe que somos duros de cerviz y de corazón, por eso ha provisto un medio de entrada. Jesús, el Cristo, vivió una vida perfecta, murió en nuestro lugar y se levantó victorioso sobre todos los malignos poderes para que podamos vivir a través de Él. Estas son buenas nuevas maravillosas. No tenemos más por qué estar afuera, alejados de la presencia de Dios por nuestras rebeliones. Ahora podemos entrar a través de la puerta de gracia y misericordia de Dios en Jesucristo.

La sintaxis de la oración

Este libro está escrito para ayudarnos a explorar el maravilloso corazón de Dios. No se trata de definiciones, ni de terminología o de argumentos sobre la oración, aunque todo esto tiene su lugar. Tampoco es sobre métodos o técnicas de oración, aunque estoy seguro que discutiremos sobre ellos. Este libro es acerca de una relación de amor: una relación de amor, fuerte, continua y creciente con el gran Dios del universo. Y un amor inmenso invita a responder. El amor es la sintaxis de la oración. Para ser personas de oración efectivas, necesitamos ser amantes efectivos. En su libro *The Rime of the Ancient Mariner* [Las rimas del viejo marino] Samuel Coleridge declara: «Ora bien, quien ama bien».[1] Coleridge, por supuesto, sacó esta idea de la Biblia, por sus páginas se inhala el lenguaje del amor divino. La verdadera oración no viene de apretar fuertemente nuestros dientes, sino del estar enamorados. Esa es la razón por la cual la gran literatura sobre la oración es franca y maravillosamente erótica. «La Trinidad», escribe Juliana de Noruega, «es nuestro

---

1. Samuel Taylor Coleridge, *The Rime of the Ancient Mariner* [«Las rimas del viejo marino»], en *The Oxford Anthology of English Literature* [Antología Oxford de Literatura Inglesa], vol. II, ed. Frank Kermode y John Hollander, Oxford University Press, New York, 1975, p. 204.

amor eterno».[2] «¡Oh mi amor! exclama Ricardo Rolle. «¡Oh mi miel! ¡Oh mi arpa! ¡Oh mi salterio y cántico todo el día! ¿Cuándo sanarás mi tristeza? Oh raíz de mi corazón, ¡cuándo vendrás a mí?[3] «Jesús, amante de mi alma», clama Charles Wesley. «Permíteme volar hasta tu seno».[4]

Una vez, un amigo mío caminaba en un centro comercial con su hijo de dos años. El niño se mostraba difícil, molesto e irritable. El padre confundido hacía de todo para tranquilizarlo, pero nada daba resultados. El niño simplemente no quería obedecer. Después, bajo cierta inspiración especial, levantó a su hijo y acercándolo hacia su pecho comenzó a cantarle una improvisada canción de amor. Ninguna de las palabras rimaba. Estaba desentonado. Pero aun así, como mejor pudo, este padre comenzó a entregar con amor su corazón. «Te amo», cantaba. «Estoy muy contento de que seas mi hijo. Me haces feliz. Me gusta la manera en que ríes». Mientras, seguían de tienda en tienda. Muy despacio el padre continuó cantando, fuera de tono y con palabras que no rimaban. El niño se relajó y aquietó escuchando esta extraña y maravillosa canción. Por fin, terminaron las compras y se fueron al carro. Cuando el padre abrió la puerta y se disponía a acomodar a su hijo en el «asiento del carro», el niño levantó su cabeza y simplemente dijo: «¡Cántala de nuevo, papi! ¡Cántala de nuevo!»[5]

---

2. Juliana de Noruega, *Enfolded in Love: Daily Readings with Julian of Norwich* [Envueltas en amor: Lecturas diarias con Juliana de Noruega], traducción de Miembros de la Cripta Juliana, Seabury, New York, 1980, p. 1.
3. Donald L. Alexander, ed., *Christian Spirituality: Five Views of Santificaton* [Espiritualidad Cristiana: cinco perspectivas de santificación], Inter Varsity, Downers Grove, IL, 1988, p. 182.
4. *Hymns for the Family of God* [Himnos de la familia de Dios], Paragon Associates, Nashville, TN, 1976, Himno 222.
5. Quiero hacer un breve comentario respecto a las historias —personales y ajenas— de este libro. En el caso de las historias ajenas he recibido el permiso de las personas involucradas para contarlas. En algunos casos he cambiado nombres o detalles con el fin de proteger la individualidad y anonimato. En cuanto a mí, normalmente no soy muy dado a contar

La oración es un poco como eso. Con sencillez de corazón nos abandonamos en los brazos del Padre y dejamos que Él nos cante su canción de amor.

◆

Amantísimo Dios, agradezco mucho tu invitación para entrar a tu corazón de amor. Vengo a ti lo mejor que puedo. Gracias por recibirme.
—Amén.

abiertamente mis experiencias personales de oración. Pero en el caso de este libro, hasta donde puedo entender, se me ha pedido, por una autoridad superior, que les narre mis experiencias.

PARTE I

El camino hacia el interior: *en busca de la transformación necesaria*

Orar es cambiar. Es una gran gracia. ¡Qué bueno es que Dios nos haya provisto de este camino para que nuestras vidas puedan llenarse de amor, gozo, paz, paciencia, benignidad, bondad, fe, mansedumbre y templanza.
   Hablamos en primer lugar del camino hacia el interior, pues sin transformación interior, el camino ascendente hacia la gloria de Dios nos abrumaría y el camino exterior hacia el ministerio nos destruiría.
   Una vez un discípulo vino ante el padre José y le dijo: «Padre, en cuanto de mí depende, observo mis pequeñas leyes, mi pobre ayuno y mi humilde oración. Además, conforme a mis fuerzas, lucho por mantener mi mente limpia de todos los malos pensamientos y mi corazón de todas las malas intenciones. Dígame ahora, ¿qué más debo hacer?» El padre José levantó sus manos y las extendió hacia el cielo, y sus dedos se volvieron diez lámparas de fuego. Le respondió: «¿Por qué no buscas ser totalmente transformado en fuego?»

I

Oración sencilla

Ora como puedes, no como no puedes.

—Dom Chapman

Hoy en día anhelamos la oración y a la vez nos escondemos de ella. Sentimos que nos atrae, pero también que nos repele. Creemos que la oración es algo que debiéramos hacer y que además queremos hacer; pero es como si un gran abismo se interpusiera entre la oración y nosotros. Vivimos la agonía de estar incomunicados con Dios.

No sabemos bien qué es lo que nos impide orar. Es cierto que estamos ocupados con el trabajo y las obligaciones familiares, pero eso es a veces sólo una cortina de humo. Es muy raro realmente que nuestras ocupaciones nos priven de comer, dormir o amar. No es esto, debe ser algo más profundo lo que nos mantiene apartados. En realidad, hay un sin número de «cosas» que nos alejan de la oración, las cuales exploraremos más adelante. Por lo pronto hay una «cosa» que requiere atención inmediata. Se trata de la noción —casi universal entre nosotros— de que es preciso tener todo «en orden» a fin de poder orar. Eso implica que, antes de poder orar, nuestras vidas deben estar en armonía, o bien, que nos hace falta saber más acerca de cómo orar, o que debemos estudiar las preguntas filosóficas en torno a la oración, o quizá que debemos tener mejores bases respecto a las grandes tradiciones de la oración. Y podríamos seguir enumerando más requisitos.

No queremos decir que todo lo anterior sea irrelevante, ni que nunca habrá tiempo para tratar tales asuntos. Lo que sucede es que estamos comenzando por el lado equivocado, como querer enganchar los caballos detrás del carro. El problema es que suponemos que la oración es algo que debe aprenderse, como ocurre con las matemáticas o la mecánica automotriz. Eso nos pone en lugar «más elevado», donde somos expertos y tenemos control. Pero cuando se trata de la oración, venimos a estar «por debajo», subordinados deliberada y calmadamente y somos inexpertos. «Orar», escribe Emilie Griffin, «significa estar dispuesto a ser ingenuo».[1]

Antes creía que para orar —pero orar verdaderamente—, necesitaba poner todos mis motivos de oración en orden. Si estaba orando en grupo, por ejemplo, solía examinar lo que recién había orado: «¡Qué mal oré y qué egoísta fui; no debo orar de esa manera!» Decidí no volver a orar mientras mis motivos no fueran del todo puros. No quería ser hipócrita. Sabía que Dios es santo y justo, que la oración no era un encantamiento mágico y que no debía usar a Dios para mis propios fines. Pero lo único que logré con toda esta búsqueda al interior de mi alma fue paralizar por completo mi habilidad de orar.

La verdad es que todos llegamos a la oración con una masa de motivos enredados: altruistas y egoístas, benignos y malignos, tiernos y hostiles. Francamente, desde este lado de la eternidad *nunca* podremos separar lo bueno de lo malo, lo puro de lo impuro. Pero de algo podemos estar seguros, Dios es muy grande como para recibirnos con todas nuestras contradicciones. No tenemos que ser brillantes, o puros, o llenos de fe, o nada por el estilo. Esto es lo que significa gracia, y no sólo hemos sido salvos por gracia, sino que también vivimos por gracia. Y oramos por medio de ella.

Jesús nos recuerda que la oración es semejante a la actitud

---

1. Emilie Griffin, *Clinging: The Experience of Prayer* [Adheridos: La experiencia de oración] Harper & Row, San Francisco, 1984, p. 5.

de los niños delante de sus padres. Nuestros hijos vienen a veces con increíbles peticiones. Con frecuencia nos angustia lo crueles y egoístas que pueden ser sus peticiones, pero nuestra angustia habría sido aún mayor si nunca hubieran venido a nosotros. Simplemente estamos contentos de que vengan, con todo y sus motivos confusos.

En realidad así es la oración. Jamás tendremos motivos tan puros, o seremos muy buenos, o sabremos lo suficiente para orar con corrección. Lo único que tenemos que hacer es dejar todo esto a un lado, y ponernos a orar. Es más, es sólo en el acto mismo de la oración —en la intimidad, en la constante interacción con Dios— que estos asuntos se resuelven.

Tal como somos

Lo que trato de decir es que Dios nos recibe tal como somos, y acepta nuestras oraciones tal como son. Así como un niño pequeño no puede hacer un mal dibujo, un hijo de Dios no puede ofrecer una mala oración. Estamos ante la forma de oración básica y primaria: La oración sencilla. Permítame explicarle. En la oración sencilla venimos ante Dios tal y como somos; como los pequeños ante un padre amoroso, abrimos nuestro corazón y hacemos nuestras peticiones. No tratamos de separar las cosas buenas de las malas. Simple y sencillamente exponemos nuestras preocupaciones y hacemos nuestras peticiones. Le contamos a Dios, por ejemplo, lo frustrados que estamos con nuestros compañeros de trabajo o con los vecinos de la otra calle. Le pedimos comida, un día favorable y buena salud.

En sentido real, nosotros *somos* el centro de la oración sencilla. Nuestras necesidades, deseos y preocupaciones es lo que domina en la experiencia de esta oración. Nuestras oraciones están plagadas de orgullo, arrogancia, vanidad, pretensión, condescendencia y en general giran alrededor de nuestro «ego». Sin duda también hay algo de magnanimidad, generosidad, caridad y benevolencia universal.

Cometemos errores —bastantes—, pecamos y con frecuencia caemos, pero cada vez que esto sucede, nos levantamos y comenzamos de nuevo. Volvemos a orar. Una vez más intentamos seguir a Dios. Y de nuevo nuestra insolencia y autocondescendencia nos traicionan. No importa. Nos confesamos y comenzamos otra vez de nuevo... y una vez más... y otra más. Por cierto que algunas veces la oración sencilla es conocida como la «oración de volver a empezar».

La oración sencilla es la forma más común en la Biblia. Hay poco que sea noble y benevolente respecto a los héroes de la fe que peregrinan a través de las páginas de las Escrituras. Pensemos en Moisés quejándose ante Dios a causa de sus antiguos y obstinados seguidores: «¿y por qué no he hallado gracia en tus ojos, que has puesto la carga de todo este pueblo sobre mí? ¿Concebí yo a todo este pueblo? ¿Los engendré yo, para que me digas: Llévalo en tu seno, como lleva la que cría al que mama, a la tierra de la cual juraste a sus padres?» (Números 11.11b-12). O recordemos a Eliseo cuando maldijo a los muchachos que le habían gritado «calvo»: «y los maldijo en el nombre de Jehová. Y salieron dos osos del monte, y despedazaron de ellos a cuarenta y dos muchachos» (2 Reyes 2.24). Y también tenemos al salmista, deleitándose en la muerte violenta de los niños de sus enemigos: «Dichoso el que tomare y estrellare tus niños contra la peña» (Salmo 137.9).

Aun aquí, en medio de todas estas oraciones egocéntricas, podemos encontrar algunas de las más nobles y sublimes expresiones del espíritu humano. Pensemos en Moisés intercediendo ante Dios en favor del terco y desobediente pueblo de Israel: «... que perdones ahora su pecado, y si no, ráeme ahora de tu libro que has escrito» (Éxodo 32.32). O consideremos al mismo Eliseo que maldijo a los muchachos, cuando en otra ocasión muestra misericordia a una mujer estéril de Sunem, y le da una profecía: «El año que viene, por este tiempo, abrazarás un hijo» (2 Reyes 4.16). O veamos al interior del corazón del salmista que clama a Jehová, «¡Oh cuánto amo yo tu ley! Todo el día es ella mi meditación» (Salmo 119.97). En la oración sencilla lo bueno, lo malo y lo horrible está todo mezclado.

La oración sencilla se encuentra a lo largo de toda la Biblia. Abraham oró de esta manera, tal como José, Josué, Ana, David,

Gedeón, Rut, Pedro, Santiago, Juan y muchas otras luminarias bíblicas.

La oración sencilla involucra gente común que presenta sus preocupaciones cotidianas ante el Padre compasivo y amoroso. No hay pretensiones en la oración sencilla. No pretendemos ser más perfectos, más puros o más santos de lo que ya somos. No tratamos de conciliar nuestros motivos conflictivos y contradictorios ante Dios o nosotros mismos. En esta condición, derramamos nuestro corazón ante Dios que es más grande que nuestro corazón y que conoce todas las cosas (1 Juan 3.20).

La oración sencilla es la oración para comenzar. Es la oración de los niños, pero nosotros siempre volveremos una y otra vez a ella. Santa Teresa de Ávila escribió: «No hay nivel de la oración que sea tan sublime como para que no sea necesario volver con frecuencia al principio».[2]

Jesús, por ejemplo, nos invita a la oración sencilla cuando nos insta a orar por el sustento diario. Como John Dalrymple con sabiduría dijera: «Nunca saldremos de esta clase de oración, porque nunca saldremos de las necesidades que nos hacen elevarla».[3]

Existe la tentación —especialmente de los «sofisticados»— de querer despreciar esta forma de oración elemental. Pretenden saltarse la oración sencilla, creyendo que así avanzarán hacia expresiones de oración de mayor «madurez». Se sonríen ante las peticiones y más peticiones que ellos consideran egoístas. Hablan con admiración de evitar la «oración egocéntrica» en favor de la «oración otros-céntrica». Lo que esta gente no sabe, es que la oración sencilla es necesaria, y hasta esencial, para la vida espiritual. La única forma en que podemos ir más allá de la «oración egocéntrica» (si es que en realidad se puede hacer),

---

2. *The Collected Works of St Teresa of Avila* [Obras completas de Santa Teresa de Ávila], traducción de Kieran Kavanaugh y Otilio Rodríguez, ICS Publications, Washington, DC, 1976, p. 94.
3. John Dalrymple, *Simple Prayer* [Oración sencilla], Michael Glazier, Wilmington, DE, 1984, p. 13.

es pasando a través de ella, y no tomando una desviación para evitarla.

Aquellos que piensan que pueden saltar por encima de la oración sencilla se engañan a sí mismos. Es muy probable que nunca hayan orado. Quizá hayan discutido, analizado y hasta escrito libros sobre la oración, pero es muy probable que en realidad nunca hayan orado. Cuando oramos, y lo hacemos con autenticidad, se revela la verdadera condición de nuestro corazón. Así es como debe ser. Así es cuando Dios comienza a actuar verdaderamente en nuestras vidas. La aventura recién ha comenzado.

La aventura comienza en donde estamos

Hasta aquí hemos venido explicando la oración sencilla. Eso es teoría. Ahora tenemos que pasar de la teoría y preguntarnos por qué todo lo anterior ha sido sólo el preludio. ¿Cómo podemos practicar la oración sencilla? ¿Qué hacemos? ¿Por dónde comenzamos?

Muy sencillo, comenzamos precisamente donde estamos: en la familia, en el trabajo, con nuestros vecinos y amigos. Espero no haya sonado trivial, porque, en el nivel práctico de conocer a Dios, esta es la verdad más profunda que jamás antes hayamos escuchado. La sustancia de la oración es creer que Dios nos puede alcanzar y bendecir en medio de los quehaceres ordinarios de la vida diaria. Pero queremos desechar todo esto, se nos hace difícil creer que Dios quiere entrar en nuestro espacio. «Dios no me puede bendecir aquí», gemimos. «Cuando me gradúe...» «Cuando sea el director del consejo...» «Cuando sea el presidente de la compañía...» «Cuando sea el pastor de la iglesia... entonces Dios me podrá bendecir». Pero sabes qué, el único lugar en el que Dios nos puede bendecir es donde estamos, ¡porque es el único sitio donde nos encontramos!

¿Se acuerdan de Moisés frente a la zarza en llamas? Dios le tuvo que decir que se quitara las sandalias: no se había dado cuenta de que estaba pisando en lugar santo. Y si somos capaces de ver que donde estamos es lugar santo —nuestros trabajos y hogares, con nuestros compañeros, amigos y familiares— allí podemos aprender a orar.

En la forma más simple y natural posible aprendemos a orar nuestras experiencias, al tomar en cuenta los sucesos comunes de nuestra vida diaria, y dárselos a Dios. Quizá tenemos más de un fracaso que nos ha quitado el sueño durante varias noches. Bueno: caminemos *con* Dios, digámosle qué es lo que nos lastima, cuál es nuestro dolor, y cuáles son nuestros desengaños. «¿Por qué yo?», gritamos. «¿Por qué yo?», decimos con frustración, con lágrimas y con ira, pues también esto es parte del lenguaje de la oración sencilla. Esta es la invitación que le hacemos a Dios para que camine con nosotros a medida que nos desahogamos por la pérdida de nuestros sueños. Quizás el trato brusco de un vecino desató una explosión de emociones dentro de nosotros: ira, celos, miedo. Está bien, entonces hablemos sinceramente con Dios acerca de lo sucedido, y pidámosle que nos ayude a ver la herida que se oculta detrás de la emoción.

Debemos sentirnos perfectamente libres para quejarnos con Dios, o argüir con Él, o gritar ante Él. El profeta Jeremías una vez gritó: «Me sedujiste, oh Jehová, y fui seducido; más fuerte fuiste que yo, y me venciste; cada día he sido escarnecido, cada cual se burla de mí» (Jeremías 20.7). Y casi puedo imaginar cómo Jeremías alzó su puño al cielo mientras hablaba. Dios es lo suficiente capaz de hacerle frente a nuestra ira y frustración, así como a nuestros desengaños. C.S. Lewis nos aconseja que «llevemos ante Él lo que está en nosotros, no lo que debiera estar en nosotros».[4]

Jamás debemos creer la mentira que dice que los detalles de nuestra vida cotidiana no son contenido propio para la oración. Por ejemplo, es posible que se nos haya enseñado que la oración es una actividad sublime y mística, de otro mundo; y que en la oración estamos para hablarle a Dios *acerca* de Dios mismo. Como resultado, ahora nos sentimos inclinados a ver nuestra experiencia como distracción e interrupción dentro de

---

4. C.S. Lewis, *Letters to Malcolm: Cheefly on Prayer* [Cartas a Malcolm: líder de oración], Harcourt, Brace & World, New York, 1964, p. 22.

lo que se supone sea la oración correcta. Esta es una espiritualidad etérea y desencarnada. Nosotros, por el contrario, adoramos a un Dios que nació en un «oloroso establo», que caminó en esta tierra en sangre, sudor y lágrimas, pero que, sin embargo, vivió en perpetua comunicación con el Padre celestial.

Es por eso que les exhorto: entablen una continua comunicación con Dios acerca de los detalles de la vida diaria, un poco como los niños, que le piden a Dios las cosas más increíbles que uno jamás se pueda imaginar. Por ahora, no se preocupen de la oración «correcta», sólo hablen con Dios. Expónganle sus heridas; cuéntenle sus tristezas; expresen sus alegrías, libre y abiertamente. Dios escucha con amor y compasión, tal como lo hacemos cuando nuestros pequeños vienen ante nosotros. Él se deleita en nuestra presencia. Cuando hagamos esto, descubriremos algo de un valor incalculable. Descubriremos que, al empezar a orar, aprendemos a orar.

Consejos para el camino

Me gustaría expresar algunas palabras iniciales de consejo, antes de comenzar esta aventura de estudio en la oración. Mi primer consejo es recordarles que orar no es otra cosa más que una continua y creciente relación de amor con Dios el Padre, el Hijo y el Espíritu Santo. Esto es particularmente cierto con la oración sencilla. Aquí nadie tiene ventaja alguna. Los enfermos y pobres llegan a la oración sencilla tan libremente como los sanos y ricos. Madame Guyon escribe:

> Esta forma de oración, esta sencilla relación con tu Señor, es fácilmente adaptable para todos; es tan adecuada para el insensato e ignorante, como lo es para el bien educado. Esta oración, esta experiencia que comienza tan sencillamente, llega a su fin con un amor totalmente entregado al Señor. Sólo se requiere una cosa: amor.[5]

---

5. Madame Guyon, *Experiencing the Depths of Jesus Christ* [Experimentando las profundidades de Jesucristo], Christian Books, Goleta, CA, 1975,

Segundo, conforme empezamos, no debemos nunca desanimarnos por nuestra falta de oración. Aun en nuestra falta de oración podemos estar hambrientos de Dios. Si es así, el hambre mismo es ya una oración. «El deseo de orar», escribe Mary Clare Vincent, «es oración, la oración del deseo».[6] A su tiempo el deseo nos llevará a la práctica, y la práctica hará crecer el deseo. Cuando no podamos orar, dejemos que Dios mismo sea nuestra oración. No nos alarmemos por la dureza de nuestro corazón: la oración lo habrá de suavizar. Aun nuestra falta de oración debemos dársela a Dios.

Otro consejo opuesto, pero igualmente importante, es que nos olvidemos de afanarnos demasiado por la oración. Hay quienes trabajan tan duro en su empeño de orar que les da una indigestión espiritual. Existe un principio de progresión en la vida espiritual. No es normal salir a trotar de vez en cuando y luego correr un maratón; de igual modo, no debemos hacer eso con la oración. Las madres y los padres del desierto hablaron del pecado de «gula espiritual», esto es, querer más de Dios de lo que se puede digerir. Si la oración no es un hábito regular en tu vida, en lugar de comenzar con doce horas de oración dialogada, aparta unos momentos y pon toda tu energía en ellos. Cuando hayas tenido suficiente, con sencillez dile a Dios, «necesito un descanso; no tengo fuerza para estar contigo todo el tiempo». Esto, a propósito, es perfectamente válido, y Dios sabe que todavía no eres muy capaz de aguantar su compañía constantemente. Además, aun el más avanzado espiritualmente —quizá *especialmente* el más avanzado espiritualmente— necesita con frecuencia momentos de risa, juego y buena diversión.

Quiero ahora dar un consejo que tal vez suene extraño: debemos aprender a orar aun cuando vivamos en la maldad. Quizá libramos una batalla interior contra la ira, la lujuria, el orgullo, la gula o la ambición. No debemos aislar estas cosas

p. 47.
6. Mary Clare Vincent, *The Life of Prayer and the Way to God* [La vida de oración y el camino a Dios], St Bede's Publications, Still River, MS, 1982, p. 8.

de la oración. Al contrario, debemos hablar con Dios de lo que está sucediendo en nuestro interior, de lo que sabemos le desagrada. Debemos elevar aun nuestra desobediencia a los brazos del Padre; Él es lo suficiente fuerte como para cargarla. El pecado, con seguridad, nos separa de Dios, pero tratar de esconderlo nos separa aún más. «El Señor», escribe Emilie Griffin, «nos ama —acaso más que nunca— cuando fracasamos y volvemos a intentar».[7]

Por último, me gustaría sugerir que es sabio esforzarnos al principio por la experiencia de la oración común.[8] Las revelaciones divinas y los éxtasis nos pueden abrumar y distraer del verdadero trabajo de la oración. Nuestro acceso necesita ser más como el del salmista, quien buscó evitar «cosas demasiado sublimes para mí. En verdad que me he comportado y he acallado mi alma como un niño destetado de su madre» (Salmo 131.1b-2a). Además, si no estamos acostumbrados a esto, simplemente deslizarse con quietud en la presencia de Dios puede ser tan exótico y refrescante que puede deleitarnos mucho.

La conversión del corazón

Se ignora con frecuencia la oración sencilla en muchos de los libros que hablan del tema. Muchas veces me he preguntado por qué. Quizá porque los escritores devotos temen los aspectos egocéntricos de la oración sencilla. El hacer mucho hincapié en el «yo» puede llevar con facilidad al egoísmo y narcisismo. Además, estamos siempre en peligro de racionalizar y manipular nuestra experiencia de modo que sólo escuchamos lo que queremos escuchar. Es posible que al final estemos tan llenos de nosotros mismos que perdamos de vista a Dios y terminemos adorando «a la criatura en lugar del Creador», como dice Pablo (Romanos 1.25).

Esta es una preocupación legítima. Los peligros son todos

---

7. Griffin, *Clinging*, [Adheridos], p. 10.
8. El valor de la «experiencia de la oración común» me fue sugerido por Emilie Griffin y se discute en el capítulo primero de *Adheridos*.

demasiado reales. Pero como Joseph Schmidt anota: «Son peligros en el camino correcto. Debemos movernos con cautela, pero no dar marcha atrás».[9] No debemos volver atrás. En busca de la protección divina, nos aventuramos hacia adelante con sinceridad y apertura.

Al principio somos en verdad el sujeto y centro de nuestras oraciones, pero, al tiempo de Dios y en el camino de Dios, se da una revolución copernicana en nuestro corazón. Con lentitud, casi sin percibir, hay un cambio en nuestro centro de gravedad. Pasamos de pensar en Dios como parte de nuestra vida al descubrimiento de que nosotros somos parte de Su vida. Maravillosa y misteriosamente, Dios se mueve de la periferia de nuestra experiencia de oración hacia el centro de la misma. Se lleva a cabo una conversión del corazón, una transformación del espíritu. Esta maravillosa obra de la gracia Divina es la carga principal de este libro, y es en esto hacia donde debemos ahora centrar nuestra atención.

◆

Querido Jesús, cuán desesperadamente necesito aprender a orar. Y, aun cuando soy sincero, sé con frecuencia que no quiero orar.
   ¡Estoy distraído!
     ¡Soy terco!
       ¡Soy egoísta!
En tu misericordia, Jesús, haz que mi «querer» esté más acorde con mi «hacer» de tal modo que pueda anhelar lo que necesito. En tu nombre y por ti oro.
                       —*Amén.*

---

9. Joseph F. Schmidt, *Praying Our Experiences* [Orando nuestras experiencias], Saint Mary's Press, Winona, MN, 1989, p. 21.

2

Oración del desamparado

Para llegar al placer que no tienes, debes ir por el camino que menos disfrutes.

—San Juan de la Cruz

No hay oración más lastimosa ni sentida que el grito de Jesús: «Dios mío, Dios mío, ¿por qué me has desamparado?» (Mateo 27.46b). La experiencia de Jesús en la cruz fue, por supuesto, única e irrepetible porque Él estaba cargando en sí mismo el pecado de toda la humanidad. Pero en nuestro interior, tanto ustedes como yo *hemos* de orar esta oración del desamparado si buscamos la intimidad de la perpetua comunión con el Padre. Los momentos de aparente deserción, ausencia y abandono, parecen ser universales entre quienes han transitado este camino de fe antes que nosotros. Debemos, por lo tanto, acostumbrarnos a la idea de que, tarde o temprano, también nosotros sabremos qué significa sentirse desamparado por Dios.

Los antiguos escritores hablaron de esta realidad como *Deus Absconditus:* el Dios que se esconde. Casi al instante podemos entender la experiencia que se está describiendo, ¿verdad? ¿Alguna vez has tratado de orar y no sientes nada, ni ves nada, ni percibes nada? ¿Te ha parecido en ocasiones como si tus oraciones no van más allá del techo y dan vueltas en una habitación vacía? ¿Has pasado por momentos en los que has necesitado con desesperación una palabra de afirmación, alguna demostración de la presencia divina y no has obtenido nada?

A veces Dios parece esconderse de nosotros. Hacemos todo lo que sabemos. Oramos. Servimos. Adoramos. Vivimos lo más fielmente que podemos. Y aun así, no hay nada... ¡nada! Se siente como si estuviéramos «golpeando las puertas del cielo con nuestros nudillos lastimados, en medio de la oscuridad», para usar las palabras de George Buttrick.[1] Estoy seguro que cuando hablo de la ausencia de Dios entienden que no estoy hablando de una verdadera ausencia sino de un *sentido* de ausencia. Dios está siempre presente con nosotros —esto lo sabemos teológicamente— pero hay momentos cuando Él nos despoja de su presencia en nuestra conciencia.

Estas sutilezas teológicas de poco nos sirven cuando entramos al Sahara del corazón. Ahí experimentamos verdadera desolación espiritual. Nos sentimos abandonados por nuestros amigos, nuestra pareja y por Dios. Cada esperanza se evapora en el momento que creemos haberla alcanzado. Cada sueño muere cuando tratamos de hacerlo realidad. Nos interrogamos, dudamos y luchamos. Nada ayuda. Oramos y las palabras parecen vacías. Vamos a la Biblia y la encontramos sin sentido. Acudimos a la música y tampoco logra movernos. Buscamos la compañía de otros cristianos y encontramos murmuración, egoísmo y egolatría.

La metáfora bíblica para esta experiencia de abandono es el desierto. Es una imagen propia porque de hecho nos sentimos secos, áridos y muertos de sed. Como el salmista podemos clamar: «Dios mío, clamo de día, y no respondes» (Salmo 22.2a). Es más, comenzamos a preguntarnos si verdaderamente hay un Dios que responda.

Esta experiencia de abandono y deserción vino y seguirá

---

1. George Arthur Buttrick, *Prayer* [Oración], Abingdon-Cokesbury, New York, 1942, p. 263.

llegando a nuestras vidas. Por lo tanto, es bueno ver si hay algo que se pueda decir, que ayude, mientras enfrentamos la tierra árida de la ausencia de Dios.

La carretera principal

La primera palabra que debemos decir es de ánimo. No estamos en un camino de tierra, sino en la carretera principal. Muchos han viajado por ella antes que nosotros. Piensa en Moisés exiliado del esplendor de Egipto, esperando año tras año de silencio, para que Dios liberara a su pueblo. Pensemos en el pátetico llanto del salmista: «¿por qué te has olvidado de mí?» (Salmo 42.9). Pensemos en Elías, en una cueva desolada, guardando una solitaria vigilia sobre viento, terremoto y fuego. Recordemos a Jeremías metido en lo profundo de un calabozo, «sumido en el fango». Pensemos en la vigilia solitaria de María en el Gólgota. Pensemos en aquellas solitarias palabras dichas en el Gólgota: «Dios mío, Dios mío, por qué... por qué... por qué?»

Los cristianos, a través de los siglos, han sido testigos de esta misma experiencia. San Juan de la Cruz la llamó «la oscura noche del alma». Un escritor anónimo inglés la identifica como «la nube de lo desconocido». Jean-Pierre de Caussade la denomina «la oscura noche de la fe». George Fox dijo simplemente: «Cuando era de día deseaba la noche, y cuando era de noche deseaba el día».[2] Anímate, estamos en buena compañía.

Además, quiero que sepan que enfrentar los «desoladores vientos de la ausencia de Dios»[3] no significa que Dios está molesto o que ustedes sean insensibles a la obra del Espíritu de Dios o que han cometido una horrible ofensa contra el cielo, o que hay algo malo con ustedes, o cualquiera otra cosa. La oscuridad es una experiencia determinada de la oración. Se debe esperar, y aun aceptar.

---

2. *The Journal of George Fox* [El diario de George Fox], Cambridge University Press, 1952, p. 9.
3. Howard Macy, *Rhythms of the Inner Life* [Ritmos de la vida interior], Fleming H. Revell, Old Tappan, NJ, 1988, p. 95.

Un peregrinaje hecho a la medida

La segunda cosa que se puede decir acerca de nuestra experiencia de desamparo es que cada peregrinaje de fe está hecho a la medida. Nuestro sentido de ausencia de Dios no nos llega bajo ningún tiempo preestablecido o etapa determinada. No podemos simplemente trazar algunos mapas universales de caminos que toda la gente deberá ser capaz de seguir.

Es verdad, aquellos que están en el primer nivel de la fe reciben a veces gracia poco común del Espíritu, así como a los recién nacidos se les cuida y mima. También es cierto que algunas de las experiencias más profundas de alienación y separación de Dios han venido a quienes han viajado lejos, al interior de los dominios de la fe. Pero podemos entrar al desolado desierto de esterilidad y al cañón oscuro de la angustia en cualquier punto de nuestra vida.

Puesto que no hay una secuencia especial en la vida de oración, sencillamente podemos decir que no nos movemos de una etapa a la siguiente sabiendo qué nos espera, por ejemplo, que en la etapa cinco y en la doce experimentaremos el abandono de Dios. Por supuesto, sería mucho más fácil si ese fuera el caso, pero entonces estaríamos describiendo un orden mecánico en lugar de una relación viviente.

Una relación viviente

Esta es la siguiente cosa que se debe decir acerca de nuestro sentimiento de la ausencia de Dios: estamos entrando a una relación viviente que comienza y se desarrolla en mutua libertad. Dios nos otorga perfecta libertad porque desea criaturas que escojan libremente estar en relación con Él. A través de la oración del desamparado estamos aprendiendo a darle a Dios la misma libertad. Las relaciones de este tipo no pueden ser nunca manipuladas ni forzadas.

Si pudiéramos hacer aparecer al Creador de los cielos y la tierra instantáneamente a nuestro antojo y llamado, no estaríamos en comunión con el Dios de Abraham, Isaac y Jacob. Eso lo podemos hacer con los objetos, las cosas y los ídolos. Pero

Dios, el gran iconoclasta, constantemente destroza nuestras falsas imágenes de quién es Él y cómo es Él.

¿Pueden ver cómo, nuestro sentido de la ausencia de Dios es, por eso, una gracia inesperada? En el mismo acto de esconderse, Dios está librándonos suavemente de que lo hagamos a nuestra propia imagen. Como Aslan, la figura de Cristo en *Las Crónicas de Narnia*, Dios es libre y salvaje, y aparece a su antojo. Al rehusar ser un títere en nuestras cuerdas o un genio en nuestra botella, Dios nos libera de nuestras imágenes idolátricas y falsas.

Además, debiéramos estar agradecidos a Dios de que no siempre esté presente cuando lo deseamos, porque quizá no seríamos capaces de aguantar tal compañía. Con frecuencia en la Biblia la gente se atemorizaba cuando se enfrentaban ante el Dios viviente. Los hijos de Israel rogaron: «... pero no hable Dios con nosotros, para que no muramos» (Éxodo 20.19). En ocasiones, este será nuestro ruego también.

Anatomía de una ausencia

Permítanme relatarles una ocasión en la que viví la oración del desamparado. Todo a mi alrededor parecía marchar bien. Las editoriales querían que escribiera para ellas. Había numerosas y generosas invitaciones para disertar. Sin embargo, a través de una serie de sucesos, me parecía claro que Dios quería que me retirara de la actividad pública. En esencia Dios dijo: «¡Manténte quieto!» Y lo hice. Cancelé todas las conferencias, dejé todos los escritos y esperé. En la época en que esto comenzó, no sabía si algún día volvería a hablar en público o a escribir de nuevo: parecía ser que no. Habían pasado dieciocho meses de ayuno de vida pública.

Esperé en silencio. Y Dios también estuvo en silencio. Me uní al salmista en su duda: «¿Hasta cuándo esconderás tu rostro de mí?» (Salmo 13.1b). La respuesta fue: nada. ¡Absolutamente nada! No hubo revelaciones repentinas. Tampoco intuiciones penetrantes. Ni siquiera afirmaciones corteses. Nada.

¿Alguna vez has estado así? Quizá fue la trágica muerte de tu hijo o de tu pareja lo que te llevó al desolado desierto de la ausencia de Dios. Tal vez fue una crisis en tu matrimonio o en tu vocación, o un fracaso en los negocios. O quizá no haya sido nada de esto. No hubo ningún suceso dramático: simplemente caíste del tibio calor de la íntima comunión al frío hielo de... nada. Al menos «nada» es lo que se siente... bueno, en realidad no hay ningún sentimiento. Es como si todos los sentimientos se hubieran ido a hibernar. (Se dan cuenta cómo estoy luchando con el lenguaje para describir esta experiencia de abandono, pues las palabras son aproximaciones fragmentarias cuando mucho, pero si se han hallado ahí, saben a lo que me refiero.)

Como lo mencioné antes, esta disciplina de silencio duró dieciocho meses. Terminó al fin y de forma sencilla, con la suave afirmación de que era hora de reingresar a la plaza pública.

El silencio purificador

La mejor forma en que puedo distinguir, ese silencio de Dios, mes tras mes, fue un silencio purificador. Digo «como mejor puedo distinguirlo» porque la purificación no fue dramática, o al menos notoria, en ese momento. Fue un poquito a poco, como cuando crecen los niños y uno no se da cuenta hasta que los vuelve a medir contra la marca del año pasado en la puerta del pasillo.

San Juan de la Cruz dice que anteceden dos purificaciones en la oscura noche del alma, y en cierta medida yo experimenté ambas. La primera implica el deshacernos de la dependencia de los *resultados externos*. Nos encontramos a nosotros mismos cada vez menos y menos impresionados con la religión de las «cosas grandes»: grandes edificios, grandes presupuestos, grandes producciones, grandes milagros. No es que haya algo de malo con las cosas grandes, pero ya no son *ellas* las que nos impresionan. Ya no estamos inclinados hacia la alabanza y la adulación. Tampoco quiero decir que algo anda mal con los cumplidos agradables, pero *ellos* ya no son los que nos mueven.

Entonces, también llegamos a estar muertos a ese impresionante cuerpo religioso de respuesta a Dios. Prácticas litúrgicas, símbolos sacramentales, ayudas para orar, libros sobre crecimiento personal, ejercicios de devoción privada, todo esto no viene a ser más que meras cenizas en nuestras manos. No significa que haya algo malo con los actos de devoción, pero, ya no son *ellos* los que nos fascinan.

El despojo final de dependencia de los resultados exteriores se da a medida que perdemos el control de nuestro destino, y estamos más a la merced de otros. San Juan le llama a esto la «pasiva noche oscura». Es la condición de Pedro que antes se ceñía a sí mismo e iba a donde quería, pero llegó el momento en que otros lo ceñían y lo llevaban a donde él no quería ir (Juan 21.18-19).

Para mí, el valor más grande que hallé en mi falta de control, fue la certeza íntima y máxima de que no podría manipular a Dios. Dios rehúsa saltar cuando yo digo «¡salta!» Ni por perspicacia teológica, ni mediante técnicas religiosas podría yo controlar a Dios. Dios fue, a decir verdad, quien me conquistó.

La segunda purificación de San Juan implica despojarnos de la dependencia de los *resultados interiores*. Esta purificación es más incómoda que la primera, porque amenaza la raíz de todo lo que creemos, y a lo que nos hemos entregado. Al principio, nos percatamos menos y menos de la obra del Espíritu. No es que no creamos en Dios, pero nos preguntamos más profundamente en qué clase de Dios creemos. ¿Es Dios bueno y atento con nosotros en sus bondades, o es cruel, sádico y tirano?

Descubrimos que las obras de fe, esperanza y amor vienen a estar sujetos a duda. Nuestra motivación personal se vuelve sospechosa. Nos preocupamos si este acto o aquel pensamiento están inspirados por el miedo, la vanidad y la arrogancia, o si es por la fe, la esperanza y el amor.

Como un niño asustado, caminamos cautelosamente en medio de la oscuridad que ahora rodea al Lugar Santísimo. Nos volvemos desconfiados e inseguros de nosotros mismos. Nos asaltan preguntas inoportunas con una fuerza que nunca antes tuvieron. «¿Es la oración un truco sicológico?» «¿Finalmente ha vencido el mal?» «¿Existe un verdadero significado del universo?» «¿Me ama Dios verdaderamente?»

A través de todo esto, paradójicamente, Dios está purificando nuestra fe al amenazar con destruirla. Somos guiados a una desconfianza profunda y santa de todos los accesos superficiales y los esfuerzos humanos. Y entendemos, más profundamente que nunca, nuestra capacidad infinita para el autoengaño. Poco a poco somos despojados de la vana seguridad y las falsas lealtades. Se destruye nuestra confianza en todos los resultados externos e internos para que aprendamos a confiar solamente en Dios. Por medio de la sequedad que hay en nuestra alma, Dios está produciendo desprendimiento, humildad, paciencia y perseverancia.

Lo más sorprendente de todo, es que la sequedad misma nos produce el hábito de orar. Todas las distracciones desaparecen. Aun el cálido compañerismo ha desaparecido. Nos hemos convertido en el punto céntrico. El alma está reseca. Sedienta. Y esta sed nos puede llevar a la oración. Digo «puede» porque también puede conducirnos a la desesperación o simplemente a dejar la búsqueda.

La oración de queja

Esto nos acerca al tema de lo que hacemos durante este tiempo de abandono. ¿Existe algún tipo de oración en la que nos podamos ocupar cuando nos sentimos desamparados? Sí: podemos comenzar por hacer la oración de queja. Esta es una forma de oración que se ha perdido en nuestra religión moderna y sensata, pero la Biblia abunda en ella.

La mejor forma que conozco para reaprender este antiguo y honrado acercamiento a Dios es orando la parte del Salterio tradicionalmente conocida como los «Salmos de Lamentación».[4] Los antiguos cantores sabían en realidad cómo que-

---

4. Salmos de Lamentación: Individuales: 3, 5, 6, 7, 17, 22, 25, 26, 27, 28, 35, 39, 41, 42-43, 51, 54, 55, 56, 57, 59, 61, 63, 64, 69, 71, 86, 88, 102, 109, 130, 140, 141, y 143; Comunitarios: 60, 74, 79, 80, 83, 85, 90, 124, 126, 137, y 144. Tomado de A.A. Anderson, *The Book of Psalms* [El

jarse, y sus palabras de angustia y frustración pueden guiar nuestros labios a la oración que no nos atrevemos a orar solos. Ellos expresan reverencia y desengaño: «Oh Dios de mi alabanza, no calles» (Salmo 109.1a). Experimentaron esperanza tenaz y creciente desesperación: «Mas yo a ti he clamado, oh Jehová, y de mañana mi oración se presentará delante de ti. ¿Por qué, oh Jehová, desechas mi alma? ¿Por qué escondes de mí tu rostro?» (Salmo 88.13-14). Tenían confianza en el carácter de Dios y a la vez sentían exasperación por su pasividad: «Diré a Dios: Roca mía, ¿por qué te has olvidado de mí?» (Salmo 42.9a).

Los Salmos de Lamentación nos enseñan a orar nuestros conflictos internos y contradicciones. Nos dejan gritar nuestro desamparo en las oscuras cavernas del abandono y después escuchar el eco que regresa una y otra vez hasta que amargamente nos retractamos, sólo para continuar gritándolo de nuevo. Nos permiten agitar nuestros puños delante de Dios por un momento, para romper después en alabanza.

Dardos de ferviente amor

Una segunda cosa que podemos hacer, cuando somos azotados por el silencio de Dios, es golpear contra la nube de lo desconocido «con un pequeño dardo de ferviente amor».[5] Quizá no podamos ver el fin desde el principio, pero continuamos haciendo lo que sabemos hacer. Oramos, escuchamos, adoramos, cumplimos con el deber del momento presente. Lo que hemos aprendido a hacer a la luz del amor de Dios, también lo hacemos en la oscuridad de la ausencia de Dios. Pedimos y seguimos pidiendo, aun cuando no tengamos respuesta. Buscamos y seguimos buscando aun y cuando no encontramos.

---

libro de los Salmos], vol. 1, *The New Century Bible Comentary* [Comentario Bíblico Siglo Nuevo], ed. Ronald E. Clements y Matthew Black, Eerdmans, Grand Rapids, MI, 1981, pp. 38-39.

5. James Walsh, ed., *The Cloud of Unknowing* [La nube de lo desconocido] en *The Classics of Western Spirituality* [Los clásicos de la espiritualidad occidental], Paulist, New York, 1981, p. 145.

Golpeamos y seguimos golpeando, aunque la puerta permanece cerrada.

Es este amor constante y anhelante el que produce una firmeza de orientación de vida en nosotros. Amamos a Dios más que a sus dones. Igual que Job, servimos a Dios aun si nos quita la vida. Como María, decimos libremente, «He aquí la sierva del Señor; hágase conmigo conforme a tu palabra» (Lucas 1.38). Esta es una gracia maravillosa.

La confianza precede a la fe

Me gustaría ofrecer un consejo más para aquellos que se encuentran faltos de la presencia de Dios. Es el siguiente: esperen en Dios. Esperen, en silencio y quietud. Esperen, atentos y alertas. Aprendan que la confianza precede a la fe. La fe es un poco parecido a poner tu carro en neutro: no puedes ejercitar la fe, no puedes avanzar. No te castigues por esto. Pero cuando no puedas poner tu vida espiritual en marcha, no la pongas en retroceso; ponla en neutro. Por medio de la confianza es como puedes poner tu vida espiritual en neutro. La confianza es muestra de la seguridad en el carácter de Dios. Firme y deliberadamente dices: «no entiendo lo que Dios está haciendo, ni siquiera sé en dónde está Dios, pero sé que está lejos para hacerme bien». Esto es cierto. Es como esperar.

Aún no entiendo del todo la razón del desierto de la ausencia de Dios. Pero sé una cosa, aunque el desierto es necesario, no significa que sea permanente. Es el tiempo de Dios, y a su modo, el desierto dará paso a la tierra que fluye leche y miel. Y conforme esperamos por esa tierra prometida del alma, podemos hacer eco de la oración de Bernardo de Clairavaux: «Oh mi Dios, un abismo llama a otro (Salmo 42.7). El abismo de mi profunda miseria llama al abismo de tu infinita misericordia».[6]

---

[6]. Bernard de Clairvaux, *The Love of God* [El amor de Dios], ed. James M. Houston, Multnomah, Portland, OR, 1983, p. 107.

ORACIÓN DEL DESAMPARADO

◆

Dios, ¿dónde estás? ¿Qué he hecho para que te escondas de mí? ¿Estás jugando a las escondidas conmigo, o es que no alcanzo a comprender tus propósitos? Me siento solo, perdido y desamparado.
Tú eres el Dios que se especializa en revelarse. Tú te revelaste a Abraham, Isaac y Jacob. Cuando Moisés quiso saber cómo eras, tú se lo concediste. ¿Por qué a ellos sí y a mí no?
Estoy cansado de orar. Estoy cansado de pedir. Estoy cansado de esperar. Pero seguiré orando, y pidiendo, y esperando; porque no tengo a donde más ir.
Jesús, tú también supiste de la soledad del desierto y del aislamiento de la cruz. Y es por tu oración de desamparo que hablo estas palabras.
—Amén.

3

Oración de examen

La oración es el baño de amor interior dentro del cual el alma se sumerge.

—San Juan Vianney

Es extraño que hoy en día hayamos perdido la oración de examen a pesar que vivimos en una era de obsesiva introspección. Quizá nos sorprenderíamos al saber que una gran mayoría de la gente que asiste a los servicios de la iglesia ha entrado y salido, semana tras semana durante muchos años, sin haber tenido nunca la experiencia de un examen espiritual. ¡Qué tragedia! ¡Qué pérdida! Por eso no es de extrañarse que la gente de hoy sea débil. No es extraño que estén sobreviviendo a duras penas.

Cuán rico y completo es el testimonio bíblico. El salmista declara: «Oh Jehová, tú me has examinado y conocido» (Salmo 139.1). El rey David —que lo sabía por experiencia propia— testifica: «Jehová escudriña los corazones de todos, y entiende todo intento de los pensamientos» (1 Crónicas 28.9b). Y el apóstol Pablo nos recuerda que «el Espíritu todo lo escudriña, aun lo profundo de Dios» (1 Corintios 2.10b). Y así podríamos seguir. Esta gente de fe sabía lo que era examinarse delante de Dios, y lo experimentaron no como algo terrible sino como algo revitalizador y de inconmensurable fuerza.

Y bien, ¿qué significa oración de examen? Podemos mencionar dos aspectos básicos, como los dos lados de una misma puerta. El primero es el *examen de nuestro estado de conciencia*, por medio del cual encontramos la forma en que Dios ha estado presente en nuestra vida, día tras día; y además, cómo es que hemos respondido a esa presencia amorosa. El segundo aspecto es un *examen de conciencia*, en el que descubrimos aquellas áreas de nuestra vida que necesitan limpieza, purificación y sanidad. Puede resultar de ayuda el ver estos dos aspectos por separado.

El recuerdo del amor

En el *examen de nuestro estado de conciencia* tratamos de reflexionar en oración sobre los pensamientos, sentimientos y acciones de nuestra vida, para ver de qué manera Dios ha estado en medio nuestro, y cómo hemos respondido a su presencia. Consideramos, por ejemplo, si el bullicio del vecino la noche anterior fue algo más que una ruda interrupción a una quieta tarde. Quizá, esa era la voz de Dios urgiéndonos para estar atentos al dolor y soledad de aquellos que nos rodean. Quizá en el glorioso amanecer de esta mañana, Dios estuvo gritándonos su amor e invitándonos a meditar en el mismo, pero estábamos demasiado dormidos o distraídos para hacerle caso. Quizá respondimos al «susurro divino» de escribir una carta o llamar a un amigo por teléfono y el resultado de nuestra simple obediencia fue una grata sorpresa.

El *examen de nuestro estado de conciencia* es el medio que Dios usa para hacernos más atentos a lo que nos rodea. No hace mucho me senté al lado de un estudiante de Teherán, sintiendo que Dios quería que me presentara y lo atendiera. Se llama Reza, y en los pocos momentos que estuvimos juntos me enseñó sobre la dignidad, el coraje y la fe. Fueron pocas sus palabras, pero cada una fue un impulso de vida. Había visto a Reza antes, pero no me había presentado ante él. Gracias a ese encuentro mi vida ha sido enriquecida.

Como ven, no estoy hablando de algo complicado o fuera de lo común. Dios quiere que nos hagamos presentes en donde nos encontramos. Él nos invita a ver y a escuchar lo que está en nuestro entorno, a través de todo esto y a discernir las huellas del Espíritu.

En realidad, el *examen de nuestro estado de conciencia* es una forma de atender el llamado a repasar los maravillosos hechos de Dios ¿Se han fijado con cuánta frecuencia la Biblia nos insta a que recordemos? Recuerden el pacto de Dios con Abraham. Recuerden cómo Jehová liberó a su pueblo de la tierra de Egipto, de la casa de esclavitud. Recuerden los Diez Mandamientos, el Santo Decálogo. Recuerden el reino prometido a David. Recuerden al heredero de David, cuyo cuerpo fue partido y su sangre derramada. En el pan y en el vino recuerden... recuerden el Calvario.

Después que Israel venció a los filisteos, Samuel levantó una piedra memorial entre Mizpa y Sen, y la llamó Eben-ezer diciendo: «Hasta aquí nos ayudó Jehová» (1 Samuel 7.12b). De esta manera le dio al pueblo un sermón específico: el de recordar. Eso es lo que estamos haciendo nosotros en el examen de nuestro estado de conciencia. Estamos levantando nuestro Eben-ezer personal y declarando: «aquí es donde Dios me ha encontrado y ayudado». Estamos recordando.

El escrutinio del amor

En el examen de conciencia invitamos al Señor a que busque y examine en lo más profundo de nuestros corazones. Lejos de ser terrible, este es un escrutinio de amor. Enfatizamos las palabras del salmista: «Examíname, oh Dios, y conoce mi corazón; pruébame y conoce mis pensamientos; y ve si hay en mí camino de perversidad, y guíame en el camino eterno» (Salmo 139.23-24).

Sin excusas ni defensas, pedimos ver lo que está en verdad dentro de nosotros. Es por causa nuestra que pedimos estas cosas: nuestro bien, nuestra salud, nuestra felicidad.

Quiero que sepan que Dios va con nosotros en el examen de conciencia. Es una búsqueda conjunta, si queremos verla así. Es importante saber este hecho por dos razones igualmente importantes pero opuestas.

Para empezar, si fuéramos solos a examinar nuestro corazón, surgirían miles de justificaciones para declararnos inocentes. Estaríamos como quienes «a lo malo dicen bueno, y a lo bueno malo», como menciona Isaías (5.20). Pero, puesto que Dios está con nosotros en la búsqueda, es que podemos escuchar más de lo que nos defendemos. Nuestra racionalización piadosa y la evasión de responsabilidades simplemente no tolerarían la luz de su presencia. Él nos enseñará aquello que es necesario, y lo hará en el momento preciso.

Por otro lado está nuestra tendencia a autocastigarnos. Si se dejara esto en nuestras manos, sería muy fácil para nosotros analizar bien quiénes somos verdaderamente y declararnos irredimibles. La autoimagen dañada que nos hemos forjado se volvería en nuestra contra, y comenzaríamos a golpearnos a nosotros mismos sin misericordia; por eso es que con Dios a nuestros lado estamos protegidos y seguros. Él no nos permitirá ver más de lo que estamos capacitados para sobrellevar. Él sabe que demasiada introspección podría dañarnos más de lo que nos ayudaría.

Madame Guyon nos previene de «depender de los resultados de nuestro propio escrutinio más que de Dios para descubrir y conocer nuestro pecado».[1] Si el examen es solamente un *auto*examen, siempre terminaremos con demasiadas alabanzas o con demasiado orgullo. Pero bajo la luz penetrante del gran Médico, sólo podemos esperar lo mejor.

No es que no haya dolor. Guyon dice, «cuando estás acostumbrado a este tipo de entrega, te darás cuenta que tan pronto como cometemos una falta, sentiremos la represión de Dios como un fuego que nos consume. Él no permite que el mal habite en sus hijos».[2] Y por lo tanto habrá un doloroso «fuego interior», pero sabremos que es un fuego purificador, y podremos recibir con gusto su limpieza.

---

1. Madame Guyon, *Experiencing God Through Prayer* [Experimentemos a Dios por medio de la oración], ed. Donna C. Arthur, Whitaker, Springdale, PA, 1984, p. 51.
2. *Ibid*, pp. 51-52.

La gracia sin precio

Es probable que a estas alturas ya haya surgido una pregunta en su mente. ¿Cuál es el propósito de todo este asunto del examen? ¿Qué pretendemos? Es una pregunta sincera, y merece una respuesta sincera. En realidad, la respuesta es fácil de expresar: su valor es lo difícil de enunciar.

La oración de examen produce en nosotros la inapreciable gracia del autoconocimiento. Me gustaría poder explicar de forma adecuada en verdad cuán grande es esta gracia. Lamentablemente los hombres y mujeres contemporáneos no aprecian el autoconocimiento de la misma manera que las generaciones que nos precedieron. Para nosotros el conocimiento tecnócrata tiene supremacía. Aun cuando pretendemos el autoconocimiento, con frecuencia lo reducimos a una búsqueda hedonista en pos de paz y prosperidad personal. ¡Qué pobres somos! Aun los filósofos paganos fueron más sabios que esta generación. Ellos sabían que una vida sin examen no valía la pena de ser vivida. «Conócete a ti mismo» es el famoso aforismo de Sócrates.

Santa Teresa de Ávila sabía el valor del autoconocimiento. En su autobiografía podemos leer: «Este camino de autoconocimiento jamás debe ser abandonado, no hay en este camino ninguna alma tan grande que no necesite regresar con frecuencia a la etapa de un infante y un lactante».[3] El autoconocimiento no es sólo fundamental, sino también una base que no puede ser olvidada jamás. Debemos volver a este camino primario de oración una y otra vez.

En su intento de explicarnos el valor del autoconocimiento, Santa Teresa añadió algo que suena un poco extraño para nosotros: «Junto a este camino de oración, el autoconocimiento y el pensar en nuestros pecados, es el pan que debe alimentar a todo paladar, no importa cuán delicados puedan ser; sin este pan no pueden ser sustentados».[4] Qué sorprendente, pensar

---

3. *The Collected Works of St. Teresa of Avila* [Obras completas de Santa Teresa de Ávila], p. 94.
4. *Ibid.*

que nuestra propia pecaminosidad puede ser el pan con el cual somos alimentados. ¿Cómo es posible esto?

Pablo, como recordarán, nos insta a que ofrezcamos nuestros cuerpos —nosotros mismos— como sacrificios vivos a Dios (Romanos 12.1). Este ofrecimiento no puede ser hecho en forma abstracta, con palabras piadosas o actos religiosos. No, debe estar cimentada en la aceptación de los detalles concretos de quienes somos y de la forma en que vivimos. Debemos aceptar y aun honrar nuestro ser de criaturas. La ofrenda de nuestros cuerpos sólo puede ser la ofrenda de nuestra experiencia vivida porque esto es lo único que somos. Y quiénes somos —no quienes queremos ser— es la única ofrenda que debemos dar. Por lo tanto, le damos a Dios no sólo nuestra fuerza, sino también nuestras debilidades; no sólo nuestros talentos, sino nuestras incapacidades.

Nuestro doble ánimo, nuestra lujuria, nuestro narcisismo, nuestra pereza, todo es llevado al altar del sacrificio. No podemos negar o ignorar lo profundo de nuestro mal, porque, paradójicamente, nuestro pecado ha de ser nuestro pan. Cuando aceptamos con honestidad el mal que habita en nosotros, como parte de la verdad sobre nosotros mismos, y ofrecemos esa verdad a Dios, somos nutridos de manera misteriosa. Aun la verdad sobre nuestra sombra nos hará libres (Juan 8.32).

Por lo tanto, no hay necesidad de reprimir, suprimir o sublimar ninguna de las verdades de Dios sobre nosotros. Completo, total y al descubierto, el autoconocimiento es el pan con el cual somos nutridos. El sí ante la vida significa el reconocimiento sincero de nuestro propio mal, pero es también un sí a Dios, quien en medio de nuestro pecado nos sostiene y levanta hasta su rectitud.

Por medio de la fe, el autoconocimiento nos lleva a la autoaceptación y al amor propio que cobra vida del amor y la aceptación de Dios. Después de todo Santa Teresa tiene razón; este es «el pan que debe alimentar a todos los paladares». Sus palabras son sabias: «Este camino de autoconocimiento jamás debe ser abandonado».

Vuelta al interior

Anteriormente dije que la oración de examen tenía dos aspectos. Uno es que la oración es lo suficientemente precisa en análisis, pero cuando la llevamos a la práctica puede ser engañosa. En realidad, la experiencia es más como una gráfica animada de computadora de dos círculos concéntricos que están constantemente sobreponiéndose, interfiriéndose y entretejiéndose. Si observamos por ejemplo, la actividad de Dios en nuestras vidas, descubrimos que Él ha expuesto nuestro lado oscuro. El examen de nuestro estado de conciencia y el examen de conciencia son un poco como las olas del mar: distintas unas de otras, pero aun así se confunden y nunca están totalmente separadas. Habiendo entendido esto volvemos a *la* pregunta: ¿cómo practicamos la oración de examen?

La practicamos al volvernos hacia nuestro interior. No hacia afuera, no hacia arriba, sino hacia adentro. Anthony Bloom escribió: «Tu oración debe ser hacia adentro, no hacia un Dios en el cielo, ni hacia un Dios lejano, sino hacia el Dios que está más cerca de ti de lo que puedes percibirlo».[5]

Más que con ninguna otra forma de oración, con el examen taladramos cada vez más profundamente, así como un taladro perfora las entrañas de la tierra. Estamos volviendo constantemente al interior, pero al interior de manera especial. No quiero decir que este volver al interior sea volverse más introspectivo; tampoco significa que busquemos en nuestro interior con la esperanza de encontrar alguna fuerza interior especial o un salvador que nos pueda liberar. ¡Falsa búsqueda! No, no es un peregrinaje *dentro* de nosotros mismos el que estamos haciendo, sino un peregrinaje *a través* de nosotros, de modo que podamos emerger de los más profundos niveles del ser hacia Dios. Como dice San Juan Crisóstomo: «Busca la puerta de tu corazón, descubrirás que es la puerta del reino de Dios».[6]

Madame Guyon llama a esta clase de vuelta interior «la

---

[5]. Anthony Bloom, *Beginning to Pray* [Comenzando a orar], Paulist, New York, 1970, p. 49.
[6]. *Ibid.*, p. 46.

ley de tendencia central». «A medida que retienes tu alma en lo profundo de tu ser, descubrirás que Dios tiene una atracción *magnética* especial. ¡Dios es como un imán! El Señor naturalmente te atrae más y más hacia Él».[7] Somos atraídos hacia el Centro Divino, dice la autora por medio de la gracia de Dios, más que por nuestros propios esfuerzos. Concluye: «Tu alma, una vez que se vuelve al interior, es atraída por... esta ley de tendencia central. Esta... gradualmente cae hacia su propio centro, que es Dios. El alma no necesita ninguna otra fuerza que la atraiga, más que el peso del amor».[8]

El Eben-ezer personal

«Pero ahora, ¿acaso esta vuelta al interior era todo?», te preguntarás. «O, ¿hay algunas actividades del cuerpo, la mente y el espíritu que nos puedan ayudar?» Seguro, muchas, más de las que puedo mencionar. Déjenme darles algunas de las más comunes.

Una forma de iniciar el examen de nuestro estado de conciencia es por medio de un diario espiritual. Desde las *Confesiones* de San Agustín hasta las *Huellas* de Dag Hammorskjold, los cristianos a través de los siglos han considerado valioso registrar sus andanzas espirituales. «Como un torno», escribe Virginia Stem Owens, «un diario nos empuja hacia el interior, al corazón de la madera».[9]

Llevar un diario espiritual implica una reflexión altamente intencional de los sucesos de nuestros días. Difiere de un simple diario por el hecho de que está enfocado en el porqué y en el por dónde; más que en el quién y el qué. Los acontecimientos externos son trampolines para entender la obra interior de

---

7. Guyon, *Experiencing the Depths* [Experimentando las profundidades], p. 53.
8. *Ibid.*, p. 56.
9. Virginia Stem Owens, adjudicado a *Life Path: Personal and Spiritual Growth Through Journal Writing* [Estilo de vida: Crecimiento personal y espiritual a través de la escritura de un diario], por Luci Shaw, Multnomah, Portland, OR, 1991.

Dios en el corazón. Uno de los valores especiales del diario es el registro que se conserva: un Eben-ezer personal, si se quiere ver así. Podemos regresar a las páginas de nuestra historia personal con Dios tan seguido como queramos ver los problemas con los que hemos luchado y el progreso que hemos logrado.

Los muchos diarios y registros de experiencias que ha escrito Frank Laubach son muestra de la disciplinada aventura del examen del estado de conciencia que ha llevado a cabo. En particular recuerdo el de *Juego de minutos*, en el que pretendía reconocer cuántos minutos al día podía estar consciente de la presencia de Dios. El día de año nuevo, en 1937, escribió: «Dios, quiero darte cada minuto de este año. Trataré de tenerte en mi mente a cada instante, durante las horas que esté despierto».[10] En otra ocasión anotó: «Dios, después de una noche de insomnio, abrí mis ojos, riendo, pues ¡estamos juntos! No es necesario dormir. Las perturbaciones como el hombre que estuvo tosiendo toda la noche, en un dormitorio al lado del mío, son buenas para fortalecer el carácter, si es que no dejo que me alejen de ti».[11]

También recuerdo el libro de Laubach llamado *Learning the Vocabulary of God* [Aprendiendo el vocabulario de Dios], en el que dedica un año entero a aprender de qué manera habla Dios a través del curso de los sucesos cotidianos. Al principio de esa experiencia escribe: «Dios, este intento de ir en búsqueda de tu vocabulario promete abrir un *mundo* completo de nueva visión. Llevo en el bolsillo una pequeña libreta para registrar tus palabras tal y como lleguen a mí en el transcurso del día, de la misma manera como si estuviera aprendiendo algún idioma».[12] Curiosamente, la experiencia de ese año lo llevó al trabajo de su vida, conocido ahora mundialmente como el Método de Aprendizaje de Laubach. Un martes, en un bazar de Baroda, India, escribió: «Más de trescientos treinta millones

---

10. Frank C. Laubach, *Learning the Vocabulary of God* [Aprendiendo el vocabulario de Dios], Aposento Alto, Nashville, TN, 1956, p. 5.
11. *Ibid.*, p. 17.
12. *Ibid.*, pp. 7-8.

de personas que no saben leer están clamando por ayuda. Se necesita tu lenguaje, una palabra tuya. Tratar de resolver este problema es confuso. Pero los problemas sin solución son tu especialidad, pues en ello tu eres nuestro maestro, quien nos entrena».[13]

Si bien yo animo a que se practique la disciplina de llevar un diario como medio de crecimiento espiritual, no quiero que esto se entienda fuera de su perspectiva particular. Hasta donde sabemos, Jesús nunca llevó a cabo esta práctica, ni tampoco lo hizo San Francisco de Asís, ni otros, cristianos conocidos. Parece que realizaron bastante bien su propia formación espiritual sin necesidad de esto. Es importante mencionarlo porque hay algunos grupos que han encontrado valiosa esta experiencia de llevar un diario espiritual, y erróneamente han supuesto que todo el mundo debe llevar un «diario». No se trata de eso. Llevar un diario puede ser valioso para ciertas personas —particularmente para los que se expresan oralmente—, pero no para otras. Jamás podremos imponer los medios de la gracia de Dios.

Se pueden hacer muchas otras cosas. Recuerdo que en un verano fui todas las noches, alrededor de las diez, a la pequeña cancha de baloncesto que teníamos instalada en nuestra cochera. Durante ese tiempo, cuando lanzaba la pelota al cesto invitaba a Dios para que hiciera un inventario del día. Muchas cosas venían a mi memoria. Por supuesto había pecado: una palabra de enojo, un mal comportamiento, el dejar pasar la oportunidad para animar a alguien. Pero también había cosas buenas: una pequeña obediencia, una oración silenciosa que parece que hizo mucho, una palabra dicha a tiempo. Fue sólo por un verano y nunca más volví a repetir esta experiencia, pero fue una forma de experimentar el examen de mi sentido de conciencia.

Hay muchas otras formas de entrar en el examen de conciencia. Martín Lutero recomendaba la meditación constante en oración de los Diez Mandamientos y del Padre Nues-

---

13. *Ibid.*, p. 7

tro, como un medio de mantener nuestras vidas frente a un patrón moral. Muchos acostumbran tener un tiempo de retiro personal para revisar sus vidas.

Tal vez quieras experimentar la forma particular en que una amiga mía lleva acabo su examen de conciencia. Toda la semana trata de vivir como heredera del poder de Dios, haciendo Su trabajo y pensando Sus pensamientos. Después, el viernes o el sábado por la tarde deja las alturas y desciende a lo profundo de su ser, pidiéndole al Espíritu de Dios la guíe para recordar lo que pasó durante la semana y ver si hubo algún pecado o falla que necesite su perdón. Luego tiene un tiempo determinado de arrepentimiento que concluye en el servicio dominical al tomar la Santa Cena.

Esto nos lleva directamente al contenido de nuestro próximo capítulo: Oración de lágrimas. Es a esta maravillosa forma de oración hacia la que nos dirigimos ahora.

◆

Precioso Salvador, ¿por qué es que temo tu escrutinio, si tu examen es solamente de amor? Aun así, tengo miedo... miedo de lo que pueda resultar. No obstante, te invito a buscar en mi interior, a fin de que yo mismo pueda conocerme —y conocerte a ti— en toda la magnitud posible.
          —Amén.

4
Oración de lágrimas

Las lágrimas son como la sangre en las heridas del alma.

— Gregorio de Nicea

Penthos es la palabra griega para oración de lágrimas. Se trata de una experiencia frecuente para aquellos que caminan por las páginas de la Biblia, y es además un tema recurrente en las obras de los grandes escritores de devocionales. *Penthos* significa un corazón lastimado y contrito. *Penthos* implica una piadosa tristeza interior. *Penthos* es la bendita y santa lamentación. *Penthos* significa compungirse profundamente y de corazón. Pero sobre todo, *Penthos* significa la oración de lágrimas.

Gregorio de Nicea dijo de San Efrén: «Cuando comencé a recordar su torrente de lágrimas yo mismo comencé a llorar, porque es casi imposible pasar con los ojos secos por el océano de sus lágrimas. Nunca hubo un día o una noche... en que sus ojos no estuvieran bañados en lágrimas».[1] El padre Antonio declaró enfáticamente: «Cualquiera que desee crecer por el

---

1. Gregorio de Nicea, *De compuncione* [Sobre las compunciones] 1.10, PG 46:829 D, como lo cita Irénée Hausherr, *The Doctrine of Compunction in the Christian East* [Penthos: La doctrina de la compunción en el cristianismo oriental], Cistercian, Kalamazoo, MI, 1982, p. 27.

camino de la virtud tendrá que hacerlo a través del llanto y de las lágrimas».²

La suave lluvia de lágrimas

¿De qué se trata esta oración de lágrimas? Es «compungirse de corazón» por nuestra separación y ofensa a la bondad de Dios (Hechos 2.37). Es llorar por nuestros pecados y por los pecados del mundo. Es entrar al impacto librador del arrepentimiento. Se trata del conocimiento íntimo y definitivo de que el pecado nos aparta de la suprema presencia de Dios. La mañana del 18 de octubre de 1740, David Brainard, ese misionero pionero y fuerte de los nativos americanos, escribió en su diario:

> Mi alma estaba extremadamente conmovida, e intensamente triste por mis muchos pecados y vilezas. Nunca antes había sentido el punzante y hondo sentido de la odiosa naturaleza del pecado como en ese instante. Mi alma fue, como nunca antes, arrebatada en amor por Dios, y tuve una viva sensación del amor de Dios por mí.³

Recientemente experimenté la gracia especial de una suave lluvia de lágrimas. Pensaba en mi pecado y en el pecado del pueblo de Dios. También había estado meditando en la enseñanza del evangelio (y la antigua enseñanza de la iglesia) sobre la «compunción»: la tristeza del corazón. Mientras que lo hacía, Dios por su gracia me ayudó a entrar en santo lamento en mi corazón en nombre de la Iglesia y en profundo agradecimiento, lleno de lágrimas, por la paciencia de Dios, su amor, y su misericordia hacia nosotros. Como Miqueas lo declara: «¿Qué Dios como tú, que perdona la maldad, y olvida el pecado...?» (Miqueas 7.18).

Este llanto del corazón duró pocos días en mí. Habría

---

2. Abba Anthony, *Vitae Patrum* [Patrón de Vida], 7.38; PL 73:1055C, como lo cita Hausherr, *Penthos*, p. 41.
3. Jonathan Edwards, ed., *The Life and Diary of David Brainard* [La vida y diario de David Brainard], Moody, s.f., Chicago pp. 34-35.

deseado más. Estas experiencias parecen ser la excepción hoy en día; si bien hubo un tiempo en que eran la regla. Cuentan que la actriz francesa, Eve LaVallière, después de su conversión al cristianismo, constantemente tenía sus ojos irritados por su perpetuo llanto.[4]

Una letanía de lágrimas

Ciertamente las mujeres y hombres que aparecen a lo largo de las páginas de las Escrituras estaban familiarizados con la gracia de las lágrimas. En su angustia Job declara: «Mas ante Dios derramaré mis lágrimas» (Job 16.20). Movido por el pecado y desolación de Moab, Isaías grita: «Por lo cual lamentaré con lloro de Jazer... te regaré con mis lágrimas, oh Hesbón y Eleale» (Isaías 16.9).

Jeremías es conocido como el «profeta llorón» y esa reputación la tiene bien merecida. «¡Oh, si mi cabeza se hiciese aguas», se lamenta «y mis ojos fuentes de lágrimas, para que llore día y noche los muertos de la hija de mi pueblo!» (Jeremías 9.1). Si Jeremías no redactó el libro de Lamentaciones, ¡debería haberlo hecho! «Oh hija de Sion, echa lágrimas cual arroyo día y noche; no descanses, ni cesen las niñas de tus ojos» (Lamentaciones 2.18).

Casi todas las páginas del Salterio están mojadas con las lágrimas de los cantores. «Me he consumido a fuerza de gemir», se lamenta David: «Todas las noches inundo de llanto mi lecho» (Salmo 6.6). El llanto fue, a decir verdad, una práctica, tan habitual para David, que podía apelar a sus lágrimas como testigos delante de Dios: «Mis huidas tú has contado; pon mis lágrimas en tu redoma; ¿no están ellas en tu libro?» (Salmo 56.8). El cantor, quien describe bellamente la sed de nuestra alma por Dios, así como la sed del ciervo que brama por las corrientes de agua, confiesa: «Fueron mis lágrimas mi pan de día y de noche» (Salmo 42.3). El Salmo 119, ese extenso canto

---

4. Raïsa Maritain, *Adventures in Grace* [Aventuras en la gracia], Longmans, Green, New York, 1945, pp. 182-85.

de alabanza a la Torá, contiene este constante lamento: «Ríos de agua descendieron de mis ojos, porque no guardaban tu ley» (Salmo 119.136).

Consideremos a Jesús «ofreciendo ruegos y súplicas con gran clamor y lágrimas» (Hebreos 5.7). Veámoslo llorar por su amada Jerusalén: «¡Cuántas veces quise juntar a tus hijos, como la gallina junta a sus polluelos debajo de las alas, y no quisiste!» (Mateo 23.37). Escuchen esta bendición sobre los angustiados, lastimados y desposeídos: «Bienaventurados los que lloran» (Mateo 5.4) «Bienaventurados los que ahora lloráis» (Lucas 6.21). Veamos su ternura hacia la María que bañó sus pies con sus lágrimas, escuchemos sus palabras de absolución y la bendición que le imparte: «porque amó mucho... tus pecados te son perdonados... ve en paz» (Lucas 7.36-50).

O pensemos en Pablo, quien fue a Asia «sirviendo al Señor con toda humildad, y con muchas lágrimas» (Hechos 20.19). A los efesios les dijo: «por tres años, de noche y de día, no he cesado de amonestar con lágrimas a cada uno» (Hechos 20.31). A su congregación en Corinto le declara: «Por la mucha tribulación y angustia del corazón os escribí con muchas lágrimas», y más tarde se regocija de que su «llanto» y su «tristeza» les hayan guiado al arrepentimiento (2 Corintios 2.4; 7.7-11).

Gozo profundo

¿A qué se debe toda esta tristeza y estos lamentos? Suena un tanto depresivo, al menos para quienes como nosotros, hemos sido criados en una religión de buenos sentimientos y prosperidad. Los antiguos escritores, sin embargo, tenían una opinión muy diferente. Lo veían como un regalo por el cual luchar: el «carisma de las lágrimas». Para ellos, la gente que merece mayor compasión y piedad es la que va por la vida con los ojos secos y el corazón frío. Fueron ellos quienes llamaron a esta agitación interna del corazón «profundo gozo».

Es más, el gozo es el resultado más obvio de un corazón perpetuamente sumido en contrición. Basilea Schlink escribió: «La primera característica del Reino de los cielos es el abundante gozo que proviene de la contrición y el arrepentimiento... Las lágrimas de contrición suavizan hasta los más duros corazones».[5] El salmista canta: «Los que sembraron con lágrimas, con regocijo segarán» (Salmo 126.5).

Y así mismo es. Un buen amigo mío dio no hace mucho una expresión poco usual de este profundo gozo. Él es pastor de una pequeña congregación que es un microcosmos de todo el daño y pecado del mundo moderno. Esto le lleva con frecuencia a momentos de lamentación y llanto por los pecados y aflicciones de su pueblo, y en ocasiones —cuando está orando por algunos individuos— el espíritu de llanto le inunda.

En una ocasión mi amigo había ido a unas conferencias y se encontraba solo en un hotel. Una mañana se levantó temprano con las palabras del Salmo 91.14-16 en sus labios: «Por cuanto en mi ha puesto su amor, yo también lo libraré... me invocará, y yo le responderé». De inmediato abrió su Biblia y comenzó a orar usando la Palabra de Dios. En medio de su oración comenzó con una risita y después a reírse a carcajadas: se doblaba de la risa; alta, santa y ruidosa risa. Se tiró sobre su cama y rodaba a todo lo largo, riendo a carcajadas una y otra vez. Se rió hasta que le dolieron las mandíbulas. Hasta que tuvo que ponerse una almohada sobre su cara para ocultar el ruido. Esta maravillosa liberación de su espíritu en risa santa duró unos treinta minutos. Después que cedió, sólo exclamó: «¡Qué maravillosa forma de comenzar el día!»

Ahora mi amigo no se siente inclinado a las frivolidades. Es más, toma su caminar espiritual tan seriamente que en ocasiones lo he animado para que se descargue un poco. ¿Qué sucede? Prefiero imaginar que Dios le ha dado el gozo profundo reservado para aquellos que están familiarizados con la aflicción de corazón y llenos de lágrimas de arrepentimiento. San Amonas, un discípulo del padre Antonio, escribe: «el miedo produce lágrimas, y las lágrimas gozo. El gozo trae fuerzas, a través de las cuales el alma será fructífera en todo».[6]

---

5. M. Basilea Schlink, *Repentance: The Joy-Filled Life* [Arrepentimiento: la vida de gozo abundante], Bethany, Minneapolis, 1984, pp. 28-33.

6. *The Letters of Ammonas* [Las cartas de Amonás], traducción de Derwas

Y el padre Hausherr dice: «La compunción termina en bienaventuranza».[7]

Preguntas intrincadas

A lo mejor he ido demasiado rápido para ustedes. Todavía no han entendido por qué hago tanto énfasis en el más emocional de los aspectos de la oración: llanto, lamento y todo lo demás. Tampoco estoy muy seguro de comprenderlo todo. Lo que sí sé es que a menos que se toque el centro emotivo de nuestras vidas, es como si una mecha no hubiera sido encendida. Las lágrimas son un signo —no un signo infalible con seguridad, pero un signo de todas maneras— de que Dios ha tocado este centro. Por medio de la oración de lágrimas le concedemos a Dios la oportunidad de que nos muestre nuestra pecaminosidad y la pecaminosidad del mundo a un nivel emocional. Hasta donde logro comprender, las lágrimas son la forma que Dios usa para ayudarnos a descender con la mente hacia nuestro corazón y desde ahí rendirnos en perpetua adoración y alabanza.

Numerosas preguntas se amontonan en la mente. ¿No resulta toda esta plática sobre el pecado, la contrición y el arrepentimiento un poquito arcaica, una vuelta a los días de la falsa culpabilidad y la insana represión? ¿Qué realidades teológicas dan origen a esta forma de oración? Para orar en esta forma, ¿tenemos que llorar literalmente? Y...y...y...

Entiendo sus preocupaciones y preguntas. Tengo más de las que puedo considerar en un capítulo tan corto, aun si tuviera todas las respuestas. Es posible que no hay ningún otro tipo de oración que suscite más preguntas. Tal vez es por eso que Madame Lot-Borodine la llama el «Misterio de las lágrimas».[8] Pero en lugar de preocuparnos por lo que no sabemos, tratemos de estar claros respecto a lo que sí sabemos.

J. Chitty, SLG, Oxford, 1979, p. 18.
7. Hausherr, *Penthos*, p. 139.
8. Mme Lot-Borodine, *Vie Spirituelle* [Vida espiritual], 48 (1936) 65-110, según cita Hausherr, *Penthos*, p. 138.

La realidad de base

La única realidad de base para la oración de lágrimas es que somos pecadores. No quiero decir que cometimos pecados, aunque estoy seguro de que es cierto. No estoy dando un juicio moralista de nuestras actividades, sino un juicio teológico de nuestra separación de Dios. No es que seamos pecadores porque cometemos actos pecaminosos; por el contrario, cometemos actos pecaminosos porque somos pecadores. Los teólogos llaman a esta corrupción de esencia *peccatum originis*, o pecado original, y el rehusar a creer, por falta de fe a los *defectus fidei*, es el pecado que es el corazón de todos los pecados. De esta falta fundamental y alejamiento de Dios proceden todas las acciones corruptas y pervertidas que llamamos pecados.

El Nuevo Testamento abre con el frecuente, casi monótono llamado de Juan el Bautista: «arrepentíos, porque el reino de Dios se ha acercado». Este refrán es retomado por Pedro en Pentecostés, y finalmente nuestra Biblia cierra con el llamado de Jesús a las siete iglesias a arrepentirse y volver al camino de Dios.

Lo que hace posible este arrepentimiento es, sin duda alguna, la cruz de Jesucristo. En cierta forma misteriosa, a través de su sangre derramada Jesús tomó en sí mismo todo el mal y hostilidad de todas las edades y las redimió. Nos reconcilió con Dios, restaurando así la infinitamente valiosa relación personal que había sido destrozada por el pecado. Por medio de la cruz Cristo abrió la «puerta de la gracia», como lo dijera Adrienne von Speyr.[9]

Eso no es todo. La teología cristiana nos dice que Cristo murió y pasó por los infiernos, «llevó cautiva la cautividad» (Efesios 4.8). Después, al tercer día, Jesús se soltó explosivamente de las garras de la muerte, y el primer acto del resucitado fue instituir el ministerio de la confesión y el perdón (Juan 20.23). La resurrección es la ¡abrupta absolución de Dios!

Hacía falta una cosa más, es decir, nuestra responsabilidad

---

9. Adrienne von Speyr, *Confession* [Confesión], traducción de Douglas W. Stott, Ignatius, San Francisco, 1985, p. 50.

de arrepentimiento, no sólo una vez, sino otra y otra vez. Martín Lutero declara que la vida del cristiano debe ser una vida de diario arrepentimiento. Diariamente confesamos, diariamente nos arrepentimos, diariamente nos «volvemos, volvemos, hasta que nos transformamos por completo». La oración de lágrimas es la ayuda principal para nuestra transformación. Cómo sucede esto no es, sin embargo, del todo claro en nuestros días. Hacia esta preocupación nos referiremos ahora.

Actos de contrición

Dios nunca desprecia «al corazón contrito y humillado», dice el salmista (Salmo 51.17). Pero la verdadera pregunta para nosotros en este mundo moderno es ¿cómo experimentamos la contrición de corazón, como tener un corazón humillado, triste, afligido y arrepentido?

Comencemos por pedir. Espero que no haya sonado muy trillado, porque es la verdad más profunda que jamás pudiéramos encontrar en relación a nuestro reencuentro con Dios. Nosotros sencillamente no podemos hacer que el corazón se arrepienta. No es algo que podamos propiciar con sólo crear un cierto ambiente o una determinada atmósfera y cierta clase de música. Es un regalo de Dios, puro y simple. Pero es un regalo que Dios se complace en dar a todo aquel que se lo pide.

Así que con atrevimiento y persistencia pedimos que nos dé corazones contritos. Pedimos por corazones afligidos y con llanto. «Señor», oramos, «permíteme recibir el don de las lágrimas». Si al principio el corazón afligido no llega, debemos continuar pidiendo, seguir tocando a la puerta.

Como el cobrador de impuestos en la parábola de Jesús suplicamos: «Dios, sé propicio a mí, pecador» (Lucas 18.13). No sólo una vez, o ahora y después, sino en cada respiro. El antiguo refrán litúrgico *Kyrie, Eleison* (Señor, ten piedad), viene de esta parábola. También de la famosa Oración a Jesús: «Señor Jesucristo, Hijo de Dios, ten piedad de mí, pecador». Nos unimos a la multitud de voces de todas las edades, para pedir el don del arrepentimiento, la oración de lágrimas. Tal vez por momentos nuestra oración quede reducida a una sola palabra: «¡Piedad!»

En segundo lugar, confesamos. Reconocemos nuestra falta de fe, nuestro distanciamiento y nuestra dureza de corazón. Delante de nuestro amante y bondadoso Dios declaramos nuestros pecados, sin excusas ni omisiones; nuestra incredulidad y desunión, nuestra arrogancia y autosuficiencia y las faltas demasiado personales que son muchas para contarlas y que no podemos mencionar. C.S. Lewis anota: «La verdadera fosa nasal cristiana consiste en estar continuamente atento a la fosa séptica de nuestro interior».[10] Que en cierta forma es la misma declaración que hace Pablo de manera cruda: «¡Miserable de mí! ¿quién me librará de este cuerpo de muerte?» (Romanos 7.24).

No hay lugar para excusas ni circunstancias atenuantes; hemos de decir: «Por mi culpa, por mi gran culpa», como reza el viejo rito confesional. Y de igual modo que ese antiguo rito, nosotros «confesamos estos pecados, y aun todos aquellos que no recordamos». El poeta Phineas Fletcher del siglo XVII lo expresa así:

> Caen, caen, suaves lágrimas,
>   Y bañan aquellos benditos pies,
> Que trajeron del cielo
>   las buenas nuevas y el Príncipe de paz.
>
> No cesen, húmedos ojos,
>   sus bondades de adorar;
> De llorar por perdón
>   que el pecado nunca cesará.
>
> En tus profundas corrientes
>   Echo mis culpas y miedos;
> No dejo que sus ojos
>   vean mi pecado, sino a través de mis lágrimas.[11]

---

10. Lewis, *Letters to Malcolm* [Cartas a Malcolm], p. 98.
11. Phineas Fletcher, poema sin título tomado de *Hail, Gladdening Light of*

Tercero, recibimos. Nuestro Dios que es fiel y justo —y además grande en misericordia— nos perdonará y nos limpiará (1 Juan 1.9). Así como el padre del hijo pródigo, Él se apresura hasta nosotros tan pronto nos ve regresar al hogar. Nos colma de regalos que no merecemos y que de otro modo jamás podríamos adquirir.

En mi libro *Alabanza a la disciplina* doy consejos detallados para esos momentos en que no somos capaces de experimentar el perdón ni la limpieza en nuestras vidas, por nosotros mismos, y necesitamos la ayuda de nuestros hermanos y hermanas en la fe.[12] Basta decir en estos casos que nosotros, quienes seguimos a Jesucristo, hemos recibido por gracia el ministerio de dar el perdón de Dios unos a otros (Juan 20.23). Seguramente saben de la existencia de la confesión sacerdotal que se da en la comunión católica romana. A lo mejor, también sea de ayuda saber que el movimiento monástico primitivo no era enteramente clerical, y que esas personas laicas comenzaron por confesarse recíprocamente entre ellas, recibiendo la seguridad del perdón de Cristo. Nosotros también hemos sido privilegiados con este mismo don.

Y aun más, a través del poder de Cristo liberamos dentro de la gente el espíritu de perdón y compasión. El capítulo 18 del Evangelio de Mateo está dedicado por completo a las enseñanzas de Jesús en cuanto a dar y recibir perdón. Y precisamente a mitad de esa intensa discusión, Jesús nos da su promesa: «De cierto os digo que todo lo que atéis en la tierra, será atado en el cielo; y todo lo que desatéis en la tierra, será desatado en los cielos» (Mateo 18.18). Y eso es lo que hacemos. Atamos las amarguras y la dureza de corazón. Damos perdón y compasión. Es un ministerio en el que nos podemos dar el lujo de ser indulgentes y pródigos.

---

the English Church [Llamada, luz gratificante: Música de la Iglesia Inglesa], Cantantes de Cambridge, dirige John Rutter, Collegium Records, COLCD 113, Stereo/digital disco compacto, UK, 1991.
12. Richard J. Foster, Alabanza a la disciplina, Editorial Betania, Miami, FL, 1986. Véase Capítulo 10: «La disciplina de la confesión», pp. 157-171.

Cuarto, obedecemos. No basta con pedirle a Dios que nos dé un corazón blando y quebrantado en el que haya lugar para el arrepentimiento. No es suficiente confesar libre y abiertamente nuestras muchas ofensas. Ceñido a la palabra de perdón se encuentra el llamado a la obediencia. Tal vez no venga a nuestra mente el recuerdo de una actitud de autojustificación. Confesémosla al instante. Es posible que recordemos el haber dicho una palabra hiriente. Vayamos donde la persona que ofendimos y, sin dudar, pidámosle perdón. Quizá un acto de injusticia cometido en el pasado venga a nuestra mente. De inmediato hagamos la restitución.

Por otra parte, en el lado positivo de nuestro haber, nos comprometemos en la práctica de la virtud con marcado entusiasmo. Puede ser que en el trabajo tengamos la oportunidad de dar un fuerte golpe en contra de la injusticia. Actuemos sin tardanza. A lo mejor veamos la oportunidad de influir en nuestros pequeños positivamente. Hagámoslo con rapidez. Es posible que uno de nuestros vecinos necesite ayuda para reparar la verja de su jardín. Apresurémonos para ayudarlo. Por medio de todo esto experimentamos el gozo de la obediencia.

Si no podemos llorar

Quiero concluir el examen sobre la oración de lágrimas con unas breves palabras para aquellos que no pueden llorar. Hay quienes como San Simeón dicen: «aun el punzarles no les causa compunción».[13] Lo sé porque soy uno de ellos, y sólo por gracia especial he podido ser de otro modo.

Pocas cosas en nuestra cultura nos mueven en esa dirección. Además, ciertos temperamentos son lentos para soltar lágrimas. Si este es tu caso, no te desanimes. Yo estuve en tu misma situación. Permíteme expresar algunos consejos que han sido de ayuda para mí.

Sé firme pero a la vez amigable contigo mismo. No te

---

13. San Simeón el nuevo teólogo, *Oratio 32* [Oración 32]; PG 120:480 C, según cita en Hausherr, *Penthos*, p. 172.

encierres en ti mismo con la excusa «yo no soy del tipo sentimental». También recuerda no apropiarte de la actitud «machista» moderna de quien cuando se enoja dice «soy una roca, soy una isla» y permanece así hasta la noche, de forma tal que es necesario todo un día para cambiar tan profundo hábito. Apóyate en la observación que hace Tomás de Kempis, de que «un hábito vence a otro hábito».[14] Estás construyendo nuevos hábitos de oración, paciencia y virtud, lo que hace falta en ti es que seas firme y perseverante.

Además, si te sumerges en el evangelio, te curarás de la religión de «labios para afuera» que resulta ajena a aquel que fue «un varón de dolores y experimentado en quebrantos». Jesús conoció la oración de lágrimas, y Él te enseñará cómo seguir «sus pisadas» (1 Pedro 2.21). Sigue el consejo de San Teodoro de Studie: «Vayamos en el Espíritu al Jordán... y recibamos el bautismo con Él, es decir el bautismo de lágrimas».[15]

Si no puedes llorar de manera externa, vierte tus lágrimas delante de Dios en tus intenciones. Cultiva un corazón sensible al llanto. Mantén tu alma en lágrimas. Aun y cuando los ojos están secos, la mente y el espíritu pueden estar quebrantados delante de Dios.

Por último, mientras esperas pacientemente por el bautismo de lágrimas, descansa en las palabras de Juan Crisóstomo: «El fuego del pecado es intenso, pero se puede apagar con un poco de lágrimas, porque las lágrimas apagan el horno de las faltas, y limpian nuestras heridas de pecado».[16]

---

14. Tomás de Kempis, *Imitación de Cristo*, traducción al español de Leon E. Sansegundo, Barcelona, Regina, 1986.
15. San Teodoro de Studite, *Great Catechesis 27* [Gran Catecismo] 27]; ed. Papadopoulo-Kerameus, San Petesburgo, 1904, p. 191, según cita Hausherr, *Penthos*, pp. 131-32.
16. San Juan Crisóstomo, *De Paenit* [De paenit], 7.5, PG 49:334, según cita Hausherr, *Penthos*, pp. 127-28.

ORACIÓN DE LÁGRIMAS

◆

Bondadoso Jesús, me es más fácil acercarme a ti con mi mente que con mis lágrimas. No sé cómo orar desde el centro emotivo de mi ser, ni siquiera se cómo estar en contacto con esa parte de mí. Aun así, vengo a ti tal como soy. Estoy arrepentido por las muchas veces que rechacé tu amor. Por favor, perdona todas mis ofensas contra tu ley. Me arrepiento por mi dureza e insensible forma de ser. Quebranta mi duro corazón con las cosas que quebrantan tu corazón.

Jesús, tú pasaste por tremenda prueba en gran agonía y lloraste lágrimas de profunda y honda tristeza. En memoria de tu tristeza ayúdame a llorar por mi pecado... y mis pecados.

Gracias a ti y en ti oro.

—Amén.

5

Oración de renuncia

El Espíritu me enseña a dirigir mi entera voluntad a la voluntad del Padre. Abre mis oídos para esperar con gran gentileza y apertura de espíritu lo que el Padre tiene que decir y enseñar día tras día. Me muestra cómo la unión con la voluntad de Dios es la unión con Dios mismo; cómo el rendirse a la voluntad de Dios es el llamado del Padre, el ejemplo del Hijo, y la verdadera bendición del alma.

—Andrew Murray

A medida que estamos aprendiendo a orar, descubrimos un progreso interesante. Al principio nuestra voluntad está en lucha con la voluntad de Dios. Rogamos. Imploramos. Demandamos. Esperamos que Dios actúe como mago o nos colme de bendiciones como el Padre de la Navidad. Insistimos en soluciones instantáneas y oraciones manipuladoras.

Con todo lo difícil que resulta este tiempo de lucha, nunca debemos desdeñarlo ni tratar de evitarlo. Es una parte esencial de nuestro crecimiento y profundización en las cosas espirituales. Para ser francos, es una etapa inferior, pero sólo en el mismo sentido en que un niño se encuentra en una etapa inferior en relación a la de adulto. El adulto puede razonar mejor y cargar cosas más pesadas porque su cerebro y sus músculos están más desarrollados, pero el niño está haciendo exactamente lo que se espera que haga para su edad. De igual modo es en la vida del espíritu.

A su debido tiempo, de todas maneras, comenzamos a entrar en la bendita liberación de nuestra voluntad y nos dejamos llevar por el torrente de la voluntad del Padre. Es la oración de renuncia, que nos mueve de la lucha a la liberación.

Instruidos por un comercial

Quiero dejar en sus mentes una imagen que represente la oración de renuncia. Para hacerlo necesito primero contarles una pequeña historia, verán como se ajusta al presente.

Una trabajadora social amiga mía, que vivía en un sitio algo retirado, me pidió varias veces que fuera a su pueblo a enseñarles, a ella y a sus colegas, sobre la oración de sanidad interior. Siempre me negaba, pues sabía que en su pueblo había gente que era buena para eso. Ella persistió. Le dije finalmente: «Pongamos en oración el asunto de mi visita. Y quiero que hagas lo siguiente. Regresa a tu casa y no hables con nadie sobre la idea de mi visita, excepto con Dios, y si por lo menos seis personas te comentan el deseo de este tipo de enseñanza en la próxima semana, entonces sabremos que Dios está en esto, y yo iré». Y ella aceptó.

Por favor entiendan. No estaba tratando de escuchar a Dios. ¡sólo estaba tratando de librarme de esa sesión de enseñanza! Cuatro días más tarde mi amiga me llamó y me dijo: «¡Doce personas me han preguntado sobre el asunto desde que regresé!» Estaba atrapado. Acepté llevar a cabo la sesión.

Fue una pequeña reunión de unos quince trabajadores sociales. Nos reunimos en la casa de mi amiga. La primera noche, uno de los caballeros expresó francamente: «Ándate tranquilo conmigo, porque no soy uno de los tuyos». Esta fue su forma de decir que él no era cristiano, y el grupo recibió su comentario en tono gracioso.

A lo largo de la semana el Espíritu de Dios descansó tiernamente sobre todo el grupo, de tal manera que el domingo por la tarde ese mismo caballero me pidió calladamente:

«¿Podría orar por mí para que conozca a Jesús de la misma manera en que usted lo conoce?»

¿Qué hacer? Ninguna de las respuestas normales parecía ser apropiada. Esperamos en silencio. Finalmente uno de los jóvenes se paró y puso suavemente sus manos sobre los hombros de esa persona. Nunca olvidaré su oración. Tenía la sensación de que debía quitarme los zapatos: estábamos en lugar santo. Por más extraño que les parezca, el joven oró un comercial. Era un popular anuncio sobre una marca de té, en el que diferentes personas, incómodas por el sol del verano, se tiraban a la piscina con la calmante satisfacción y refrescante sensación de un «ahhhh» en sus rostros. Luego de terminar la descripción, invitó al hombre a tirarse en los brazos de Jesús. El caballero de repente comenzó a llorar, con profundo sentimiento de tristeza y pena. Observamos con reverente admiración cómo recibía el regalo de la fe salvadora. Fue un momento lleno de gracia y ternura. Más tarde nos contó cómo la oración había tocado el centro profundo de su pasado, en relación con su bautismo cuando era niño.

Esta imagen de una persona cayendo en los brazos de Jesús con la calmante sensación de «ahhhh» es, para mí, la imagen perfecta de la oración de renuncia. Es la imagen mental que quiero que conserven con ustedes.

El resultado final de la oración de renuncia trae a nuestra alma este descanso satisfactorio. Conforme lean este capítulo, espero que conserven en sus mentes su propia imagen en los brazos de Jesús, llenos de satisfacción, descansando por completo. Estoy seguro de que se han dado cuenta de que esta imagen describe el resultado de la oración de renuncia y no el proceso, y es que necesitamos tener el resultado final claro frente a nosotros para que nos dé ánimos para enfrentar el proceso.

La escuela del Getsemaní

La oración de renuncia la aprendemos en la escuela del Getsemaní. Observamos, con admirada adoración, la escena. Por entre los retorcidos olivos se dibuja el contorno de la solitaria figura. El sudor como gotas de sangre cae en la tierra. Y en medio de todo se escucha el deseo humano: «Padre, si quieres, pasa de mí esta copa...», seguido por la renuncia final, «pero no se haga mi voluntad, sino la tuya» (Lucas 22.39-46). Haríamos bien en meditar con mayor frecuencia en esta expresión de renuncia.

Tenemos frente a nosotros al Hijo encarnado, orando a través de sus lágrimas, sin recibir respuesta a lo que pide. Como verán, Jesús supo lo que era la pesada carga de una oración no contestada. En verdad Él quería que pasara esa copa, y eso fue lo que pidió. Su pregunta y su clamor fue, «Padre, si quieres». La voluntad del Padre no le era todavía del todo clara. «¿Habrá algún otro camino?» «¿Podría la gente ser redimida por algún medio diferente?» La respuesta fue: ¡No! Andrew Murray escribe: «A causa de nuestros pecados, Él sufrió bajo la carga de esa oración no contestada».[1]

He aquí la total rendición de la voluntad humana. Nuestro grito de batalla es: «¡Hágase mi voluntad!», en lugar de: «Hágase tu voluntad!» Tenemos razones excelentes para usar la bandera de la autovoluntad: «Mejor es que tenga yo el control y no ellos». «Además, sabré usar el poder para cosas buenas». Pero en la escuela del Getsemaní aprendemos a desconfiar de cualquier cosa que surja de nuestra mente, pensamientos y voluntad, aunque no sea directamente pecado. Jesús nos mostró un camino más excelente. El camino del desvalido. El camino del abandono. El camino de la renuncia. «Hágase mi voluntad» es vencida por «no mi voluntad».

Aquí tenemos el fluir perfecto dentro de la voluntad del Padre. «Hágase tu voluntad» fue la preocupación que consumió a Jesús. Aplaudir la voluntad de Dios, hacer la voluntad de Dios, y aun pelear por la voluntad de Dios no es difícil... hasta que esta llega y se cruza con los propósitos de nuestra voluntad. Es entonces cuando se trazan las líneas, el debate comienza y toma lugar el autoengaño. Pero en la escuela del Getsemaní aprendemos que «mi voluntad, mi camino, mi bien» deben guiarnos a una autoridad superior.

---

1. Andrew Murray, *Cristo en la escuela de la oración*, CLIE, Fort Lauderdale, FL.

La necesidad de la lucha

No debemos, sin embargo, tener la noción de que todo esto nos llega sin esfuerzo alguno. No sería ni siquiera deseable que así fuera. Pues la lucha es una característica esencial de la oración de renuncia. ¿Se dieron cuenta de que Jesús pidió repetidas veces que pasara esa copa? No nos confundamos respecto a eso: Él podría haber evitado la cruz si así lo hubiera elegido. Él tenía una voluntad libre y una legítima elección, y libremente eligió someter su voluntad a la voluntad del Padre.

No fue una elección sencilla ni de última hora. La oración de lucha de Jesús —cargada de sudor que parecía sangre— duró hasta bien entrada la noche. La renuncia no es tarea fácil. Todas las luminarias de la Escritura lucharon de igual manera: Abraham, renunció a su hijo Isaac; Moisés, renunció a sí mismo para entender cómo ser el libertador de Israel; David, renunció al hijo que le había dado Betsabé; María, renunció al control de su futuro; Pablo, renunció a su deseo de ser libre del «aguijón en la carne» que le aquejaba.

La lucha es importante porque la oración de renuncia es oración cristiana y no fatalismo. No nos resignamos al destino. Catherine Marshall escribe: «La resignación es carencia de fe en el amor de Dios... la resignación descansa quietamente en el polvo de un universo del cual Dios parece haberse ido, y donde la puerta de la Esperanza se ha cerrado».[2]

No estamos encerrados en un futuro preestablecido ni determinista. El nuestro es un universo abierto, no cerrado. Somos «colaboradores con Dios», como el apóstol Pablo lo dice: «Trabajamos con Dios para determinar lo que habrá de venir». Por lo tanto, nuestros esfuerzos de oración son un genuino dame y toma, un verdadero diálogo con Dios y una lucha verdadera.

Separemos las raíces preciosas

Conforme escribo estas palabras, Carolynn y yo estamos expe-

---

2. Catherine Marshall, *Beyond Our Selves* [Más allá de nosotros mismos], McGraw-Hill, New York, 1961, p. 94.

rimentado personalmente la oración de renuncia. Hace poco más de un año alguien pronunció palabra profética sobre mí, la primera mitad estaba relacionada con mi familia y se ha estado cumpliendo de la manera más fortalecedora y edificante para nuestra fe. La segunda mitad de este mensaje tenía que ver con algunas pruebas profundas por las que atravesaríamos que habrían de resultar en el traslado a un nuevo plano de ministerio efectivo.

No sabía qué pensar de la última parte de este mensaje hasta hace algunos meses cuando recibí una revelación poco usual de Dios, cuyo contenido me indicaba que estaría separando algunas raíces preciosas en mi vida. Al principio mal interpreté estas palabras, pensando que se referían a mi relación con un pequeño grupo de escritores con el que me encontraba en este tiempo. (El hecho de que Dios nos hable no es garantía de que escuchemos o entendamos claramente.) Con el tiempo, me di cuenta de que Dios estaba hablando sobre nuestras profundas raíces en la ciudad en la que vivíamos y la universidad en la que enseñaba. Esto ha sido confirmado por numerosas circunstancias y por el sabio consejo de muchos alrededor del país.

Pero esto ha sido sólo el principio de nuestra experiencia en la oración de renuncia. Estamos dejando mucho más que buenas amistades de más de una docena de años, mucho más que la base de la cual operamos nuestro nuevo esfuerzo de renovación, RENOVARÉ.

Soy director ejecutivo de una pequeña comunidad de escritores llamada El Centro Milton. Lo fundé hace cinco años, y sigo teniendo grandes esperanzas en su futuro. Tengo que dejarlo. Durante años Carolynn y yo soñamos construir una casa libre de toxinas, con la esperanza de que se mejorara de sus severas alergias. Carolynn pasó un año entero diseñando y supervisando la construcción de la casa. Nos mudamos allí recientemente. Ahora tenemos que dejarla. Y así muchas cosas más.

Estas decisiones no se toman fácilmente. Oramos. Luchamos. Lloramos. Fuimos y vinimos de un lado a otro, pesando opción tras opción. Oramos de nuevo, luchamos de nuevo y lloramos de nuevo. Créanme, hemos estado transando bastante con Dios sobre esta decisión. Al tiempo en que escribo este libro, no sabemos que significará todo esto, pero nuestra renuncia es un acuerdo total y de corazón con Dios, de que su camino es recto y bueno.

Liberación con esperanza

La oración de renuncia es un dejar ir en buena fe, pero es una liberación con esperanza. No es una renuncia fatalista. Nos sostiene una confianza firme en el carácter de Dios. Aunque todo lo que vemos son los intrincados hilos del reverso del tapete de la vida, sabemos que Dios es bueno y está ahí para hacernos bien siempre. Eso nos da esperanza para creer que somos ganadores, sin importar que es lo que estamos llamados a renunciar. Dios nos está invitando en lo profundo y recóndito de nuestro ser. Es el entrenamiento en justicia, poder transformador, nuevos gozos y mayor intimidad.

A veces se nos devuelve más tarde lo mismo a lo que renunciamos. Antes de escribir mi primer libro, *Alabanza a la Disciplina*, no hice otra cosa más que hablar de esto por todo un año. Carolynn estaba cansada de escucharme hablar de lo mismo. Era mi gran obsesión.

Al poco tiempo asistí a una conferencia donde un conocido autor —uno de los oradores más notables expuso, al margen de lo previsto, cuán destructiva fue su carrera de escritor para su matrimonio. Fue un comentario casual, sin relación al tema de su conferencia, pero eso fue lo que escuché toda la semana. Como un eco en mis oídos sonaba la pregunta: «¿Estarías dispuesto a renunciar a ese libro en favor de Carloynn y los muchachos?»

Por supuesto, Dios me estaba hablando, pero me encontraba simplemente frustrado y enojado: «¿Por qué habría puesto Dios en mi corazón la idea de un libro para después decirme que no lo escribiera?» Y además, había viajado hasta el lugar de la reunión, gastado dinero y ahí estaba sin poder concentrarme en nada de lo que decían los conferencistas. «¡Qué desperdicio!» Pero la pregunta seguía rondándome.

Mi vuelo de regreso a casa fue el domingo por la noche.

El trayecto del aeropuerto a la casa estuvo lleno de detalles: los niños, el grifo del agua descompuesto y las cuentas que estaban vencidas. Carolynn no sabía nada de mi lucha interior. Una vez que llegamos a casa, la tomé en mis brazos y le dije con firmeza: «Querida, quiero que sepas que tú eres más importante para mí que el proyecto del libro. No lo voy a escribir si esto va a dañar nuestra relación». Eso fue todo. Me fui a la cama, seguro de que nunca escribiría ese libro.
    Eso fue el domingo por la noche. El martes, en la mañana, conocí a la persona que habría de ser mi editor. El resto es historia. Y, hasta el día de hoy sigo sin recordar una sola palabra de las que dijeron los conferencistas en aquella reunión.

Un tesoro sin precio

Esto, por supuesto, no siempre sucede. Hay ocasiones en que la renuncia es permanente. En esos momentos, tenemos que confiar en la sabiduría de Dios y pedir por la gracia de descansar en su paz. A decir verdad, la paz segura es la experiencia más frecuente de quienes han caminado por la vía de la renuncia.
    Pero, como lo dije anteriormente, a veces aquello a lo que renunciamos vuelve a nosotros. ¿Por qué entonces querría Dios llevarnos por ese proceso? ¿Por qué, por ejemplo, Jesús dijo: «si el grano de trigo no cae en la tierra y muere, queda solo; pero si muere, lleva mucho fruto» (Juan 12.24)? ¿Por qué pareciera que Dios requiere nuestra renuncia antes de que ese algo llegue a ser?
    Parte de la respuesta recae en el hecho de que, frecuentemente, nos aferramos tanto a lo bueno que conocemos, que no podemos recibir lo mejor, que no conocemos. Por eso Dios nos tiene que ayudar a despojarnos de nuestra angosta visión a fin de ofrecernos lo mejor que tiene guardado para nosotros.
    Pero esto es sólo una respuesta parcial. La respuesta total descansa en el propósito de Dios de transformar la personalidad humana. La renuncia nos trae un tesoro sin precio: *la crucifixión de la voluntad*. Pablo sabía lo grande que era este regalo. «Con Cristo estoy juntamente crucificado», anuncia

gozosamente. Hay renuncia. Hay crucifixión. Hay muerte a la vida del yo. Pero también hay un despojarse con esperanza: «y ya no vivo yo, mas vive Cristo en mí; y lo que ahora vivo en la carne, lo vivo en la fe del Hijo de Dios, el cual me amó y se entregó a sí mismo por mí» (Gálatas 2.20).

John Woolman, un sastre de los cuáqueros que luchó mucho para abolir la esclavitud en el continente americano, cuenta de una visión dramática que tuvo una vez: «Escuché una suave, melodiosa voz, más pura y armoniosa que ninguna otra que hubiesen escuchado antes mis oídos; creo que fue la voz de un ángel que hablaba a otros ángeles. Sus palabras fueron: *"John Woolman está muerto"*». Woolman estaba muy confundido y buscó «ir a lo profundo de esas palabras para entender el misterio». Al final expresó: «Sentí un divino poder preparando mi boca» y pudo declarar: «estoy crucificado con Cristo». «Entonces el misterio fue abierto, y percibí... que las palabras John Woolman está muerto no significaban otra cosa que la muerte de mi voluntad».[3]

«La muerte de mi propia voluntad»: palabras fuertes. Pero todos los grandes maestros de la vida devocional las han encontrado igualmente fuertes. Soren Kierkegaard hace eco de la experiencia de Woolman cuando dice: «Dios creó todo de la nada, y todo lo que Dios ha de usar primero lo reduce a nada».[4]

¿Saben cuán liberadora resulta esta crucifixión de la voluntad? Significa libertad de lo que A.W. Tozer llama «los finos hilos de la vida del yo, los pecados encadenados del espíritu humano».[5] Significa libertad de los pecados del ego: autosuficiencia, autocompasión, el ensimismamiento, la desconfianza personal, el autoengrandecimiento, autocastigo, el engaño de

3. *The Journal and Major Essays of John Woolman* [Diario y ensayos principales de John Woolman], Phillips P. Moulton, ed., *A Library of Protestant Thought* [Biblioteca del Pensamiento Protestante], Oxford University Press, New York, 1971, pp. 185-86.
4. Soren Kierkegaard, *The Journals of Kierkegaard* [El diario de Kierkegaard], ed. Alexander Dru, Harper & Brothers, New York, 1959, p. 245.
5. A.W. Tozer, *La búsqueda de Dios*, Christian Publications, s.f., Harrisburg, PA, p. 45.

sí mismo, autoensalsamiento, autodescrédito, el desenfreno, autoaversión, y una multitud de cosas similares. Significa libertad de la eterna carga de tener que hacer las cosas a nuestro modo. Significa libertad para cuidar de otros, para poner legítimamente sus necesidades en primer lugar, para dar libre y gozosamente.

Poco a poco somos cambiados por esta diaria crucifixión de la voluntad. Cambiamos, pero no como un tornado cambia las cosas, sino como un grano de arena cambia las cosas dentro de la ostra. Emergen nuevas gracias: nueva habilidad para depositar todo nuestro interés en Dios, nuevo gozo ante el éxito de los demás, nueva esperanza en un Dios que es bueno.

Por favor recuerden, estamos lidiando con la crucifixión de la voluntad, no la aniquilación de la voluntad. La crucifixión siempre va acompañada por la resurrección. Dios no está destruyendo nuestra voluntad, sino transformándola, para que por el proceso del tiempo y la experiencia, podamos querer libremente lo que Dios quiere. En la crucifixión de la voluntad se nos capacita para dejar nuestra antigua mezquindad y poner en acción nuestras mejores oraciones.

La práctica de la oración

Sólo por medio de los detalles del diario vivir podemos ser guiados a la oración de renuncia. La voluntad es vencida, momento a momento, a medida que enfrentas decisiones ordinarias en el hogar, la familia y el trabajo. Yo no puedo señalar cómo habrá de ser esto en la vida de cada cual. Es más, no sé la forma que adoptará la renuncia hasta que tome lugar en el momento de decisión. La práctica viene a través de la experiencia vivida. Lo que sí es posible, es que pueda darte algunas oraciones ya practicadas que puedes interpretar en tu situación particular.

Primero, aprende la oración del autodespojo. Ora meditando en las palabras del capítulo 2 de Filipenses, que describen la *kenosis*, el autodespojarse de Cristo, quien era en forma de Dios, pero que voluntariamente tomó forma de siervo y se hizo obediente hasta la muerte. Invita al Espíritu de Dios que te acoja, para que apliques su oración a las cosas específicas del día. Espera quietamente. Escucha con cuidado. Obedece de inmediato.

Segundo, aprende la oración de entrega. Usando cualquiera de los Evangelios Sinópticos, con Jesús hasta el jardín. Permanece despierto y velando. Mira su alma triste. Permite que tu corazón se entristezca también. Lucha junto a Él para encontrar otras opciones, con la esperanza de evitar la copa. Ahora, repite sus palabras y hazlas tuyas: «pero no se haga mi voluntad, sino la tuya». Invita al resucitado a que interprete las palabras dentro de tu vida, la de tu familia, y la de tu vocación.

Tercero, aprende la oración de abandono. El libro *Self Abandonment to Divine Providence* [Autoabandono a la divina providencia] de De Caussade puede servirle. Quizá quieras usar las palabras de Carlos de Foucauld: «Padre, abandono mi ser en tus manos; haz conmigo lo que quieras. Cualquier cosa que hagas, lo agradezco: estoy preparado para todo, lo acepto todo. Sólo deja que tu voluntad sea hecha en mí, y en todas tus criaturas —no deseo nada más— Oh Señor».[6] Permite que el Soberano de tu corazón defina qué necesitas rendir a sus pies.

Cuarto, aprende la oración de ceder. Primero, pon en las manos de Dios a tus hijos, a tu pareja, a tus amistades. Luego, deja en su cuidado amoroso tu futuro, tus esperanzas, tus sueños. Finalmente, entrégale tus enemigos, tus iras, tus deseos de venganza. Deja todo en sus manos, da media vuelta y vete de ahí. Él se encargará de todo, según convenga.

Quinto, aprende la oración de resurrección. «Señor», puedes decirle, «trae a la vida lo que te plazca y lo que sea para el avance de tu Reino. Deja que vuelva en cualquiera forma que tú desees. Que sea en tu tiempo y a tu modo. Gracias, Señor, por la resurrección». Algunas cosas quizá permanezcan muertas y será mejor que así sea. Otras vendrán a nueva vida en tal forma que difícilmente las podrás reconocer. En cual-

---

6. Según se cita en *The Lord of Journey: A Reader in Christian Spirituality* [El Señor del camino: un lector en espiritualidad cristiana], ed. y compilado por Roger Pooley y Philip Seddon, Collins Liturgical en USA, San Francisco, 1986, p. 292.

quier caso, descansa en la confianza de que Dios es mejor que tú en resucitar.

Nuestro trayecto en la oración de renuncia tan solo ha comenzado. Tenemos mucho que aprender, y mucho que recorrer. La renuncia nos lleva por terrenos difíciles. La subida es empinada, las rocas son afiladas y el camino pasa por peligrosos picos. Desde cualquier punto de vista humano, habrá momentos en los que parezca que caemos en el precipicio hacia nuestra muerte. Pero sabemos que no. Sabemos que estamos cayendo en los brazos de Jesús en completa satisfacción, en completo descanso.

◆

Oh Señor, ¿de qué manera puedo despojarme, cuando estoy tan inseguro de las cosas? Estoy inseguro de tu voluntad, estoy inseguro de mí mismo... ¿Ese no es todo el problema, verdad? La verdad de las cosas es que detesto la simple idea de dejar ir las cosas. Quiero tener todo bajo control. No, necesito estar en control. Es eso, ¿verdad? Estoy preocupado de perder mi control, preocupado de lo que pueda pasar. Sana mi miedo, Señor.

Qué bueno que me revelas mis puntos ciegos aun en medio de mi tambaleante intento de oración. ¡Gracias!

Y ahora, ¿qué hago? ¿Cómo dejo el control? Jesús, por favor, enséñame a renunciar como tú lo has hecho.

—Amén.

6

Oración transformadora

La oración —secreta, ferviente, oración de fe— es la base de todas las bondades personales.

—William Cary

«La oración cambia las cosas», dice la gente. También nos cambia. Este último objetivo es el más importante. El propósito principal de la oración es llevarnos a tal vida de comunión con el Padre que, por el poder del Espíritu Santo, vayamos siendo conformados a la imagen del Hijo. Este proceso de transformación es el foco principal de la oración transformadora.

Ninguno de nosotros podrá llevar a cabo una vida de oración a menos que estemos dispuestos a cambiar. De lo contrario, puede suceder que nos demos por vencidos, o que convirtamos la oración en un pequeño sistema que mantenga la apariencia de piedad, aunque en realidad niegue el poder de esta, que a fin de cuentas es lo mismo que darse por vencidos.

Cuando comenzamos a caminar con Dios, Él es bondadoso y responde maravillosamente a nuestras oraciones débiles y egocéntricas. Pensamos: «Esto es fantástico. Después de todo, Dios existe». Sin embargo, a veces, cuando tratamos de oprimir este mismo botón de nuevo, Dios nos dice: «Quiero ser más que tu Proveedor. También quiero ser tu Maestro y tu Amigo. Déjame guiarte por un camino más excelente. Te quiero liberar del egoísmo y la avaricia, el miedo y la hostilidad que hacen que tu vida se llene de tristeza». Ahora, tal vez nos moleste esto y luchemos contra ello, pero a su tiempo aprendemos las bondades de la justicia y comenzamos por movernos hacia la santa obediencia. Cada día, el cálido Espíritu de Dios, nos enseña en una forma viva y nueva. Conforme empezamos a seguir estos leves toques del Espíritu, somos cambiados de adentro hacia afuera.

Los escritores antiguos tenían un término para esta dinámica de cambios: *conversatio morum*.[1] Es un frase difícil de traducir. En forma negativa, significa morir al status quo, morir a las cosas que han sido siempre de la misma manera. En forma positiva, significa cambio constante, conversión constante, apertura constante a los movimientos del Espíritu. Jean Pierre de Caussade escribe: «El alma, ligera como una pluma, fluida como el agua, inocente como un pequeño, responde a cada movimiento de gracia como un globo flotante».[2]

En los capítulos anteriores he hecho referencia a la forma en que la oración cambia los hábitos que estructuran nuestra vida. En la oración transformadora este asunto viene a ser el centro de nuestro interés. Debemos formular preguntas cruciales. ¿De qué manera este tipo de oración nos ayuda a controlar el egoísmo y a despojarnos de la carga de nuestra autoconsideración? ¿En qué medida estimula al crecimiento espiritual? ¿Qué papel juega en estimular en nosotros el crecimiento del fruto del amor, gozo, paz, paciencia, benignidad, bondad, fe, mansedumbre y templanza (Gálatas 5.22)?

---

1. Para una buena discusión sobre *conversatio morum* véase capítulo 5 de Esther de Waal, *Seeking God: The Way of St Benedict* [Buscando a Dios: el camino de San Benito], Liturgical, Collegeville, MN, 1984).
2. Jean Pierre de Caussade, *The Sacrament of Present Moment* [El sacramento del momento presente], Harper & Row, San Francisco, 1982, p. 22.

Limitaciones de la oración

Antes de continuar, debo advertir algo. No estamos sobreestimando el lugar que tiene la oración en la formación de los «buenos hábitos». La oración por sí sola es bastante limitada en el bien que puede lograr. Es sólo una parte —si bien es cierto que una parte importante— de un todo mayor.

Dallas Willard habla de las tres áreas principales que Dios usa en nuestra continua transformación: el «triángulo dorado» de la formación, si queremos verlo de esa manera. La primera área es la disciplina clásica de la vida espiritual: soledad, ayuno, adoración, celebración e imitación. La segunda área es nuestra continua interacción con los movimientos del Espíritu de Dios: resistencia, desobediencia, arrepentimiento, sumisión, fe, obediencia, y más. La tercera área importante es la paciencia resistente que Dios desarrolla en nosotros por medio de las frustraciones, pruebas y tentaciones que enfrentamos diariamente.[3]

Por lo tanto, no debemos aislar la oración del resto de la devoción cristiana y esperar más de esta de lo que Dios pretende que lo hagamos. No, en lugar de eso debemos ver la dinámica interacción de la oración en concierto con toda la vida espiritual.

Otra advertencia. Cuando me refiero a la oración transformadora, no hablo sobre perfeccionismo, sino de progreso en la vida espiritual. Cuestiones como «perfección sin pecado» y «completa santificación» son muy debatidas entre los teólogos. Aunque creo que estos asuntos son importantes —y yo tengo mi opinión al respecto— no trato de resolver aquí estos asuntos.

En lo que quiero insistir es en la importancia del progreso, del crecimiento, del cambio y de la formación. Dios desea moldearnos más y más en el camino de Cristo: «Porque a los que antes conoció, también los predestinó para que fuesen hechos conforme a la imagen de su Hijo» (Romanos 8.29a).

---

3. Dallas Willard, *Looking Like Jesus* [Parecidos a Jesús], *Christianity Today*, vol. 34, no.11, agosto 20, 1990: pp. 29-31.

Queremos ver qué papel juega la oración transformadora en este proceso de conformación.

Búsqueda y encuentro

La oración transformadora tiene dos lados, el activo y el pasivo. En el lado activo estamos en la búsqueda de Dios. Somos transeúntes que buscan la ciudad cuyo constructor y hacedor es Dios. Somos peregrinos en un viaje de fe. Estamos trabajando en nuestra propia salvación con temor y temblor. Nos estamos ejercitando en la piedad. Proseguimos hacia la meta del supremo llamamiento de Dios en Cristo Jesús (Filipenses 2.12, 3.12-14; 1 Timoteo 4.7).

En el lado pasivo, Dios es quien está buscándonos. Estamos atentos y prestos a responder. Somos barro tibio en las manos del Maestro Alfarero (Jeremías 18).

Ambos lados, el activo y el pasivo, son necesarios, y los dos están en una tensión dinámica entre sí, un poco como el fresco de Miguel Ángel en la Capilla Sixtina, en el que Dios y el hombre extienden sus brazos para alcanzarse uno al otro.

Extendámonos hacia Dios

Observen conmigo tres formas clásicas de oración proactiva, cuyo principal objetivo es nuestra transformación. La primera se deriva de los *Ejercicios espirituales* de Ignacio de Loyola.[4] No obstante que Ignacio diseñó este acercamiento a la oración en primera instancia como una experiencia de retiro para quienes estuvieran bajo su liderazgo, representa también una escuela de oración para nosotros.

El régimen de los *Ejercicios* tiene cuatro secciones o semanas básicas. La primera se centra en nuestros pecados a la luz del amor de Dios. La segunda se enfoca en la vida de Cristo,

---

4. San Ignacio de Loyola, *The Spiritual Exercises of St Ignatius* [Los ejercicios espirituales de San Ignacio], publicados por varias editoriales, una de ellas Sal Terrae, de España.

la tercera en la pasión de Cristo y la cuarta en la resurrección de Cristo. Cada una de las cuatro semanas está acompañada por una generosa dotación de ejercicios de meditación, con frecuencia tomados de los Evangelios. Aquí Ignacio hace hincapié en que se usen todos los sentidos en cada meditación. Por ejemplo, si estamos considerando en uno de los ejercicios a Cristo enjuiciado por su vida, tenemos que «ver» la multitud, «escuchar» las acusaciones, «sentir» los chasquidos del látigo. La idea en todo esto de usar los sentidos es movernos de la lectura hacia ella, penetrar en ella. Estamos viendo, oyendo, oliendo y tocando la historia.

Puesto que el propósito es conformarnos a Cristo a través de los *Ejercicios*, debe haber una constante petición por los *carismas* o dones del Espíritu. En la primera semana debemos buscar habitualmente la gracia de ser amados por Dios y ser lavados en su amor. A través de la segunda semana nuestra inquebrantable petición debe ser por la gracia de ser formados a la imagen de Cristo. Cuando contemplamos la pasión de Cristo, constantemente debemos pedir por la gracia de morir a las ataduras de este mundo. En la semana final, que se enfoca en la resurrección de Cristo, el don que buscaremos es el poder del Espíritu, para elegir siempre en todo y sobre todo a Dios y sus caminos.

Muchos que lean estas palabras se sentirán incómodos con varios detalles del retiro ignaciano, pero quiero sugerirles el uso de este ritmo en cuatro partes. Todos necesitamos meditar más profundamente sobre nuestra constante tendencia hacia la desobediencia y sobre el continuo hábito de Dios para perdonar. Necesitamos una contemplación más rica sobre nuestra *vida*, que nos muestre el camino de tal forma que podamos seguir «en sus huellas». A todos nos hace falta una meditación más completa sobre la *muerte*, de tal modo que podamos ser libres. Necesitamos una experiencia más profunda de esa *resurrección, la cual nos capacita para obedecer a Cristo en todas las cosas.*

Los doce pasos de San Benito

Un segundo acercamiento clásico en la oración transformadora es el de la búsqueda activa de la humildad, descrita en *Las Reglas se San Benito*.[5] A partir de la metáfora de la escalera de Jacob, Benito discute doce pasos hacia la humildad. La humildad ha sido tan mal entendida en nuestros días, que hace falta corregir algunas de sus distorsiones antes de ver si somos capaces de, o al menos si queremos, dar siquiera un paso hacia ella, por no decir los doce.

En palabras sencillas, la humildad significa vivir lo más cerca posible a la verdad: la verdad sobre nosotros, la verdad sobre los demás, la verdad sobre el mundo en que vivimos. No se trata de encontrar el peor lado posible a las cosas que podamos decir de nosotros.

La humildad es, a decir verdad, estar llenos con el poder para dar vida. La palabra en sí viene del latín *humus*, que significa tierra fértil. «Humildad», escribe Anthony Bloom: «es la situación de la tierra». En un sentido la humildad no es otra cosa que el estar cerca de la tierra. La tierra, nos recuerda Bloom, siempre está con nosotros, siempre la tenemos, siempre caminamos sobre ella. Es el lugar donde arrojamos nuestros desechos.

> Está ahí, silenciosa y aceptando todo y en una forma misteriosa haciendo de todos los desechos nuevas riquezas... transformando la corrupción en poder para vida y en nuevas posibilidades de creatividad, abierta a la luz del sol, expuesta a la lluvia, dispuesta a recibir cualquier semilla que plantemos y capaz de dar fruto al treinta, al sesenta y al ciento por uno.[6]

---

5. Timothy Fry, ed., *The Rules of St Benedict in English* [Las Reglas de San Benito en inglés], Liturgical, Collegiville, MN, 1982, pp. 32-38. [También se pueden encontrar en español].
6. Bloom, *Beginning to Pray* [Cómo comenzar a orar], p. 35.

Tal es el poder de la humildad. Como Teresa de Ávila nos recuerda: «la humildad es la principal ayuda de la oración».[7]

¿Pero cómo obtenerla? La humildad es una de esas virtudes que nunca alcanzaremos con sólo concentrarnos en ella. El concepto es absurdo. Como resultado, sin embargo, muchos han concluido que no hay, por lo tanto, nada que hacer contra la arrogancia y el egocentrismo que nos invade: simplemente esperamos a que Dios derrame la humildad sobre nuestras cabezas. ¡Vana esperanza!

San Benito nos ha hecho un gran favor al mostrarnos que hay un trabajo espiritual que podemos realizar en esta área. Hay actividades de la mente, el cuerpo y el espíritu, que conquistan el orgullo y traen el gozo de la humildad y la vida sencilla. Aunque no todos estemos de acuerdo con cada uno de los pasos, podemos estar agradecidos a San Benito por ayudarnos a ver que *hay* cosas que podemos hacer para avanzar hacia una vida de humildad.

Varias de las reglas benedictinas se enfocan en nuestra relación con Dios: «mantener una constante reverencia ante Dios; rechazar nuestra propia voluntad y deseos, y en su lugar, hacer la voluntad de Dios; confesar todos nuestros malos pensamientos y nuestras malas acciones al Señor». Tres de los pasos tratan sobre nuestro uso de la lengua, enfatizando así la importancia de este sencillo aspecto de nuestras vidas. Debemos cultivar el silencio, evitar las conversaciones frívolas y hablar de manera simple y sencilla. Uno de los pasos de la humildad es «soportar con paciencia las injurias y aflicciones que enfrentamos». Otra es «estar satisfechos en todas las cosas».

En todo caso, el punto de la enseñanza es sobre la trivialidad. Por amor a Dios, deben adoptarse las cosas sencillas y ordinarias. Conforme experimentamos muchas pequeñas muertes al ir más allá de nosotros mismos, avanzamos cada vez más hacia la gracia de la humildad.

---

7. Según se cita en Day, *Discipline and Discovery* [Disciplina y descubrimiento], p. 82.

El camino pequeño

Este camino nos guía hacia un tercer acercamiento clásico a la oración transformadora: el camino pequeño de Teresa de Lisieux.[8] Esta mujer sencilla, conocida solo como «la pequeña flor», descubrió un camino a la vida llena de oración que ha ayudado a muchos. Este camino pequeño, como ella lo llamaba, es decepcionante. En pocas palabras, es hacer el trabajo del sirviente, recibir las críticas injustas, ser amigable con quienes nos irritan, ayudar a los desagradecidos. Por su parte, Teresa se convenció que esas «pequeñeces» agradaban más a Jesús que los grandes hechos de reconocida santidad. La belleza de este camino pequeño es tan accesible que resulta para todos. Desde el niño hasta el adulto, desde el sofisticado hasta el sencillo, desde el más poderoso hasta el menos influyente; todos pueden adoptar este ministerio de las cosas pequeñas. Las oportunidades de vivir en este camino se nos presentan con frecuencia, mientras que las oportunidades de mostrar nuestra gran fidelidad ocurren de vez en cuando. Casi a diario podemos dar el servicio de sonreír a nuestros compañeros de trabajo que son irritables, escuchar con atención los comentarios aburridos y expresar amabilidad no exagerada.

Quizá podamos pensar que ni siquiera vale la pena mencionar estas actividades pequeñas y triviales. Ese es precisamente su valor. Son las conquistas inadvertidas sobre el egoísmo. Jamás recibiremos una medalla y tal vez ni las «gracias» por estas victorias invisibles de la vida ordinaria, que es justamente lo que queremos.

Un incidente de la autobiografía de Teresa, *Story of a Soul* [Historia de un alma], enfatiza lo escondido de este camino pequeño. Había una hermana engreída y mal educada que solía irritarla en todo lo que hacía. Sin embargo, Teresa, en lugar de

---

8. Véase Thérèse de Lisieux, *The Story of a Soul* [La historia de un alma], Image New York, 1989. También se puede consultar un buen capítulo sobre Thérèse Gloria Hutchinson, *Six Ways to Pray from Six Great Saints* [Seis formas de orar de seis grandes santos], St Anthony Messenger Press, Cincinnati, OH, 1982.

evitar a esa persona, decidió tomar el camino pequeño directo hacia el conflicto: «me prepararé para tratarla como si la amara más que a nadie». Teresa desarrolló tan bien su camino pequeño, que después de su muerte, esa misma hermana declaró: «Durante su vida, yo la hice verdaderamente feliz». Estoy seguro que Teresa estaría satisfecha.[9]

La comunión de la soledad

Ahora debemos poner nuestra atención en el aspecto de la oración transformadora que se enfoca en recibir más que en luchar, en ceder más que en iniciar. Aquí la imagen de la quintaesencia es la del barro en manos del alfarero: suave, moldeable, manejable. Veamos entonces tres enfoques clásicos de este lado pasivo de la oración transformadora.

La soledad es el primero y más importante de estos. «Sin soledad es virtualmente imposible vivir una vida espiritual», escribe Henri Nouwen.[10] La razón para esto es simple de entender: por medio de la soledad Dios nos libera de nuestra esclavitud de la gente y de nuestras propias compulsiones internas.

Para entrar en la soledad, debemos ignorar lo que los demás piensan de nosotros. ¿Quién podría entender este llamamiento a la soledad? Aun nuestros amigos más cercanos verían esto como una pérdida de nuestro precioso tiempo y, además, como algo egocentrista. Pero, ¡ah, qué libertad hay en nuestros corazones cuando dejamos de lado las opiniones de los demás! Cuanto menos nos dejemos hipnotizar por las voces humanas, más capacitados estaremos para escuchar la Voz Divina. Cuanto menos seamos manipulados por las expectativas de otros, estaremos más asequibles a las expectativas de Dios.

Sin embargo, en soledad morimos no sólo para los otros sino para nosotros mismos. Seguramente, en primera instancia

---

9. Según se cita en Hutchinson, *Six Ways to Pray* [Seis formas de orar], p. 87. Véase también la biografía de Teresa, *Story of a Soul* [Historia de un alma], pp. 126-29.
10. Henri J. Nouwen, *Making All Things New [Cómo hacer todas las cosas nuevas]*, Harper & Row, San Francisco, 1981, p. 69.

pensamos en la soledad como una forma de recargar nuestras baterías con el fin de enfrentar las constantes competencias de la vida con nuevo vigor y energía. Con el tiempo, no obstante, nos damos cuenta que la soledad nos da poder no para ganar la «carrera de ratas» sino para ignorarla por completo. Muy despacio nos encontramos a nosotros dejando nuestras compulsiones internas por adquirir más riquezas de las que necesitamos, por vernos más jóvenes de lo que somos y por alcanzar más status del que es prudente. En la quietud, nuestro falso y ajetreado ser es desenmascarado y visto como el impostor que en verdad es.

San Jerónimo nos recuerda que «nunca estamos menos solos que cuando estamos solos».[11] Los invito a participar en esta comunión con la soledad.

Husmear en el abismo

Por extraño que suene a los oídos modernos, contemplar la muerte de uno mismo es uno de los caminos más clásicos hacia la transformación personal. En nuestros días de escape narcisista, esa es una práctica que haríamos bien en revivir. ¿Qué pasaría si tuviéramos que morir hoy? Una de las respuestas más sobrias ante tal meditación es el hecho de reconocer que la vida habrá de continuar tal como de costumbre, sin nosotros, y quizá mejor por la misma razón. El sol saldrá al día siguiente. La gente cumplirá su rutina normal. En sustancia, nada cambiará.

Esta es una realidad dura para nosotros que tenemos la ilusión de que el mundo gira en torno a nuestras decisiones. ¿Cómo puede pasar algo importante sin nosotros? ¡Cómo es que cualquier cosa importante se *atreve* a ocurrir sin nosotros! Lo ven, somos como la pequeña mosca de una de las *Fábulas de Esopo*, que está en la rueda de la carreta, voltea hacia atrás y dice con admiración: «¡Qué polvareda estoy levantando!»

Un amigo mío —el pastor luterano Bill Vaswig— y yo discutíamos una vez sobre Gálatas 2.19 y nos preguntábamos

---

11. Según se cita en Vincent, *Life of Prayer* [Vida de oración], p. 62.

qué significaba estar crucificados con Cristo. Quiero decir, ¿de qué estamos realmente hablando? Bill dijo: «oremos el pasaje el uno por el otro». Yo quería seguir la discusión a todo lo que daba, pero me apresuré y dije: «Está bien, ¿cómo lo hacemos?» «No lo sé exactamente —fue su respuesta— ¡pero hazlo tú primero!» Entonces me acerqué a él, puse mis manos en su cabeza y comencé a orar. No tengo idea de qué fue lo que dije, excepto que esperaba que mi amigo pudiera experimentar lo que significa estar crucificado con Cristo.

Cuando terminé y me senté, Bill me miró con los ojos muy abiertos y me susurró: «¡Sucedió!» «¿Qué fue lo que sucedió?», respondí sorprendido. Entonces me explicó que cuando comencé a orar tuvo una imagen muy vívida de su iglesia en la que se celebraba un servicio fúnebre. Podía ver todo con claridad: el ataúd con la tapa abierta, el presbiterio y las altas vigas en forma de arco. Pero todo eso lo veía desde adentro del féretro. ¡Era su funeral! Mientras la gente pasaba entristecida frente al ataúd, él trataba de decirles que todo —incluido él— estaba bien, y que lo que sucedía era algo bueno. No podían escucharlo. Todo lo que veían era un cuerpo muerto. Y a pesar de eso, estaba tan vivo, como nunca antes lo había estado.

Su oración por mí tuvo resultados igualmente poderosos, pues ese día fuimos sumergidos en la morada del Espíritu Santo. Lo más importante fue que ambos comprendimos con profundidad el significado de morir a nosotros mismos.

La oración de docilidad

La tercera forma pasiva de la oración transformadora es lo que Evelyn Underhill llama «la oración de docilidad».[12] Es la experiencia de ser «completamente moldeable, completamente transparente y completamente dócil en las manos de Dios».[13]

Permítanme explicar esto con una analogía. Imaginen a un niño con un lápiz en una mano, haciendo garabatos indescifrables

---

12. Evelyn Underhill, *Abba* [Abba], Morehouse-Barlow, Wilton, CT, 1982, pp. 32-33.
13. Bloom, *Beginning to Pray* [Comenzando a orar], p. 33.

en una hoja de papel. Ahora vean a la madre poner su mano sobre la mano del pequeño, guiándola sobre el papel, para trazar unas preciosas letras grandes. Esta es la oración de docilidad.

Otra analogía. Vean la vela de un barco, cómo es levantada por el viento primero para un lado y luego para el otro, a medida que la persona que está manejando el timón conduce el barco con destreza. La misma flexibilidad de la vela es lo que la hace tomar ventaja del viento. Pongan un tablón en su lugar, y el barco no irá a ningún lado. Esa es la delicadeza, la accesibilidad que está en el corazón de la oración de docilidad.

Mientras lee estas palabras, guía tu ser hacia las preciosas manos del Maestro Alfarero. No temas. «La caña cascada no quebrará, y el pábilo que humea no apagará», como lo dicen las Escrituras (Mateo 12.20). Él nunca pisa al débil, nunca apaga la más pequeña esperanza. Deja que su mano descanse sobre la tuya y te guíe. Hazte débil, frágil, vulnerable. Escucha la voz del verdadero Pastor y aprende de Él.

La bendición del invierno

A medida que se acerca el invierno cada año, me gusta ver cómo nuestro gran árbol de arce del patio trasero comienza a perder su follaje verde de verano y toma un fúnebre color café. Cuando caen las hojas, una a una, todas las irregularidades y defectos del árbol quedan al descubierto. Estas por supuesto siempre han estado ahí, pero escondidas a nuestra vista por una cubierta esmeralda. No obstante, ahora, está desnudo y desolado, y puedo ver su verdadera condición.

El invierno preserva y fortalece los árboles. En lugar de gastar sus fuerzas en la superficie externa, su savia es llevada hasta lo más profundo de su interior. Así en invierno, se forja una vida fuerte, más elástica, y más firme. El invierno es necesario para que los árboles puedan sobrevivir y florecer.

Al instante podemos ver la aplicación. Con frecuencia escondemos nuestra verdadera condición con las virtudes superficiales de la actividad piadosa, pero, una vez que las hojas de nuestro frenético tiempo caen, el poder transformador de una espiritualidad invernal hace su efecto.

Para la mirada externa todo está devastado y horrible. Nuestros defectos, faltas, debilidades e imperfecciones saltan a la vista. Pero sólo las virtudes externas han caído; en realidad, el principio de la virtud se fortalece. El alma se aventura hacia el interior. Muy dentro de nosotros se desarrollan virtudes reales, sólidas y fuertes. El amor verdadero y puro nace.

◆

Querido Señor Jesús, en mis mejores momentos no deseo otra cosa que ser como tú. Pero hay otros momentos... Ayúdame a ver cuán bueno es conformarse a ti. Que en mi búsqueda de ti, pueda ser encontrado por ti. Te amo Señor.
—Amén.

7

Oración de pacto

Lo que necesitamos es un deseo de conocer la plena voluntad de Dios, con una firme resolución de hacerla.

—John Wesley

La oración de pacto es un llamado profundo al interior del corazón a llevar una vida intoxicada de Dios. Nos conduce al cruce de decisiones personales. Nos lleva por el valle del compromiso sagrado. Nos atrae hacia los montañosos caminos de la santa obediencia.

La esencia de la oración de pacto se capta en la confesión del salmista: «Pronto está mi corazón, oh Dios, mi corazón está dispuesto» (Salmo 57.7). En el altar de la oración de pacto hacemos voto de inquebrantable lealtad; tomamos resoluciones serias; prometemos santa obediencia.

Un miedo comprensible

Casi puedo adivinar que por instinto se alejaron de todo este lenguaje de compromiso. Yo también lo hice. Pero, ¿por qué sucede esto?

Bueno, en primer lugar, sabemos que hoy en día mucha gente no quiere saber nada de compromisos. En un sentido es falta nuestra. Está en el aire. Lo percibimos en el ambiente de hoy. La palabra compromiso significa responsabilidad, y responsabilidad suena a limitaciones.

Por ejemplo, es común en nuestros días definir la libertad como la completa ausencia de restricciones. Una vez que pensamos en esto —basta con un instante— nos damos cuenta de que tal idea resulta ridícula. ¡La absoluta libertad es el absoluto sin sentido! Podemos obtener la libertad en cualquier cosa a través del compromiso, la disciplina y los hábitos firmes. Demóstenes fue libre para ser un gran orador sólo porque pasó por la disciplina de hablar sobre el rugido del océano, con piedrecitas en su boca. George Frederick Handel fue capaz de componer su magnífico *Mesías* sólo porque fue un músico autodidacta. Por una intensa disciplina personal, Flannery O'Connor fue capaz de recobrarse de una fuerte enfermedad y llegar a ser uno de los mejores escritores de ficción del siglo veinte. La libertad es producto de la disciplina y el compromiso.

Por otra parte, también, tememos que el compromiso nos quite la espontaneidad y el gozo de nuestra vida. Los votos solemnes suenan tan severos, tanto como vivir siempre con los dientes apretados. Cuando se trata de oración, no queremos sentirnos atados a un deber. Queremos orar según sintamos la necesidad. Tememos que el compromiso haga de la oración algo similar a un ejercicio compulsivo, en lugar de una ofrenda que se da libremente.

Como Dietrich Bonhoeffer nos recuerda, no obstante, la verdad de las cosas es que «la oración no es una ofrenda voluntaria a Dios; es un servicio obligatorio, algo que Él demanda».[1] Pero el deber no tiene que ser severo. ¿Acaso podríamos pensar que por el hecho de que muchos de los salmos que nos gustan nacieron en un contexto de ceremonia ritual no hay gozo en ellos? ¿Podríamos pensar que sólo porque Pedro y Juan fueron al templo a la hora establecida de la oración no había espontaneidad en las palabras que dijeron al hombre lisiado: «No tengo plata ni oro, pero lo que tengo te doy; en el nombre de Jesucristo de Nazaret, levántate y anda»?

---

1. Dietrich Bonhoeffer, *Meditating on the Word* [Meditando en la Palabra], traducción de David McI. Gracie, Cowley, Cambridge, MA, 1986, p. 31.

¿O podríamos pensar que el hombre entró al templo «caminando y saltando y alabando a Dios» de dientes para afuera (Hechos 3.1-10)? No, cuando se hace en el poder del Espíritu, cumplir el deber resulta un gran gozo y bendición. Es más, el deber es «el sacramento del momento presente», según nos enseña Caussade.

Quiero mencionar otra razón del porqué rehuimos el compromiso. Es muy simple, por el temor de no ser capaces de cumplir nuestro pacto. Quizá hayamos hecho compromisos en el pasado y no hemos sido capaces de cumplirlos: a lo mejor los votos matrimoniales o una promesa a nuestros hijos. Podría ser algo más simple: la promesa de cumplir con las lecturas devocionales, por ejemplo. Tal vez nos hemos cruzado con el versículo bíblico que nos advierte: «Mejor es que no prometas, y no que prometas y no cumplas» (Eclesiastés 5.5). Como resultado, nos sentimos condenados en nuestro corazón por estos pactos quebrantados.

Para quienes temen, quiero ofrecer palabras de gracia y misericordia. Recuerden, aun el gran apóstol Pedro hizo promesas que fueron demasiado grandes para cumplirlas (Juan 13.36-38). También que Dios conoce las intenciones del corazón. Él sabe nuestra debilidad y nuestra fragilidad. En ocasiones quizá tu corazón te condenará por cosas que ni Dios mismo te condena. Es más, Él se agrada con el solo hecho de que desees agradarlo. Las promesas y compromisos de tu corazón no son vanos. Dios trabaja en tu formación al nivel de los deseos. Él tiene la forma de hacer cesar nuestros deseos internos: después de todo, es Él quien los ha puesto en nuestro interior.

Pactos de vida

Pacto es una palabra de la Biblia. Quizá conozcan algo sobre el pacto que Dios hizo con Noé, con Abraham, con Moisés y con David. Jesús, como recordarán, estableció el Nuevo Pacto en su sangre para el perdón de pecados.

El meollo de un pacto es el compromiso: justamente el elemento hacia el cual sentimos tanta aversión. Pero, ¿dónde estaríamos si Dios no se hubiera comprometido a sí mismo a bendecir al mundo a través de la simiente de Abraham? ¿Dónde estaríamos si Jesús hubiera rehusado comprometerse a sí mismo a lavar el pecado del mundo? ¿Dónde estaríamos? Cuando Dios hizo su pacto con Moisés, Él se comprometió a liberar a su pueblo de la tierra de Egipto, de la casa de esclavitud. Él prometió ser su Dios, protegerlos, guiarlos, bendecirlos. Hubo también ciertas estipulaciones en el pacto: los Diez Mandamientos. Estos se establecieron como la respuesta del pueblo a la sobreabundante gracia y bondad de Dios; el pueblo prometió vivir fielmente, en obediencia, no como una forma de ganar el favor de Dios, sino como una forma de expresar gratitud por la misericordia de Dios.

El Nuevo Pacto que Jesús estableció en su sangre no demanda menos. Él ha escrito su ley no en tablas de piedra sino en tablas de carne, y en nuestros corazones. Hemos visto la gloria de Dios en el rostro de Jesucristo. El sacrificio del Calvario es el sello del compromiso hecho por Dios. Él ha hecho pacto con nosotros. Compromiso demanda compromiso. ¿Cuál será nuestra respuesta? ¿Estamos dispuestos a ofrendar vidas de obediencia en respuesta al compromiso de Dios?

El pacto de santa obediencia

Nosotros respondemos a los ofrecimientos celestiales del amor de Dios primero a través del Santo Pacto de obediencia. Sin reserva prometemos seguir hasta el más leve susurro del Padre. En profunda devoción y completa sencillez prometemos obedecer la voz del verdadero Pastor. Thomas Kelly escribe: «Hay un grado de santidad y completa obediencia, de gozosa autorrenuncia y de sensible atención que es asombroso».[2]

Yo sé que todo esto suena demasiado aterrador y definitivo. ¿Cómo podemos cumplir tal promesa? Bueno, *nosotros* no podemos. La cuestión de la obediencia es asunto de Dios, no nuestro. Nosotros no podemos hacer ni un solo acto bueno a menos que Dios nos dé primero el deseo de hacerlo y después

---

2. Thomas Kelly, *A Testament of Devotion* [Un testamento de devoción], Harper & Row, New York, 1941, p. 53.

la capacidad de realizarlo. Ese es justamente el punto en cuestión. Dios te está dando el deseo: no estarías leyendo estas palabras si el deseo no estuviera moviéndose dentro de ti. Y Él nunca nos dará el deseo de hacer algo, para lo cual no nos dé también el poder de obedecerlo.

Además, la obediencia no es realmente una carga tan pesada como parece a primera vista. No hacemos otra cosa más que comprometernos en amor con el eterno Enamorado de nuestra alma. «Oh amor que no me dejarás», George Matheson escritor de himnos.[3] Respondemos en la única forma que podemos al llamado de Eterno Amor que nos invade, nos urge, invita y persuade.

Como pueden ver, Dios se precipita hacia nosotros al primer intento de apertura. Es el galgo del cielo ladrando incesantemente sobre nuestra pista. Y pone en nosotros tal insaciable hambre de Dios que absolutamente nada nos satisface excepto el genuino e integral Pan de Vida.

A veces somos invadidos hasta lo profundo por una sobreabundante experiencia del amor de Dios. Caminando por las calles de New York, D.L. Moody fue sobrecogido de tal forma por la presencia del amor de Dios que corrió a la casa de un amigo a fin de estar a solas en un cuarto donde, por dos horas, olas y olas del violento amor de Dios pasaban sobre él. En ocasiones experimentamos tan intensa visión de luz que somos cegados para siempre a cualquier otra lealtad. En el centro de sus grandes momentos espirituales, Blas Pascal escribió una sola palabra: «¡Fuego!» Por otra parte, hay quienes tienen la visita de una indescriptible paz que se paran, caminan, se sientan y se postran en callada adoración y sumisión y en admiración y gloria.

Salimos de ese estremecimiento del alma y de esos momentos plenos de amor, transformados para siempre. Somos atraídos como una aguja hacia el polo norte del Espíritu. Ninguna otra bondad ordinaria podrá hacer esto en nosotros. Ninguna medida incompleta será suficiente. Somos consumidos por un

---

3. *Hymns for the Family of God* [Himnos para la familia de Dios], Himno 404.

ideal divino de santa obediencia profundo e inexorable.

He descubierto que esas experiencias de intoxicación de Dios son más comunes de lo que pensamos en primera instancia. Sin embargo, es posible que nunca hayamos tenido ese encuentro de estremecimiento del alma. Está bien. No significa que algo está mal en nosotros. Podemos participar del maravilloso gozo de esa visión intensa a través de biografías y diarios de los santos y de las maravillosas historias de incontables desconocidos y gente común. Después de todo, estas experiencias nos son dadas para la exhortación de todo el pueblo de Dios, no sólo para unos pocos individuos.

También podemos cultivar el hábito de tener una mente y un corazón dirigidos hacia Dios. Mientras que estamos sumidos en los asuntos del día, interiormente nos mantenemos insistentes hacia el Centro Divino. En cada oportunidad, ponemos nuestra mente delante de Dios con interna confesión y petición: «Piedad, Señor»; «Te amo Jesús»; «Muéstrame tu camino en este día». Es más, descendemos con la mente hasta nuestro corazón y vivimos en quieta admiración, adoración y alabanza.

Le obedecemos *ahora* en todo lo que podemos y en todo lo que sabemos. Adoptamos la oración de Elizabeth Fry: «¡Oh Señor!, capacítame para ser más y más sencilla, pura y exclusivamente obediente a tu servicio».[4]

Si caemos —y *vamos* a caer— nos levantamos y buscamos ser obedientes nuevamente. Estamos formando el hábito de la obediencia, y todos estos hábitos comienzan con muchos resbalones, caídas y falsos inicios. No aprendemos a caminar de la noche a la mañana. O a tocar el piano de un día para otro. Ni nos condenamos exageradamente cuando tocamos la tecla incorrecta, ¿verdad que no? Pues tampoco debemos condenarnos excesivamente en la vida espiritual. Al principio sentiremos que estamos haciendo el trabajo solos, que *somos* los iniciadores. Pero a su tiempo veremos que es Dios quien inflama nuestro corazón con un deseo ardiente por la pureza absoluta. A.W. Tozer escribe: «Buscamos a Dios porque —y sólo por-

---

4. Según se cita en *Friends of Jesus Community Newsletter* [Periódico Amigos de la Comunidad de Jesús], vol. 1, no. 5, Dic. 1990.

que— Él ha puesto primero en nosotros una urgencia que nos insta a la búsqueda».⁵

Y he aquí lo más hermoso: encontrar a Dios intensifica y alienta la búsqueda. Probar la obediencia nos hace desearla más. «Gustad y ved que es bueno Jehová», nos insta el salmista (Salmo 34.8). La paradójica experiencia del niño del corazón ferviente es que al participar del banquete de Dios, estamos cada vez más hambrientos de Él. Bernard de Clairvaux expresó esta santa adicción en estos versos:

> Te probamos, oh Pan vivo, y anhelamos
> comer todavía mucho más:
> Bebemos de Ti, Fuente de vida, y
> nuestras almas ansían que Tú las colmes.⁶

Esto es lo que trato de decir: la obediencia tiene una forma de fortalecer nuestros recursos, lejos de agotarlos. Si obedecemos en una pequeña esquina, tendremos poder para obedecer en cualquier parte. La obediencia engendra obediencia.

Espero que sepan que estoy hablando de la obediencia santa, que se da en medio de la desordenada fricción de la casa y la oficina, la escuela y el centro comercial. Estamos aprendiendo la obediencia de la paciencia incansable en medio de la inquietud de nuestros niños, la obediencia de la absoluta gentileza con las frustraciones y miedos y dolores de nuestra pareja. Estamos aprendiendo la obediencia de la paz en la expectativa de sucesos fuera de nuestro control. Este es el pacto de la santa obediencia.

El pacto del tiempo

La oración de pacto no nos abandona en el amplio compromiso de la obediencia santa. También nos llama a soluciones específicas. En *El reposo eterno de los santos* Richard Baxter nos

---

5. Tozer, *Pursuit of God* [Búsqueda de Dios], p. 11.
6. «Contemplación», *Service Book and Hymnal* [Himnario y libro de servicio], Junta de Publicaciones de la Iglesia Luterana de América, Augsburg, Minneapolis, 1958, Himno 483.

aconseja buscar el «tiempo conveniente para orar, el lugar apropiado para orar y la preparación adecuada del corazón» para orar.[7] Estas constituyen las fidelidades específicas del pacto de oración.

El pacto de tiempo significa un compromiso con una experiencia *constante* de oración. En su *Regla* San Benito insistió en la constancia de la oración porque no quería que sus seguidores olvidaran quien estaba al mando. Un peligro en la vocación de la gente devota, es confundir su trabajo con el trabajo de Dios. Qué fácil es reemplazar la frase «este trabajo es realmente importante» con «yo soy realmente importante». Con un profundo conocimiento de la condición humana, San Benito llamaba a su gente a la oración con cierta regularidad durante el día, justo en medio de un trabajo aparentemente urgente e importante. También nosotros descubriremos que el compromiso de la oración regular vencerá nuestra arrogancia y las trampas del diablo.

Pero, ¿qué es «lo proporcionado»? Eso dependerá de cada quien; de nuestra personalidad y de las necesidades propias. La antigua costumbre hebrea era tres veces al día —mañana, tarde y noche. Pedro y Juan encontraron al paralítico porque fueron al templo a las tres de la tarde, la hora de oración, como era su costumbre (Hechos 3.1). (Conozco un grupo en la India que hace sonar sus silbatos a las 10 de la mañana y a las 3 de la tarde como señal para que todos paren lo que están haciendo a fin de poner en oración silenciosa las necesidades de la comunidad.) Hay muchos que han encontrado que el régimen diario —especialmente temprano por la mañana— es particularmente útil. «Oh Jehová, de mañana oirás mi voz», declara el salmista (Salmo 5.3).

Debemos ser cuidadosos para no poner cargas imposibles sobre la gente. La vida rural funciona alrededor de un ciclo diario, mientras que la vida urbana lo hace en un ciclo semanal. Hay ciertas labores en el campo que deben hacerse por la mañana y por la tarde, como ordeñar las vacas y alimentar a los pollos.

---

7. Richard Baxter, El reposo eterno de lo santos, CLIE, Fort Lauderdale, 1991.

En este contexto, una disciplina de oración diaria sería conveniente. En la vida urbana, en contraste, todo empuja hacia el viernes —gracias a Dios es viernes, solemos decir— y los fines de semana son mucho más flexibles que el resto de la semana. Tendría más sentido, en este caso, organizar una vida de oración con un horario semanal. En lugar de sentirnos culpables de que no poder apartar un tiempo para orar diariamente, quizá sería mucho mejor dedicar los sábados por la mañana, por ejemplo, a tener una experiencia más prolongada de oración y lectura devocional.

Con relación a esto quiero dar algunos consejos a los que tienen niños pequeños. Las demandas de los bebés son muchas, más de las que uno ve al principio, especialmente si se trata de un padre soltero. Las interrupciones nunca terminan. Además, raras veces se duerme profundamente porque siempre se hace con un ojo abierto para cuidar del bebé. Es importante reconocer este hecho y ser flexible con uno mismo. Este tiempo acabará... más pronto de lo que te imaginas. En lugar de orar en sofisticado aislamiento que nunca podrás tener, descubre a Dios en los momentos que pasas con tu bebé. Los momentos de juego son tus oraciones. Quizás logres orar durante la hora de alimentarlo —esto es factible cuando se está amamantando— puedes también cantarle al Señor. En pocos meses podrás volver a un patrón más regular de oración.

Ya que hemos hecho la amplia consideración para las diferencias y horarios individuales, debemos disciplinarnos firmemente a un plan regular de oración. No podemos presumir que de algún modo el tiempo aparecerá mágicamente. Jamás *tendremos* tiempo para orar: debemos *hacer* tiempo para orar. En este renglón tenemos que ser rígidos con nuestras racionalizaciones. Jamás debemos, por ejemplo, excusar nuestra falta de oración pretextando que «siempre vivimos en oración». Juan Dalrymple hace una sabia observación: «La verdad es que sólo aprendemos a orar siempre en todas partes después de que hemos establecido resueltamente un tiempo y un lugar para orar».[8]

---

[8]. Dalrymple, *Simple Prayer* [Oración sencilla], p. 47.

El dar cuenta a otros ayuda inmensamente. Me reúno semanalmente con un grupo pequeño y en cada reunión cada uno responde varias preguntas. La primera es: «¿Qué experiencia de oración y meditación has tenido en la semana y cuál es tu determinación para la próxima semana?»

Las decisiones prácticas y sencillas pueden ayudarnos a mantener nuestro pacto. Me gusta apuntar cada día de oración en una libreta que llevo siempre conmigo. Cuando viajo, regularmente planeo usar el viaje de ida en el avión para alabar, orar y meditar. Un invierno consigné una cita diaria, a las tres de la tarde. A esa hora salía de la oficina, manejaba cinco minutos hasta el zoológico local, y con la Biblia y mi diario en la mano pasaba cincuenta minutos en una banca de un encantador parque techado. La mayoría de las personas no tienen esa facilidad en su horario de trabajo, pero todos disponemos de momentos, si alguna vez adoptamos esta idea.

Espero que sepan que no tienen que contestar el teléfono o atender a la puerta para hacer esto. El arzobispo Anthony Bloom cuenta que su padre ponía una nota en su puerta que decía: «No se tome la molestia de tocar. Estoy en casa, pero no abriré la puerta».[9] Nunca he sido capaz de hacer eso, pero en una ocasión puse un letrero en la puerta de mi oficina que todo el mundo entendió: «En conferencia con el Jefe».

Dalo por hecho: Todo tratará de alejarte de este tiempo sagrado. Tu teléfono sonará. Se acabará la tinta del bolígrafo. Alguien tocará a tu puerta. Sentirás la repentina urgencia de hacer algo más que has dejado pendiente por años. Y en esa fracción de segundos, decidirás si permaneces firme en el santuario interior del corazón o saldrás del lugar santo tiranizado por la urgencia.

El pacto de lugar

Si el pacto de tiempo nos llama a la constancia, entonces el pacto de lugar nos llama a la estabilidad. En sus días, San Benito vio a tantos profetas errantes sin ningún tipo de responsabili-

---

9. Bloom, *Beginning to Pray* [Comenzando a orar], p. 86.

dad, que hizo del voto de estabilidad la característica central de su *Regla*. También nosotros necesitamos estar anclados en alguna parte.

El pacto de lugar nos da el don de concentrarnos. Cuando yo era nuevo cristiano, solía ir atrás de la casa cada mañana y sentarme sobre una pared de ladrillos, con mis pies sobre el cubo de basura, con mi Biblia en la mano. Este era mi terreno santo. En esos días, cuando hacía demasiado frío como para estar afuera, me iba literalmente al guardarropas en nuestra pequeña casa de Nuevo México. Allí encontraba oscuridad y silencio, los mismos que me ayudaban a concentrarme. Les insto también a que encuentren un lugar de concentración —la azotea, un jardín, un cuarto vacío, un ático y hasta una silla en particular— un lugar fuera de la rutina de la vida, fuera del sendero de distracciones. Dejen que este lugar llegue a ser la sagrada «tienda de reunión». Thomas Merton escribe:

> Mi gozo más grande es escapar al ático de la casa que tenemos en el jardín, a la pequeña ventana rota que da hacia el valle. Allí, en silencio, amo el pasto verde. Los torturados gestos de los manzanos han llegado a formar parte de mi oración. Tanto amo esa soledad que cuando salgo afuera por el camino hacia los viejos graneros que están abandonados, retirados de los edificios nuevos, siento que un gran placer comienza a colmarme de la cabeza a los pies y la paz me sonríe aun en la médula de mis huesos.[10]

El pacto de lugar incluye un compromiso a la comunidad. Somos parte de un pueblo; nos identificamos y nos comprometemos con ellos. Algunos tienen un director espiritual, una persona que les escucha en su caminar con Dios. Otros se reúnen en pequeños grupos —la iglesia dentro de la iglesia— para darse mutuo sostén y compromiso.

Pero recuerda, esta comunidad es un regalo. No podemos

---

10. Thomas Merton, *The Sign of Jonas* [El signo de Jonás], Harcourt & Brace, New York, 1953, p. 288.

hacer que esto suceda por arreglos logísticos. Algunas veces y en algunos lugares, vivimos sin esta gracia especial. Nuestro pacto, sin embargo, es buscarlo siempre, acogerlo cada vez que se presente, y siempre alimentar su desarrollo.

El pacto de preparación del corazón

Hemos de tener la «debida preparación del corazón», dice Richard Baxter. Mucho antes de que se supiera que el lenguaje del cuerpo revela nuestros más profundos sentimientos, Baxter instaba a la gente a encontrarse con Dios sin inhibiciones de tal forma que sus sentimientos internos pudieran emerger. Podemos correr, saltar, caminar, pararnos, arrodillarnos o permanecer postrados en el suelo; cerrar los ojos en temor y reverencia o levantar nuestra vista a lo alto en oración y devoción; levantar nuestras manos, aplaudir, cruzar los brazos; llorar, reír, cantar, gritar. Podemos usar trompetas, laúd, arpa, tamborines, cuerdas, silbatos y címbalos resonantes. Podemos arrodillarnos en silenciosa admiración y adoración.

También podemos preparar el corazón cultivando «santa expectativa». Con los ojos de la mente pasamos a través de la estancia exterior y por la estancia interior. Se quita el velo de nuestros corazones y entramos al Lugar Santísimo. El aire se carga de expectación. Escuchamos en profundo silencio por el *Kol Yahewh*, la voz del Señor.

Otra forma en la que podemos preparar al corazón para entrar a la sorprendente Presencia es por medio de la disciplina de la lengua. Qué mejor preparación que venir en absoluto silencio ante el Santo de la eternidad, en lugar de apresurarnos en su presencia con corazones y mentes torcidos y con lenguas llenas de palabras. La advertencia escrituraria es: «Mas Jehová está en su santo templo; calle delante de Él toda la tierra» (Habacuc 2.20).

La preparación específica puede ser extremadamente útil. El Salterio es el libro de oración de la Iglesia y, con frecuencia, precedo la oración personal con lecturas de oración de un salmo. La tradición de mi propia iglesia es decididamente no litúrgica, es por eso que a veces uso el gran libro de liturgia diseñado para ayudar a la oración privada. Algunas veces elijo a John Baillie para cultivar mi corazón por medio de su famoso *Diary of Private Prayer* [Diario de oración privada], o voy al menos conocido *Doctor Johnson's Prayers* [Oraciones del doctor Johnson]. Otras veces escribo mis propias oraciones y las oro como un diario ritual privado para la preparación del corazón.

La preparación de tu pequeño santuario personal puede llevar al corazón a adorar. Tengo un amigo que enciende una vela en su pequeño estudio cada vez que va a orar. Las flores frescas pueden deleitar tanto a la vista como al olfato. A mí me gusta tener una taza de café en la mano cuando oro por las mañanas.

Yo sé que ustedes se preparan a su manera. La idea es usar todos los medios a nuestra disposición para mover todo lo que está en nuestro interior a la doxología: «Bendice, alma mía, a Jehová, y bendiga todo mi ser su santo nombre» (Salmo 103.1). Como Richard Baxter nos recuerda, la recompensa vale el esfuerzo: «No hay nadie en la tierra que viva una vida de gozo y bendiciones como aquellos que están ligados y comprometidos a esta conversación celestial».[11]

La oración de cita

Regularmente pensamos en una cita como una reunión convenida entre amantes. ¡Qué apropiado! La oración de cita es nuestro compromiso especial con Dios. Podemos estar libres y tranquilos porque estamos entrando al verdadero hogar del corazón. Nuestro Eterno Amante nos atrae regularmente a su presencia con anticipación y deseo. No es difícil honrar este momento regular de reunión porque el lenguaje de los amantes es el lenguaje de desperdicio. Estamos contentos de perder tiempo con Dios, porque estamos encantados con su compañía.

---

11. Baxter, *El reposo eterno de los santos*.

Bendito Salvador, he andado y desandado en el altar del compromiso. Realmente quiero un hábito firme de oración. Al menos eso es lo que quiero en estos momentos. No estoy seguro si eso es lo que querré de aquí a dos semanas. Pero sé que sin una cierta clase de comunión consistente contigo no podré conocer la santa obediencia.

Por eso, de la mejor manera posible, prometo separar tiempo regular para la oración, meditación y lectura espiritual. Fortaléceme en este pacto. Ayúdame también a deleitarme en tu presencia de modo que desee venir al hogar con frecuencia.

En tu nombre y por tu causa hago este pacto.
—*Amén.*

Parte II

Movimiento ascendente: *en busca de la intimidad necesaria*

Somos exiliados y extranjeros hasta que lleguemos ante Dios, el verdadero hogar del corazón. El orgullo y el miedo nos han mantenido a distancia segura. Pero conforme la resistencia interior es vencida por la operación de la fe, la esperanza y el amor, comenzamos a movernos en forma ascendente, hacia la intimidad divina. Esto en su momento nos da poder para ministrar a otros.

León Tolstoy cuenta la historia de tres ermitaños que vivían en una isla. Su oración de intimidad y amor era tan sencilla, como ellos mismos: «Somos tres; tú eres tres; ten misericordia de nosotros. Amén». Y algunas veces sucedían milagros cuando oraban de esta manera.

El obispo, sin embargo, cuando escuchó de los ermitaños, decidió que necesitaban ser guiados en la forma correcta de oración, y se propuso ir a la pequeña isla. Después de instruir a los monjes, el obispo se embarcó hacia tierra firme, contento de haber iluminado las almas de esos pobres hombres.

Repentinamente, desde la popa del barco vio una enorme bola de luz que formaba espuma a través del océano. Se fue acercando cada vez más hasta que pudo ver que eran los tres ermitaños corriendo sobre las aguas. Una vez que estuvieron abordo del barco le dijeron al obispo: «Lo sentimos mucho, pero hemos olvidado algunas de sus enseñanzas. ¿Nos podría instruir de nuevo?» Él movió su cabeza y humildemente respondió: «Olviden todo lo que les he enseñado y continúen orando en su antigua forma».

8

Oración de adoración

En la escuela de adoración el alma aprende por qué la búsqueda de otras metas la ha dejado agotada.

—Douglas Steere

La oración es la *respuesta* humana al perpetuo derramamiento de amor, con el cual Dios asedia a cada alma. Cuando nuestra respuesta a Dios es la más directa de todas, se llama adoración. La adoración es el anhelo espontáneo del corazón por venerar, honrar, magnificar y bendecir a Dios.

En un sentido, la adoración no es una forma especial de oración, puesto que toda oración verdadera está saturada de ella: el aire en que respira, el mar en que navega. En otro sentido, sin embargo, *es* distinta de las otras clases de oración, porque en la adoración entramos al denso ambiente de la devoción no egoísta. No pedimos otra cosa más que deleitarnos en Él. No buscamos otra cosa más que exaltarlo. No nos concentramos en ninguna otra cosa más que en sus bondades. «En la oración de *adoración* amamos a Dios por quien es, por su propio ser, por su gozo radiante».[1]

---

1. Douglas V. Steere, *Prayer and Worship* [Oración y culto], Edward W. Hazen Foundation, distrib. por Association Press, New York, 1938, p. 34.

Aventura de adoración

Asistí a la reunión anual de un pequeño grupo de escritores sintiéndome bastante bien. El «espíritu de cuerpo» y el verse cara a cara siempre es estimulante. Ese año en particular estábamos reunidos en un adorable lugar de descanso cerca de la frontera canadiense. De repente, me di cuenta que me alejé del ambiente de bromas intelectuales. No comprendí del todo el porqué de mi aislamiento interno. «Estoy cansado por el cambio de horario y por el viaje», razoné, «y mi espíritu se ha entristecido, y se ha venido abajo por el dolor y la tristeza de muchos. Quizá un poco de soledad resuelva el problema». Sin embargo, en mi interior, sentía la necesidad de algo más que simple soledad... pero, ¿qué era?

Al día siguiente tuvimos la tarde libre y se programaron conferencias opcionales por la noche: era justo el tiempo perfecto para estar a solas. Después del almuerzo, me fui a caminar cerca de un precioso lago, emocionado por la infinita variedad de azules y verdes. Después, manejé hasta un pueblo cercano y anduve por las tiendas. Mi anonimato me permitió la soledad aun en medio de la gente.

Llegó la hora de regresar para las conferencias, aunque tenía la sensación que lo que necesitaba que sucediera en mí no había sido hecho del todo. En el camino de regreso descubrí un letrero oculto apuntando hacia unas cataratas cercanas. Di la vuelta y subí por el camino que cortaba por los frondosos árboles y terminaba en las cataratas. Los rayos del sol entraban y salían por entre los árboles jugando a esconderse mientras exploraba el área.

Siguiendo la corriente del río, por espacio de casi una hora, me encontré de repente fuera de las rutas turísticas y fuera del alcance de los caminantes. Tomé mi camino alrededor de una enorme piedra y por entre los árboles caídos hasta que llegué a una roca enorme que salía del río, formando una serpenteante vuelta en semicírculo. Con bastante dificultad logré caminar hacia arriba de este gigantesco dedo de granito, y, por un momento, simplemente me deleité en la gloria del cañón en lo alto y las aguas ondulantes abajo.

Lo que sucedió después es difícil de poner en palabras. Como el rugir del río apagaba muy rápido cualquier ruido que surgiera, me sentí libre de gritar mi gratitud y alabanza a Dios. Un espíritu de adoración y celebración surgió dentro de mí, y comencé a bailar al compás de tambores celestiales y a cantar letras desconocidas para mi mente consciente. También canté con mi mente: himnos y salmos que surgían de recuerdos distantes, así como cantos espirituales que se precipitaban como cascada en sorprendente espontaneidad. Derramé gratitud por todas las cosas, grandes y pequeñas. Las alabanzas se unieron con el río en gozosa exaltación. Sentí como si hubiera sido invitado a unirme, en mi débil forma, al incesante canto de alabanza que ascendía en ese instante hasta el trono de Dios.

Al comienzo la experiencia fue de total efervescencia, pero después de un momento, la exuberancia comenzó a dar paso al susurro: «¡Santo, Santo, Santo!» La adoración creció con más profundidad, más fructífera. Había comenzado a bendecir el nombre de Dios y estaba terminando por exhalar el nombre de Dios. La exaltación se sumerge en adoración.

Quietos murmullos de reverencia continuaron durante algún tiempo. Después una calma que se podía escuchar cayó sobre mí, y me dio las instrucciones necesarias para los días siguientes. Para ese entonces, las prolongadas sombras en el cañón señalaron el final del día. En profundo silencio regresé, sumido en temor y adoración. La quietud interna permaneció por varios días. Esa tarde experimenté un éxtasis no en el sentido clásico del término, pero entré en una amante adoración que sanó nuestras tristezas y nos unió al corazón del Padre.

Lo dos lados de la adoración

Hay dos lados en la oración de adoración: gratitud y alabanza. La distinción común entre estas dos experiencias es esta: en gratitud damos gloria a Dios por *lo que ha hecho por nosotros*; en la alabanza damos gloria a Dios por *quien es Él en sí mismo*.

La distinción es válida, pero no debemos enfatizar mucho en ella. En la experiencia ambos lados se mezclan entre sí, uno con el otro, para formar parte de un todo orgánico. Los autores bíblicos con frecuencia usaron las palabras sin distinción y aun una sobre la otra: «Te confesaré en grande congregación; te alabaré entre numeroso pueblo» (Salmo 35.18). Simultáneamente, gratitud y alabanza se entremezclan en la experiencia de toda verdadera adoración.

El mundo del Antiguo Testamento está impregnado con el lenguaje de gratitud. En los días de la monarquía, el rey David eligió a ciertos sacerdotes para que ministraran delante del Arca del Pacto con una misión singular. «Para invocar, agradecer, y alabar al Señor, el Dios de Israel». Designó a cantantes especiales para que no hicieran otra cosa más que «cantar alabanzas al Señor» (1 Crónicas 16.4-36). Después, también, estaba la «ofrenda de gratitud» que fue una característica prominente en el culto del antiguo Israel (Levítico 7.12s).

Es difícil encontrar una página del Salterio que no contenga la retórica de la gratitud: «Alabad a Jehová, porque Él es bueno; porque para siempre es su misericordia» (Salmo 106.1); «Te alabaré, oh Jehová con todo mi corazón» (Salmo 9.1). «Por tanto, a ti cantaré, gloria mía y no estaré callado» (Salmo 30.12). Y así continua la letanía, gratitud tras gratitud.

Jesús fue la persona más agradecida. El sello escrito a lo largo de su vida fue la oración: «Padre, gracias te doy por haberme oído» (Juan 11.41). Pablo también mostró el espíritu de gratitud: «doy gracias a mi Dios mediante Jesucristo con respecto a todos vosotros» (Romanos 1.8). Es cierto que los testigos de la Biblia hablan a una sola voz, instándonos a dar «gracias por todo al Dios y Padre, en el nombre de nuestro Señor Jesucristo» (Efesios 5.20).

Hasta donde podemos trazar una línea de separación, la alabanza queda en un plano más elevado que la acción de gracias. En su obra clásica titulada *Prayer* [Oración], Ole Hallesby observa: «Cuando doy gracias, mis pensamientos se quedan en círculo en torno mío hasta cierto punto. Pero cuando alabo, mi alma asciende hasta una adoración en la que me olvido de mí mismo, percibiendo y alabando sólo la majestad y el poder de Dios, Su gracia y redención».[2]

---

2. Ole Hallesby, *Prayer* [Oración], traducción de Clarence J. Carlsen,

La Biblia está en verdad llena de alabanza. El antiguo código de la ley nos sorprende con palabras precisas al respecto: «Él es[...] tu alabanza, y Él es tu Dios» (Deuteronomio 10.21). Los salmos hacen eco con el tumulto de alabanzas: «Alaba, oh alma mía, a Jehová. Alabaré a Jehová en mi vida; cantaré salmos a mi Dios mientras viva» (Salmo 146.1-2). «Bendeciré a Jehová en todo tiempo; su alabanza estará de continuo en mi boca» (Salmo 34.1). «Los que teméis a Jehová, alabadle» (Salmo 22.23). «Puso luego en mi boca cántico nuevo, alabanza a nuestro Dios» (Salmo 40.3).

El escritor de Hebreos nos insta a que «ofrezcamos siempre a Dios, por medio de Él, sacrificio de alabanza, es decir, fruto de labios que confiesan su nombre» (Hebreos 13.15). Y el autor de Apocalipsis nos asegura que la alabanza es algo serio en el cielo: «Y miré, y oí la voz de muchos ángeles alrededor del trono, y de los seres vivientes, y de los ancianos; y su número era millones de millones, que decían a gran voz: El Cordero que fue inmolado es digno de tomar el poder, las riquezas, la sabiduría, la fortaleza, la honra, la gloria y la alabanza» (Apocalipsis 5.11-12).

Bendecir es alabanza jubilosa, la alabanza se eleva a su punto máximo. «Bendice, alma mía, a Jehová», invita el salmista, «y bendiga todo mis ser su santo nombre» (Salmo 103.1). Lucas termina su Evangelio con las fascinantes palabras de bendición: «Y estaban siempre en el templo, alabando y bendiciendo a Dios» (Lucas 24.53). Cuando somos transportados a la experiencia de bendecir a Dios, el alma se cautiva en la alabanza.

¿Quién puede poner en duda la importancia de esta actividad gemela del corazón y la mente? Juntos nos ayudan a examinar el significado de la adoración. Es posible que nuestros corazones estén en movimiento. Que nuestras mentes rejuvenezcan. Puede ser que ardientemente nos unamos con esa procesión de ancianos en la cumbre del monte Sion. «Entrad por sus puertas con acción de gracias, por sus atrios con alabanza; alabadle, bendecid su nombre» (Salmo 100.4).

Augsburg, Minneapolis, 1959, p. 141.

Lágrimas en los ojos de Dios

Si tan solo pudiéramos ver el corazón del Padre, seríamos movidos a la alabanza y gratitud con más frecuencia. Nos es fácil pensar que Dios es tan majestuoso y altamente exaltado que nuestra adoración no le hace ninguna diferencia. A decir verdad la autosuficiencia de Dios es una doctrina interesante pero siempre debemos recordar las palabras de San Agustín: «Dios anhela ser deseado».[3]

Nuestro Dios no está hecho de piedra. Su corazón es el más sensitivo y tierno de todos. No hay acción que pase inadvertida, no importa cuán pequeña o insignificante sea. Un vaso de agua fría es suficiente para hacer brotar lágrimas de los ojos de Dios. Como la orgullosa madre que se estremece al recibir el ramillete de marchitos «dientes de león» de manos de su hijo, así Dios celebra nuestras débiles expresiones de gratitud.

Imaginemos a Jesús sanando a los diez leprosos. Sólo uno regresó a dar las gracias, y era un samaritano. ¡Cuánta emoción sintió Jesús por ese hombre, y cuánta tristeza por los nueve restantes! Piense en la mujer que lavó los pies de su Maestro con lágrimas de gratitud. ¡Cuán conmovido se sintió Jesús por esta sencilla devoción! Medite en la mujer que en sorprendente derroche ungió la cabeza de Jesús con un costoso perfume. ¿En qué manera le impresionó este espontáneo acto de adoración? ¿Y qué de nosotros? ¿Nos atreveremos a huir? Traemos alegría al corazón de Dios cuando estrechamos esa mano horadada y decimos sencilla y profundamente: «¡Gracias, te bendigo, te alabo!»

Obstáculos para la adoración

C.S. Lewis identifica varias cosas que nos alejan de la adoración.[4] La primera es desatención. Cuán fácil es ser atrapado

---

3. *Sitivit sitiri Deus* [Dios nos anhela para que lo anhelemos]. Según se cita en Vincent, *Life of Prayer* [Vida de oración], p. 25.
4. Lewis, *Letters to Malcolm* [Cartas a Malcolm], p. 90. Estoy en deuda con Lewis por estos cuatro puntos.

por las vueltas de esta vida y perder la rica ofrenda del Amor Divino. Y no es sólo que estemos atrapados en una carrera por adquirir cosas. Son también las demandas legítimas del hogar y la familia, la escuela y el trabajo, que conspiran para hacer confusa la vida. Nuestras obligaciones parecieran reproducirse de la noche a la mañana. No podemos adorar cuando no vemos.

Un segundo obstáculo es la clase de atención equivocada. Vemos un atardecer y nos ponemos a analizarlo en lugar de dar gloria a Dios. Cuando ocurren frustraciones, todo lo que percibimos son esas frustraciones: «Ignoramos el olor a Deidad».[5]

Una vez, durante una calurosa tarde de verano, dirigía un servicio de adoración en una casa. Las puertas estaban abiertas con la esperanza de que corriera la brisa. En un momento de la reunión exhorté a la gente a «esperar en el Señor» y escuchar en silencio. La quietud, sin embargo, fue interrumpida muy pronto por el gato del dueño de casa, que arañaba la puerta queriendo entrar. Cuanto más trataba de ignorar al gato, era peor. Oré para que Dios hiciera algo: llévate al gato, abre la puerta, etc., y agregué otras oraciones más drásticas que no debo mencionar, porque puede haber entre ustedes quienes tengan gatos de mascotas. (Es raro, pero nunca se me ocurrió levantarme y dejar salir al gato.)

Después, por la tarde, alguien mencionó al gato. Todo el mundo comenzó a decir cuánto se habían distraído por causa del gato que no pudieron concentrarse en Dios. Todos, excepto Bill, un antiguo misionero lleno de sabiduría y del Espíritu Santo. Bill estaba pensativo, sin decir palabra.

—Bill —le pregunté—, ¿en qué estás pensando?

—Oh —habló deliberadamente—. Me preguntaba qué fue lo que Dios trataba de decirnos a través del gato.

Ahora, hasta donde sé, nunca recibimos ningún «mensaje» del gato que estaba arañando la puerta... excepto este: Yo vi al gato como una distracción; Bill, como un posible mensajero. Y fue tal vez suficiente «mensaje» para cualquiera esa tarde.

5. *Ibid.*

Un tercer obstáculo para la adoración es la avaricia. «En lugar de decir "esto también es de ti", habrá quien diga la frase fatal "que se repita"».[6] Una de las razones del porqué nuestra adicción por más, más y más destruye nuestra disposición para adorar es porque nos aleja de la reflexión. Observar una rosa o meditar en una frase de la Escritura —oler, probar, masticar, bebérselo todo—, eso es lo que implica la adoración. Cuando pedimos que lo repita, estamos pidiendo más de lo que Dios le place darnos. En lugar de disfrutar simplemente de esos deleites, demandamos más deleites, aunque los disfrutemos o no. Permítame usar mal un antiguo refrán: ¡suficientes por hoy son los placeres!

Lewis menciona un obstáculo más: engreimiento. Qué fácil es para quienes descubren a Dios en lo ordinario, sentirse superiores por ello. Nos horrorizamos de que otros sólo puedan ver gris en el cielo, cuando nosotros nos «deleitamos observando tales delicadezas del tornasolado, perla y plateado». Quienes enseñamos, estamos particularmente inclinados a esta tentación. «¿No lo ven?», nos lamentamos. «Está justo frente a ti». Por supuesto, hemos estado estudiando y reflexionando en esta realidad por quince años mientras que nuestros estudiantes lo han encontrado recientemente. Cuando el engreimiento nos domina, nos volvemos a centrar una vez más en lo maravilloso que somos, que es lo que afecta severamente las cuerdas de la adoración.

Marcas en el camino

La oración de adoración debe aprenderse. No es algo que viene automáticamente. Observemos a nuestros niños. No necesitan prepararse para pedir cosas. Para que verifiquemos esto, basta llevarlos de compras o al supermercado. ¿Pero, dar gracias? Ese es un asunto completamente diferente. Resulta interminable el esfuerzo de ayudar a nuestros pequeños a cultivar el hábito de la gratitud.

Lo mismo sucede con nosotros. La acción de gracias, la

---

6. Ibid.

alabanza, la adoración, son con frecuencia, las primeras palabras en nuestras mentes... o en nuestros labios. Necesitamos toda la ayuda que podamos obtener a fin de pasar a una adoración más plena y profunda. Las siguientes «marcas» nos ayudarán, espero, a trazar el camino.

Comenzamos justo donde estamos: en los escondrijos y rincones, las frustraciones y miedos de la vida ordinaria. Cuando estamos llenos de nostalgia, por ejemplo, a veces ayuda hacer un recuento de nuestras bendiciones o repasar los gloriosos atributos de Dios. No aprendemos la adoración en gran escala cósmica por centrarnos en lo grande y en lo cósmico. Al menos, no al principio. Nos desanimaría y frustraría comenzar de esa forma.

Por eso comenzamos con más sencillez. Aprendemos sobre las bondades de Dios no contemplándolas, sino al observar una mariposa. Escucha este consejo: comienza por poner atención a las pequeñas criaturas sobre la tierra. No trates de estudiarlas o analizarlas. Sólo observa los pájaros, las ardillas y los patos. Observa, no evalúes, observa.

Ve a un arroyo y rocía un poco de agua sobre tu rostro acalorado. En ese momento no pretendas solucionar todos los problemas de contaminación y del ecosistema; sólo siente el agua. Más que todo, no trates de encontrar a Dios en el agua o de estar agradecido por el agua. Sólo permite que la fría humedad refresque tu piel. Mira las ramas de los árboles sobre tu cabeza, meciéndose de un lado a otro. Contempla las hojas moverse con la brisa, observa su forma, su color, su textura. Escucha la sinfonía del follaje, las carreras de las ardillas y el trinar de los pájaros. Recuerda, te estoy pidiendo que observes únicamente, no que analices.

Cuando hacemos este tipo de cosas con cierta regularidad, en su momento, comenzamos a *experimentar* placeres en lugar de sólo escudriñarlos. Lo que esto hace dentro de nosotros es completamente maravilloso. Somos llevados primero a estos pequeños placeres y después más allá de ellos llegamos al Dador de ellos. Los verdaderos deleites son, después de todo, «rayos de la gloria», para usar la frase de C.S. Lewis. A medida que esto suceda, la gratitud, la alabanza y la adoración fluirán naturalmente, a su debido tiempo: «Experimentar la pequeña teofanía es en sí adorar».[7]

Aquí es donde comenzamos, pero no donde terminamos. Otra «marca» que necesitamos colocar a lo largo de las aguas de nuestro narcisismo es lo que Sue Monk Kidd llama «el centro gratificante».[8] Cada uno de nosotros tiene ese centro en su vida —tiempo y un lugar en el que fuimos libres de toda avaricia y robos, de toda agresión y empujones y de todos los reproches y disidencias.

Déjenme describirles mi centro gratificante. Tenía siete años, y mis padres estaban intentando mudarse a la costa oeste americana. Nuestra relativa pobreza nos atrapó y nos vimos forzados a pasar el invierno en la cabaña de un tío en las Montañas Rocallosas. Ese tiempo fue difícil para mis padres, estoy seguro, pero para mí fue glorioso. Para un niño de ciudad que se encuentra de pronto inmerso en un paraíso de pinos, rosas y arroyos saltarines, la palabra *paraíso* es un término bastante limitado. Aun la primitiva naturaleza de la cabaña —alumbrada por velas, calentada por una chimenea, con la cañería de agua fuera de la casa— sólo aumentaba la aventura.

Mis hermanos y yo conquistamos muchos fuertes de piedra, encontramos cabezas de flechas y escondites secretos. Cuando llegó la nieve del invierno, llevamos a cabo expediciones congelantes. Para la Navidad, ayudé a mamá a pintar de plateado las piñas de los pinos.

Pero el recuerdo más vivo es el de la chimenea. (Nunca antes había estado alrededor de una chimenea. En nuestra casa de Nebraska, todo el calor que teníamos provenía de un horno de carbón.) Cada noche armaba la cama, que de día era el sofá, y me metía por debajo de las pesadas cobijas, con mi cabeza a menos de diez pies de distancia del fuego. Noche tras noche me dormía, viendo ese extraño fuego amarillo que nos calentaba. Estaba en mi centro gratificante.

Aun ahora, como adulto, puedo volver a ese centro vía la

---

7. *Ibid.*, pp. 89-90.
8. Sue Monk Kidd, *God's Joyful Surprise* [La gozosa sorpresa de Dios], Harper & Row, San Francisco, 1987, p. 200.

maravillosa capacidad de la memoria y, una vez allí, experimentar aprecio y gratitud hacia el Dios que nos da buenas dádivas. No estoy tratando de escapar o alejarme de las luchas y dificultades de la vida moderna; al contrario, estoy tomando un punto de referencia en mi vida desde el cual pueda enfrentar esas luchas y dificultades.

Estoy seguro que también ustedes tienen ese centro. Vayan a él en su imaginación tan seguido como puedan y desde ese lugar dejen que el susurro de sus oraciones de acción de gracias fluya.

Esta experiencia nos ayuda a llegar a la próxima «marca»: la práctica de gratitud. Ahora podemos desarrollar un hábito de dar gracias por los regalos sencillos que nos llegan día a día. Carolynn y yo acabamos de regresar de alimentar a unos gansos que de vez en cuando visitan un pequeño estanque atrás de nuestra casa. Eso es algo por lo cual hay que estar agradecidos. También por la fresca brisa de hoy, que corta el calor del verano. Asimismo doy gracias por la maravillosa simetría del abeto blanco que está afuera de la ventana de mi estudio. Se dan cuenta de qué se trata —comida, casa, ropa, la vida misma—, por todo esto y más debemos practicar la gratitud. Traten de vivir un día entero en profunda acción de gracias. Cada queja que surja, equilíbrenla con diez cumplidos. Cuando *practicamos* la gratitud, llega un momento en que nos encontramos a nosotros mismos diciendo: «No "por favor" sino "gracias"», como Annie Dillard nos hace notar en su libro *Peregrino en el arroyo infructífero*.[9]

Ahora estamos listos para una «marca» más que no habríamos podido manejar al principio; magnificar a Dios. Para magnificar algo lo hacemos verse más grande, incrementamos su proporción. Hablar de nosotros mismos o de nuestras actividades fuera de la debida proporción es peligroso, pero cuando magnificamos a Dios, estamos en terreno seguro. Simplemente jamás podremos decir demasiado acerca de las bondades de Dios o de su amor. Así pensemos las cosas más

---

9. Annie Dillard, *Pilgrim at Tinker Creek* [Peregrino en el arroyo infructífero], Bantam Books/Harper's Magazine Press, New York, 1974, p. 278.

exageradas sobre Él, siempre estaremos muy por abajo de lo que es en verdad la realidad.

La forma más fácil de comenzar a magnificar a Dios es usando el Salterio. En cada salmo podemos encontrar un pasaje que nos ayudará a alabar a Dios. «Engrandeced a Jehová conmigo», dice el salmista, «y exaltemos a una su nombre» (Salmo 34.3). Y de esa manera lo hacemos, dejando que las palabras se hagan nuestras.

A veces, las palabras no sólo se hacen nuestras, sino que además nos guían a las apropiadas. Podemos comenzar por expresar nuestra deuda con el Señor, la misma que nos llevará al reconocimiento, apreciación, gratitud, acción de gracias, alabanzas y adoración.[10]

La música es una ayuda maravillosa. La música de alabanza abunda hoy en día y puede mover con facilidad hasta el corazón más triste a la adoración. Con gozo podemos unirnos con esos cantos, aun si es poco el talento musical que tenemos. En la casa o en el carro no hay nadie que nos escuche salvo Dios, y Él se agrada con la alabanza de sus hijos.

La última «marca» que quiero mencionar es la gozosa, alegre y jubilosa celebración. Aplaudimos, reímos, gritamos, cantamos, danzamos. La celebración es mejor en comunidad, pero aun cuando estamos solos nunca estamos solos, porque estamos unidos al canto de júbilo de los ángeles y arcángeles y criaturas vivientes, las cuales sólo podemos imaginar. De la misma forma que María, danzamos y cantamos al Señor porque Él ha vencido glorioso al jinete y al caballo (Éxodo 15). Como María, nuestra alma magnifica al Señor y nuestro espíritu se regocija en Dios nuestro Salvador (Lucas 1).

Bien, hemos recorrido un largo camino en nuestras consideraciones sobre la adoración. Comenzamos con pasos de bebé, lo que C.S. Lewis llama «adoración en infinitesimales».[11] Pero en el tiempo de Dios y en la forma de Dios, somos guiados irresistiblemente dentro de la adoración de Él, quien es eterno,

---

10. Véase Glenn Clark, *I Will Lift Up Mine Eyes* [Levantaré mis ojos], Harper & Brothers, New York, 1937, p. 107.
11. Lewis, *Letters to Malcolm* [Cartas a Malcolm], p. 91.

inmortal, invisible, el único y sabio Dios (1 Timoteo 1.17). Richard Baxter nos insta: «Invierte mucho de tu tiempo en el angélico trabajo de la alabanza. Porque los espíritus más celestiales tendrán los empleos más celestiales, así que entre más celestial el empleo, más hará al espíritu celestial».[12]

◆

Oh altísimo, glorioso Dios, cuán grande es mi problema. En tu terrible presencia el silencio parece mejor. Y aun así, si mantengo mi quietud, las rocas gritarán. Pero si hablo, ¿qué debo decir?
Es el Amor el que me invita a hablar así, todavía me siento tartamudear. Te amo, Señor mi Dios. Te adoro. Te alabo. Me inclino ante ti.
Gracias por tus dones de gracia:
    la constancia del amanecer y el atardecer,
    la maravilla de los colores,
        el solaz de las voces que conozco.
Te magnifico, Señor. Déjame ver tu grandeza —hasta el punto en que pueda recibirla. Ayúdame a postrarme en tu presencia en infinita admiración e incesante alabanza.
En el nombre de Aquel cuya adoración nunca falla.
                                 —Amén.

---

12. Baxter, *El reposo eterno de los santos*.

9

Oración de descanso

Descansa. Descansa. Descansa en el amor de Dios. Lo único que debes hacer ahora, es prestar intensa atención a su quieta y pequeña voz en tu interior.

—Madame Jeanne Guyon

A través de la oración de descanso Dios pone a sus hijos en el ojo de la tormenta. Cuando todo a nuestro alrededor está en caos y confusión, en nuestro interior tenemos estabilidad y serenidad. En medio de la intensa lucha personal estamos quietos y relajados. Mientras que miles de frustraciones tratan de distraernos, nosotros permanecemos centrados y receptivos. Este es el fruto de la oración de descanso.

Tal vez no haya en la Biblia otra invitación más atractiva que las palabras llenas de gracia de Jesús: «Venid a mí todos los que estáis trabajados y cargados, y yo os haré descansar» (Mateo 11.28). No hay nada más necesario hoy día que el descanso del cuerpo, la mente y el espíritu. Vivimos gran parte de nuestras vidas en una intolerable mezcla de agitada alteración», como le llama Thomas Kelly a esta situación.[1] Todos los amotinamientos y robos, el estar siempre en control, y las dinámicas de manipulación de la vida nos agotan.

1. Kelly, *Testament* [Testamento], p. 124.

¡Si tan solo pudiéramos escaparnos de esa vida, libres de tensiones, ansiedades y apuros! ¡Si tan solo pudiéramos saber que la firme paz de Dios se ha llevado las tensiones y que Cristo ya ha vencido a este mundo! si sólo... Pero, escucha amigo, yo estoy aquí para decirte que este estilo de vida puede ser nuestro. *Podemos* tener esta realidad del descanso, confianza, serenidad y firmeza en nuestro sentido de vida. *Podemos* vivir en experiencia propia las palabras de Jean Sophia Pigott:

> Jesús, estoy descansando, descansando
> En el gozo de saber quien eres;
> He encontrado la grandeza
> de tu amante corazón.[2]

Hoy, en este preciso momento, Jesús te invita, Jesús me invita a su descanso: «Llevad mi yugo sobre vosotros, y aprended de mi, que soy manso y humilde de corazón; y hallaréis descanso para vuestras almas» (Mateo 11.29).

Oración de reposo

Tenemos la promesa del escritor de Hebreos que dice: «Por tanto, queda un reposo para el pueblo de Dios» (Hebreos 4.9). Esas palabras me han sido familiares desde mis tempranos días de cristiano; sin embargo, aprendí más —no hace mucho sobre— «la oración de reposo», mientras que estaba en una pequeña isla de la costa del Pacífico de Canadá. Estaba con un pequeño grupo de estudio y, durante el descanso de la mañana, encontré una canoa y remé hasta un pequeño islote. Después de desembarcar en la playa, comencé a explorar las rocas llenas de musgo. Cuando llegué al centro de la isla, descubrí una pequeña plataforma de madera que alguien había construido y una silla vieja y húmeda puesta encima, como un solitario centinela.

Me acomodé en la silla y probé si aguantaba mi peso. No se movió. Me senté frente al cálido sol y bebí en la quietud de tierra, mar y cielo. Los árboles estaban en absoluta quietud:

2. *Hymns for the Family of God* [Himnos de la familia de Dios], Himno 86.

tranquilos testimonios de la majestad de Dios. El canto de los patos y gallos, lejos de romper el silencio, lo prolongaban.

Remé hacia ese fascinante lugar no para orar, sólo para explorar. Pero, al estar sentado ahí, recordé las palabras de despedida que Carolynn me dijo en el aeropuerto: «Quiero que regreses a casa con nueva frescura». De pronto me encontré orando con sencillez: «Refréscame Señor. Refréscame». No fue difícil esperar en silencio: la totalidad de ese santuario al descubierto parecía estar en reverente silencio. Lo primero que vino a mi mente, en ese momento, fue: «Quiero enseñarte la oración de reposo». Me incliné hacia adelante en anticipación, no estaba seguro de qué se trataba la oración de reposo, pero estaba ansioso por aprenderla. «Tendrás que guiarme, porque no sé qué es lo que se supone que deba hacer», respondí. Luego me vinieron las palabras: «Permanece quieto... Descansa... Shalom». Eso fue todo. Aquellas palabras, y no más. Por unos momentos traté de entrar en la experiencia de cada palabra.

El encuentro fue maravilloso, pero también estaba consciente de que el tiempo corría. Me preocupé y pensé: «Es casi mediodía. La gente comenzará a extrañarse y a preguntarse por qué me he demorado tanto tiempo. Será mejor que regrese para la comida». Y escuché de nuevo las mismas palabras: «Permanece quieto... Descansa... Shalom». Parecía calmar mi espíritu y volví a una quieta actitud de apertura.

No obstante, después de un momento, mi mente comenzó a agitarse por una clase de hiper-responsabilidad: quizá hayan tenido este sentimiento. «La siguiente sesión comenzará en un rato más», pensé. «Necesito estar allí. ¿Qué clase de ejemplo voy a dar? Además, de verdad que la gente se preocupará por mi ausencia». A toda velocidad, mi mente comenzó a imaginar escenarios surrealistas egocéntricos: «La gente tal vez piense que me volqué en la canoa, y a lo mejor disienten si deben o no preparar un equipo de rescate». Las mismas palabras sirvieron para disciplinar mi mente: «Permanece quieto... Descansa... Shalom».

La última tentación fue la más fuerte. Comencé a pensar para mis adentros: «Esta experiencia es absolutamente maravillosa. Debo captar estos momentos para el futuro. ¿Pero cómo? Posiblemente no pueda recordar todo lo que está pasándome aquí. ¿Dónde hay papel? ¡Tengo que escribir esto!». De nuevo: «Quédate tranquilo... Descansa... Shalom». Mientras más me concentraba, más me afirmaba en la oración de reposo. Al poco rato pareció como si «la Presencia en el medio» terminara y entonces regresé al grupo, el cual, como es probable que adivinaron, no notó mi ausencia y había seguido con el horario del día.

Descansa en Dios

La Biblia nos dice que después de haber creado todas las cosas con su Palabra —desde la hormiga hasta el oso hormiguero— y de soplar a la especie humana el aliento de vida, Dios descansó. Este «descanso de Dios» en el séptimo día ha llegado a ser el marco teológico para las regulaciones del sábado que nos llama al descanso en Dios. Ahora, antes de despedirnos de esta regla del sábado del Antiguo Testamento, es importante ver que hay mucho más tras esta, que el deseo de un respiro periódico. En cierto sentido, es una forma de controlar nuestra persistente necesidad de ir siempre a la cabeza. Si alguna vez queremos saber hasta qué grado estamos esclavizados por la pasión de poseer, todo lo que tenemos que hacer es observar la dificultad que tenemos en mantener el ritmo del sábado.

No hay enseñanza que fluya de los principios del sábado que sea más importante que la centralidad de nuestro reposo en Dios. En lugar de luchar para hacer que pase esto o aquello, aprendemos a confiar en un Padre celestial que ama el dar. Esto no promueve la inactividad, sino que promueve la actividad dependiente. Ya no tomamos más las cosas en nuestras propias manos. Por el contrario, ponemos todas las cosas en las divinas manos y después actuamos por persuasión interna.

Quizá recuerden que los hijos de Israel no pudieron entrar en el descanso de Dios, a pesar que los sacó de la tierra de Egipto, de la casa de esclavitud. Incapaces de confiar en Jehová, se revelaron y pasaron el resto de sus días errantes por el desierto de Sinaí. Como trágico final, Dios declaró: «No entrarán en mi reposo» (Hebreos 4.3).

Hoy estamos invitados al descanso del Sabbath de Dios, el cual los hijos de Israel no pudieron alcanzar. «Queda un reposo para el pueblo de Dios». A través de la oración de descanso entramos a esta intensa quietud, a esta quietud en alerta.

Oración en voz media

Pero, ¿cómo? ¿Cómo entramos a la oración de descanso? Es aquí donde enfrentamos el dilema. Nuestra tendencia es, por un lado, a tomar firme control, y por el otro, a no hacer absolutamente nada.

Con frecuencia comenzamos por abordar la oración con insistencia en la misma forma que se nos ha enseñado a abordar cada problema: trabajando duro. Apretamos nuestros dientes, intensificamos nuestra fuerza de voluntad, e intentamos, intentamos, intentamos. En realidad este es un concepto pagano de oración en el que llevamos a los dioses a la acción por nuestros muchos encantamientos y vanas repeticiones.

Anthony Bloom cuenta la historia de una anciana que había estado trabajando en la oración con toda su voluntad, pero sin sentir jamás la presencia de Dios. Con sabiduría, el arzobispo animó a la anciana a que entrara en su habitación cada día, y le dijo: «Por quince minutos póstrate frente a Dios, pero te prohíbo que digas una palabra de oración. Sólo permanece en su presencia y trata de disfrutar la paz de tu habitación».

La mujer recibió este consejo y al principio lo único que pensaba era: «Oh, qué bueno, tengo quince minutos durante los cuales no tengo que hacer nada sin sentirme culpable». Después, sin embargo, comenzó a entrar al silencio creado con su comunión. Al poco tiempo dijo: «Me di cuenta que ese silencio no era simplemente una ausencia de ruido, sino que el silencio tenía sustancia. No fue ausencia de algo, sino presencia de algo». A medida que continuó su comunión diaria, descubrió que «en el corazón del silencio estaba Él que es toda quietud, toda paz, toda estabilidad».[3] Dejó de hacer los duros

---

3. Bloom, *Beginning to Pray* [Como comenzar a orar], pp. 92-94.

esfuerzos por entrar en la presencia de Dios, y al hacerlo, descubrió la presencia de Dios que ya estaba allí.

Pero no debemos quedarnos con una idea equivocada. La pasividad total tampoco es la respuesta. Descansar en Dios no significa que nos sentemos y esperemos a que Él haga algo. Ese es el concepto hindú de oración, en el que nos sumergimos pasivamente en la impersonal y fatídica voluntad de los dioses y diosas.

Recuerdo bien una noche, aunque han pasado muchos años. Estaba encargado de reunir a varios cientos de muchachos, y las reuniones habían marchado bien. El conferencista de la tarde había terminado recién y estaba invitando a estos jovencitos y jovencitas a entregar sus vidas a Jesucristo. El silencio cayó sobre todos. Fue un momento especial. Pero justo, en ese instante, una de las correas del equipo de aire acondicionado comenzó a rechinar y hacer ruido y un penetrante y desconcentrante eco se escuchó en todo el auditorio.

Comencé a orar: «Señor, este es un momento especial en la vida de estos chicos. Por favor, para ese ruido, ponle aceite a esa correa, apaga el motor, haz algo, cualquier cosa». No pasó nada, y una crisis menor de fe se agregó a mi frustración. Pero al poco rato comencé a calmarme, y cuando lo hice, escuché esto: «¿Por qué no vas tú y apagas el aire?» ¡Yo estaba a menos de cinco pasos del interruptor! En mi jovial entusiasmo estaba esperando que Dios interviniera de una manera especial, cuando lo que hacia falta era una simple acción de mi parte.

No, tampoco el control manipulador ni la lánguida pasividad son modelos apropiados para la oración de descanso. Entonces ¿cuál debe ser el modelo? ¿Cómo quebramos los cuernos del dilema?

«La oración tiene lugar en voz media», escribe Eugene Peterson.[4] En gramática, voz activa es cuando tomamos acción y pasiva cuando recibimos la acción de otros; pero, en la voz media, se dan ambos casos, actuamos y recibimos la acción. Participamos en la formación de la acción y recibimos los

---

4. Eugene Peterson, *Contemplative Pastor* [Pastor contemplativo], Word, Dallas, TX, 1989, p. 110.

beneficios de esta. «No manipulamos a Dios (voz activa) ni somos manipulados por Dios (voz pasiva). Estamos involucrados en la acción y participamos en sus resultados, pero no los controlamos ni los definimos (voz media)».[5]

Como puedes ver, no estamos atados a las categorías de activismo o quietismo. Esas no son suficientes para describir lo que sucede en la oración de descanso. A decir verdad, lo que suena a pasivo es «descanso Sabbath». Pero debemos «entrar en él», que si suena activo. Orando en voz media entramos en esa forma de recibir y responder «que irradia miles de imperceptibles participaciones e intimidad, confianza, perdón y gracia».[6]

El maestro de devocionales habló con frecuencia de *Otium Sanctum*, «santo descanso». Se refiere a un sentido de equilibrio en la vida: actividad y descanso, trabajo y juego, días soleados y lluviosos. Significa la habilidad de llevar a cabo las actividades del día impregnados de la paciencia cósmica de Dios. Santo descanso significa vivir —y orar— en voz media.

Actividad de la eterna Trinidad

La maravillosa novedad que trato de explicarles es esta: aunque participamos por completo en el trabajo bendito de la oración, este no depende de nosotros. Con frecuencia oramos de manera incierta y con dificultades. A veces sólo tenemos destellos fragmentados de la gloria celestial. No sabemos qué orar. No sabemos cómo orar. A menudo nuestras mejores oraciones se sienten como gemidos inarticulados.

Es por eso que la promesa de la Escritura llega como la buena nueva: «El Espíritu nos ayuda en nuestra debilidad; pues qué hemos de pedir como conviene, no lo sabemos, pero el Espíritu mismo intercede por nosotros con gemidos indecibles. Mas el que escudriña los corazones sabe cuál es la intención del Espíritu, porque conforme a la voluntad de Dios intercede por los santos» (Romanos 8.26-27).

¿Te imaginas qué alivio representa esto? El Santo Espíritu

---

5. *Ibid.*
6. *Ibid.*, p. 111.

de Dios, la tercera persona de la Trinidad, nos acompaña en nuestras oraciones. Cuando tambaleamos sobre nuestras palabras, el Espíritu corrige nuestra sintaxis. Cuando oramos con motivos mezclados, el Espíritu purifica la corriente. Cuando vemos a través de un cristal oscuro, el Espíritu ajusta y enfoca lo que pedimos hasta que esto corresponda a la voluntad de Dios.

La cuestión es que no todo debe estar perfecto cuando oramos. El Espíritu reformula, refina y reinterpreta nuestras débiles y egocéntricas oraciones. Podemos descansar en el trabajo que el Espíritu hace a nuestro favor.

Y esto es aún mejor. El escritor de Hebreos nos recuerda que Jesucristo es nuestro Sumo Sacerdote y, como tú sabes, la función del Sumo Sacerdote en el antiguo Israel era interceder ante Dios en favor del pueblo (Hebreos 7—9). ¿Comprendemos lo que esto significa? Hoy, según nos involucramos en las actividades de nuestra vida, Jesucristo está orando por nosotros. Mientras dormimos en la noche oscura, Jesucristo estará orando por nosotros. Nada más y nada menos que el Hijo eterno es el que está ofreciendo continua oración ante el trono de Dios a nuestro favor. Estamos en oración ahora. Estoy en oración ahora. Podemos descansar en la obra que el Hijo ha hecho en nuestro favor.

Pero lo mejor aún no ha llegado. Aunque parezca difícil de imaginar, Dios está en constante comunión consigo mismo, a través de nuestras oraciones tambaleantes y malas. P.T. Forsyth escribe: «Cuando hablamos con Dios es realmente el Dios que vive en nosotros hablando a través de nosotros a sí mismo... El diálogo de oración es realmente el monólogo de divina naturaleza en amorosa autocomunicación».[7] ¡Qué increíble! ¡Qué difícil de creer! «Oramos, y a la vez no somos nosotros quienes oramos, sino alguien Mayor que ora en nosotros».[8] Un poeta lo dijo en estos versos:

---

7. P. T. Forsyth, *The Soul of Prayer* [El alma de la oración], Eerdmans, Grand Rapids, MI, 1916, p. 32.
8. Kelly, *Testament* [Testamento], p. 45.

ORACIÓN DE DESCANSO

>Me has dicho, Señor, que cuando parece
>que estoy en diálogo contigo,
>Una sola voz se escucha, todo es un sueño
>Un hablante imita a dos.
>
>A veces sucede, pero no como ellos
>lo conciben. Yo por mi parte,
>busco en mi interior lo que anhelo decir,
>Pero oh, se han secado mis pozos.
>
>Entonces, viendo mi vacío, tú abandonas
>tu sitio de oyente y a través
>de mis torpes labios respiras
>y en lo profundo despiertan
>pensamientos que nunca conocí.
>
>Y así no necesitas responder
>ni puedes; pues aunque parecemos
>dos hablantes, tú eres Uno para siempre, y
>yo no un soñador, sino tu sueño.[9]

Y así, tenemos la actividad de la eterna Trinidad atenta alrededor de nuestras frágiles oraciones. Dios el Espíritu está interpretando nuestros balbuceos y lamentos delante del trono celestial. Dios el Hijo está intercediendo por nosotros delante del trono celestial. Y Dios el Padre, que se sienta en el trono celestial, está usando nuestras oraciones para formar un soliloquio perfecto: —Dios hablando con Dios—.

Con tal ayuda divina, ¿no seremos capaces de relajar en nuestra vida nuestros puños cerrados ? ¿No seremos capaces de ceder ante el Centro Divino? ¿No seremos capaces de confiar que Él nos guíe a una comunión más plena y rica? ¿No seremos capaces de venir a la Oración de Descanso?

Tres prácticas clásicas

Hay tres prácticas bien establecidas, diseñadas para guiarnos a

---

9. Lewis, *Letters to Malcolm* [*Cartas a Malcolm*], pp. 67-68.

la oración de descanso. La primera es la soledad. En la oración formativa hemos considerado cómo ella nos cambia; aquí vemos cómo nos simplifica. Cuando nos aislamos nos abstenemos voluntariamente por un tiempo, de nuestros patrones normales de actividad e interacción con los demás, a fin de descubrir que nuestras fuerzas y bienestar sólo provienen de Dios. «Soledad», escribe Louis Bouyer, «sirve para quebrar y echar fuera la cubierta de nuestras seguridades superficiales».[10]

En la experiencia de soledad con suavidad entramos en el Lugar Santísimo, donde somos examinados en la quietud. Con dolor, dejamos ir las falsas imágenes de nuestro ser que tenían bajo control todo y a todos. Despacio, perdemos nuestro control de todos aquellos proyectos que para nosotros parecen tan significativos. Suavemente, nos llegamos a concentrar y simplificar más. Y con gozo, somos alimentados por el maná celestial.

¿Has notado cuántas veces Jesús experimentó la soledad? Las constantes palabras: «Levantándose muy de mañana, siendo aún muy oscuro, salió y se fue a un lugar desierto, y allí oraba» (Marcos 1.35). Jesús necesitó con frecuencia de soledad y retiro para hacer su obra. Aunque de algún modo nosotros pensamos que podemos hacerlo sin lo que Él pensó que era esencial.

Hesychia es la palabra en griego para «descanso» y hesychasm se refiere a la espiritualidad de los padres y madres del desierto. Henri Nowen observa: «La oración de los hesychasts es una oración de descanso».[11] Descubrieron *hesychia*, el perfecto descanso del cuerpo y el alma, en la soledad del desierto.

Pocos de nosotros podríamos —o estaríamos dispuestos— seguir a los padres y madres del desierto en un sentido literal.

---

10. Louis Bouyer, *The Spirituality of the New Testament and the Fathers* [La espiritualidad del Nuevo Testamento y los padres], vol. 1 de *A History of Christian Spirituality* [Una Historia de la espiritualidad cristiana] Seabury, New York, 1982, p. 313.
11. Henri Nouwen, *The Way of the Heart: Desert Spirituality and Contemporary Ministry* [El camino del corazón: desierto de espiritualidad y ministerios comtemporáneos], Seabury, New York, 1981, p. 70.

Tenemos familia, trabajo y responsabilidades sociales. Pero podemos experimentar la soledad. Este año, por ejemplo, estoy entusiasmado con un espléndido experimento nuevo. Con la idea de darle una expresión práctica a mi experiencia de soledad, he proyectado en mi calendario cuatro retiros privados, de acuerdo a las estaciones del año: invierno, primavera, verano y otoño. Son retiros breves de 24 a 48 horas, dependiendo de las exigencias de mi tiempo, pero esto me mantiene en un sencillo programa de entrenamiento en soledad. Conozco a un grupo que toma un retiro de 8 horas una vez al mes. Es gente ocupada —ejecutivos, secretarias y amas de casa—, pero se han dado cuenta que un sábado al mes hace una gran diferencia, tanto en el aspecto espiritual, como en todos los sentidos.[12] Estoy seguro que usted también encontrará alguna forma creativa de entrar en la soledad del corazón.

Una segunda práctica muy usada es el *silencio*, o la quietud, la cual los antiguos escritores llaman «actividad de criatura». Esto significa no tanto el silencio de palabras como el silencio de nuestro aprehensivo y manipulador control sobre la gente y las situaciones. Significa permanecer firmes contra nuestros deseos de codependencia por controlar a todos y determinar todo.

Esta agitada actividad detiene la obra de Dios en nosotros. En *silencio*, por lo tanto, detenemos todo movimiento que no está arraigado en Dios. Nos ponemos quietos, tranquilos, sin movernos hasta que al final estamos centrados. Nos despojamos del exceso de equipaje y de todo lo no esencial hasta que llegamos a la absoluta realidad del Reino de Dios. Dejamos ir todas las distracciones hasta que somos conducidos hasta el corazón. Permitimos que Dios reorganice nuestras prioridades y elimine toda la espuma innecesaria.

El silencio de toda actividad criaturil nos capacita para

---

12. El grupo se llama «Encuentros enriquecedores con Cristo». Los miembros se turnan para planear las actividades del retiro del día. Regularmente tienen varias oras de silencio, seguidas por oración e interacción del grupo. Para más ideas en la práctica de la soledad, véase capítulo 7 de Foster, *Alabanza a la disciplina*.

escuchar a Dios. Francois Fénelon escribe: «Debemos silenciar a toda criatura, silenciarnos a nosotros mismos, para escuchar en el profundo silencio de la totalidad del alma la inefable voz del esposo. Debemos acercar nuestro oído, porque es una voz suave y delicada, escuchada sólo por aquellos que no escuchan nada más».[13]

Una vez intentaba resolver un viejo problema en la universidad en la que había enseñado por muchos años. Reuní a los líderes principales en una comida, suponiendo que cara a cara la discusión habría de establecer el asunto rápidamente. A medida que pasaban las horas, vi cómo cada uno se aferraba más a su respectiva posición. La reunión terminó sin solución en puerta y regresé a mi oficina descorazonado. «Dios», me quejé, «no estamos más cerca de solucionar este problema de los que estábamos antes. Esto va a tomar meses de reuniones y negociaciones, y no hay garantía de que podamos lograr una exitosa conclusión en el futuro».

Luego vino la divina palabra: «En primer lugar, yo no te pedí que resolvieras ese problema. Relájate. Cuando sea el tiempo oportuno, las cosas cambiarán». Así que, relajé mis frenéticos esfuerzos y al hacerlo aprendí un poco más sobre el *silencio*.[14]

La tercera forma a la que nos movemos en la oración de descanso es la que llamamos «recuerdo». Recuerdo significa enfocar. Significa tranquilidad de mente, corazón y espíritu.

Estudiaremos el recuerdo más de cerca cuando lleguemos a la oración contemplativa. Por ahora será suficiente con unas breves palabras. ¿Qué podemos hacer? Podemos en oración cultivar una vida de reflexión. Podemos luchar con dudas existenciales: quiénes somos, cuál es el propósito de nuestro ser. Podemos tomar un retiro personal sólo para considerar el rumbo de nuestra vida. De esto se trata el recuerdo.

---

13. Francois Fénelon, *Christian Perfection* [Perfección cristiana], Dimension Books, Minneapolis, 1975, pp. 155-56.
14. Ocho años más tarde, después de un estudio de nueve meses, el asunto se resolvió.

Ahuecar ligeramente las manos

Jean Vanier, el fundador de las comunidades L'Arche para retrasados mentales, explica con frecuencia con una sencilla ilustración su método a quienes viven en L'Arche. Ahueca sus manos ligeramente y dice: «Supongamos que tengo un pájaro herido en mis manos. ¿Qué pasaría si cierro mis manos por completo?» La respuesta es inmediata: «Pero, ¿por qué, el pájaro sería aplastado y moriría?» «Bueno, ¿qué sucedería si abro mis manos por completo?» «No, entonces el pájaro se escaparía, caería y moriría». Vanier sonríe y dice: «El lugar perfecto es justo mis manos ahuecadas, ni totalmente abiertas, ni totalmente cerradas. Es el espacio donde se puede dar lugar al crecimiento».[15]

Para nosotros, también, las manos de Dios están ligeramente ahuecadas. Tenemos suficiente libertad para estirarnos y crecer, pero también protección de modo que no nos hacemos daño... y podemos ser sanados. Esta es la oración de descanso.

◆

Bendito Señor, no sirvo para descansar en el hueco de tu mano. Nada en la experiencia de mi vida me ha enseñando este descanso. He sido enseñado a cómo hacerme cargo de las cosas. He sido enseñado a tener control de ellas. ¿Pero cómo descansar? No, no tengo modelos, no tengo paradigmas para descansar.

Eso no es precisamente correcto. Jesús, cuando tú caminaste entre el gentío de Jerusalén y en las colinas de Judea, tú inauguraste esta

---

15. Henri Nouwen, *Lifesigns: Intimacy, Fecundity, and Ecstasy in Christian Perspective* [Signos vitales: intimidad, fecundidad y éxtasis en perspectiva cristiana], Doubleday, Garden City, NY, 1986, p. 71.

forma de vida. Tú siempre estuviste alerta y despierto. Viviste profundamente atento a la voluntad del Padre. Se pusieron sobre ti múltiples demandas, y aun así tú trabajaste en tranquila paz y poder.

Ayúdame a caminar en tus pasos. Enséñame a ver sólo lo que tú ves, a decir sólo lo que tú dices, a hacer sólo lo que tú haces.

Ayúdame, Señor, a trabajar descansando y a orar descansando. Te pido esto en tu bondadoso y gran nombre.

—Amén.

10

Oración sacramental

El verdadero sacramento es la personalidad santa.
—P.T. Forsyth.

La oración sacramental es oración encarnada. Dios, en su gran sabiduría, ha elegido libremente mostrarnos su vida a través de realidades visibles. Este es un gran misterio. Dios, quien es puro Espíritu, completamente libre de todas las limitaciones creadas, se rebaja hasta nuestra debilidad y se nos revela a sí mismo a través de lo físico y lo visible. El Hijo eterno se hizo niño en un pesebre. El pan y la copa están investidos de poder sacramental. Nos inclinamos ante todas estas maravillas.

A través de los siglos una desafortunada y, en mi opinión, completamente innecesaria división se ha levantado entre los cristianos. Por un lado están aquellos que enfatizan la liturgia, el sacramento y la oración escrita. Por el otro, quienes resaltan la intimidad e informalidad y la oración espontánea. Y cada grupo ve al otro con piadosa condescendencia.

Aquí es donde necesitamos la santa conjunción «y». No es necesario que se nos obligue a elegir una por encima de la otra. Ambas son inspiradas por el mismo Espíritu. Podemos ser elevados en santa reverencia por la riqueza y profundidad de una bien llevada liturgia. También podemos ser movidos a una maravillosa exaltación a través de la calidez e intimidad de una adoración espontánea. Nuestra espiritualidad puede dar cabida a ambas.

Todavía hoy, después de tantos años, recuerdo bien mi experimento con el «cristianismo secular», una popular noción de ese tiempo que había sido inspirada por los escritos desde la prisión de Dietrich Bonhoeffer. He aquí mi experimento: Busqué vivir en continua comunión con Dios por tres meses sin ningún tipo de «apoyo» externo: no Biblia, no liturgia, no Eucaristía, no predicación, no culto, no horarios establecidos de oración, nada. Dios fue bondadoso conmigo durante esos noventa días, pero a la larga lo más importante que aprendí fue cuán penosamente necesitaba esos «apoyos» para mantenerme forzado hacia el Centro Divino. Descubrí que los patrones regulares de devoción forman una especie de estructura de esqueleto sobre la cual podemos poner los músculos y el tejido de la incesante oración. Sin esta estructura externa, el centro de mi corazón, deseoso de Dios, sencillamente no puede permanecer unido. Estos patrones regulares comúnmente llamados rituales son, a decir verdad, medios de gracia ordenados por Dios.

Un Libro repleto de ritos

Lo que todavía no sabía en la época en que hice mi pequeño experimento (me imagino que ya lo sabes) es que la Biblia está llena de rituales, liturgias y ceremonias de todo tipo. Estoy seguro que es innecesario hacerte un recuento de todos los detalles de las leyes ceremoniales del tabernáculo y el sacerdocio levita y los rituales del templo.

Los salmos, por supuesto, son ricos en ritos sacramentales y liturgias del templo. Puesto que fueron usados frecuentemente en el contexto de culto, los títulos de numerosos salmos —esas frases que para nosotros hoy son tan difíciles de entender— son en realidad instrucciones para los músicos del templo. El «aleluya» en el Salterio es una aclamación litúrgica que significa: «¡Alabad a Dios!» Un gran número de salmos son oraciones para el uso de la comunidad que adora.

Es seguro que Jesús participó en la vida litúrgica de su

pueblo en su temprana edad. Fue a la sinagoga en sábado «como era su costumbre», dice Lucas 4.16. No hay duda que Jesús practicó las dos disciplinas de todo judío fiel: recitar la *Shema* dos veces al día y observar las tres horas de oración, en la mañana, la tarde y a la puesta del sol. La *Shema*: «Oye, Israel: Jehová nuestro Dios, Jehová, uno es» (Deuteronomio 6.4) era (y es) una confesión de fe. A cada hora de la oración se cantaba un himno, el *Tephilla*. Consistía de un número de bendiciones: dieciocho para el final del siglo primero de nuestra era.

Las epístolas en el Nuevo Testamento contienen varios de estos himnos primitivos y declaraciones confesionales que fueron sin duda usadas en los vibrantes cultos de la prístina comunidad cristiana. Casi podemos escuchar su voz de alabanza: «Al Rey de los siglos, inmortal, invisible, al único y sabio Dios, sea honor y gloria por los siglos de los siglos. Amén» (1 Timoteo 1.17). O el testimonio confesional que tenían de Cristo: «Dios fue manifestado en carne, justificado en el Espíritu, visto de los ángeles, predicado a los gentiles, creído en el mundo, recibido arriba en gloria» (1 Timoteo 3.16b).

Es fácil también detectar la gozosa espontaneidad de esta comunidad llena de fe. «Hablando entre vosotros con salmos, con himnos y cánticos espirituales, cantando y alabando al Señor en vuestros corazones; dando siempre gracias por todo al Dios y Padre, en el nombre de nuestro Señor Jesucristo» (Efesios 5.19-20). Como dije anteriormente, he aquí un lugar donde es completamente posible decir «ambos/y» en lugar de «cualquiera/o».

La libertad de la oración litúrgica

Mientras que no todas las formas de oración sacramental son litúrgicas, todas las liturgias son, correctamente concebidas, sacramentales. Déjenme describirles algunas de las libertades de esta forma de oración más estructurada.

Primero, la oración litúrgica nos ayuda a articular los deseos del corazón que claman por expresarse. A veces nos es difícil encontrar las palabras para decir lo que sentimos. En otras ocasiones no sentimos el orar, y las palabras de la liturgia «echan a andar el motor», como decimos. Quién, por ejemplo, puede mejorar las palabras inspiradas por el Espíritu de la confesión general de *El libro de oración común*:

> Hemos errado y nos hemos apartado de tus caminos como ovejas perdidas, hemos seguido demasiado los designios y deseos de nuestros corazones, hemos transgredido las santas leyes, hemos dejado de hacer las cosas que debíamos hacer y hecho cosas que no debíamos haber hecho. Pero tú, oh Señor, ten piedad de nosotros, absuelve a quienes son penitentes, de acuerdo a tus promesas declaradas a la humanidad en Cristo Jesús nuestro Señor; y danos, oh misericordioso Padre, por tu causa, que de aquí en adelante vivamos una vida piadosa, recta y sobria, para la gloria de tu santo Nombre.[1]

En segundo lugar, la oración litúrgica nos ayuda a unirnos con la «comunión de los santos». La empresa a la que nos hemos metido es más grande que nosotros. Mientras que muchos diferimos sobre la oración *dirigida a* los santos, todos estamos de acuerdo respecto a la oración *con* los santos. Piensa en esto: Estamos ofrendando ante el trono de gracia las mismas palabras que han sido oradas por los seguidores del Camino por muchas generaciones. Qué emoción unirse a la oración de los santos a través de las edades, con nuestro «propio y pequeño trino» como lo dice C.S. Lewis.[2]

Tercero, las oraciones litúrgicas nos ayudan a estar apartados de la tentación de ser espectaculares y de lucirnos. No es indispensable alguna persona carismática. Las palabras ingeniosas y complicadas son inútiles. No son necesarias las ideas

---

1. *The Book of Common Prayer and Administration of the Sacraments and Other Rites and Ceremonies of the Church, together with The Psalter and Psalms of David: According to the use of The Episcopal Church* [El libro de oración común y administración de los sacramentos y otros ritos y ceremonias de la iglesia, junto con el Salterio y Salmos de David: de acuerdo al uso de la Iglesia Episcopal], Seabury, New York, 1979, pp. 320-321.
2. Lewis, *Letters to Malcolm* [Cartas a Malcolm], p. 16

brillantes. Basta que oremos con las palabras de siempre. Paulatinamente nos enfocamos más en Dios y menos en los líderes individuales.

Cuarto, la oración litúrgica nos ayuda a resistir la tentación de la religión privada. Es tan humano que nuestras pequeñas preocupaciones sean la carga total de nuestra oración. No está mal orar por nuestra propia necesidad, pero no debe ser el fin de nuestra labor de oración. A través de la liturgia somos llevados constantemente a la vida de la comunidad en su totalidad; somos constantemente confrontados con la sana doctrina; somos forzados constantemente a escuchar el susurro del pobre y ver el tumulto de las naciones.

Quinto, la oración litúrgica nos ayuda a evitar la familiaridad que da lugar al desprecio. La intimidad de la oración debe ser siempre equilibrada por la infinita distancia de las criaturas hacia el Creador. En la Biblia es común para quienes se encuentran con Dios caer de cara al piso como si estuvieran muertos. La formalidad y solemnidad de la liturgia nos ayuda a reconocer que estamos ante la presencia de una verdadera Realeza.

Preocupaciones comprensibles

Es posible que esta manera de enfocar la oración cree inquietud en sus mentes. Eso es perfectamente comprensible. En una u otra forma he tenido (y todavía tengo) todas las preocupaciones que con frecuencia se expresan respecto a la oración sacramental.

Una de estas tiene que ver con la oración y la liturgia. Quizás haya dicho o escuchado decir cosas como estas: «Sólo están siguiendo los movimientos de quien dirige. Todo es pura repetición. Realmente no están pensando en lo que oran».

La observación es en principio precisa, pero lejos de ser una desventaja, la veo en realidad como un acierto. Uno de los grandes valores de la oración litúrgica se encuentra precisamente en nuestro no tener qué pensar. Si cuando escribo, estoy muy preocupado en todo momento por las comas y los infinitivos, no puedo escribir, sólo aprendo a escribir. Es lo mismo con la oración. Cuando recito las palabras de la oración matutina: «Oh Dios, ven a ayudarme. Señor, apresúrate a ayudarme», no me preocupo en cómo expreso mi necesidad. Al contrario, soy libre para entrar en lo profundo de mi necesidad así como a la realidad de los recursos de Dios que son más profundos todavía.

Otra preocupación se centra en la relevancia. Las palabras de la liturgia son arcaicas. La letanía parece antigua y fuera de contexto en el mundo moderno.

De nuevo, la supuesta desventaja es en gran parte un acierto. Mucho más que no pedir con relevancia es simplemente una tentación del diablo que se necesita vencer. Las liturgias pretenden conservar lo mejor de la devoción cristiana y al hacerlo con frecuencia nos salvan de seguir la última moda. Cambian, por supuesto, con la modificación del lenguaje, pero espero que no demasiado rápido. Por una sencilla razón: rara vez en la vida de la iglesia encontramos suficiente habilidad literaria para producir algo aunque sea cercano, por decir, al *Libro de Oración Común*. Además, como C.S. Lewis recalca: «El encargo a Pedro fue alimenta mis ovejas; no prueba experimentos con mis ratas».[3]

Otra preocupación se centra en si las formas litúrgicas de la oración son la «vana repetición» que Jesús criticó tan severamente (Mateo 6.7). Es una preocupación válida. Con tristeza, me he dado cuenta que esto es exactamente lo que sucede con frecuencia. Nuestro deleite en las finezas literarias puede con facilidad caer en fetichismo. La belleza y precisión del servicio de adoración puede sustituir los fervientes anhelos por Dios.

Eso, por supuesto, no significa que lo «burdo» y lo «espiritual» sean necesariamente inseparables, pero debe mantenernos bien alertas y claros sobre la idolatría de la sofisticación. Con facilidad podemos usar «vanas repeticiones», como la Biblia dice, sin el más ligero movimiento en favor de la «justicia, paz y gozo en el Espíritu Santo» (Mateo 6.7; Romanos 14.17).

Mencionaré una última preocupación. Es el miedo de que haremos a Jesús «prisionero del tabernáculo», como solían decir los antiguos pietistas. De nuevo, quiero decir que esta

---

3. *Ibid.*, p. 5.

preocupación es aceptable. Qué fácil olvidamos el significado de la enseñanza de Jesús de que «Dios es Espíritu; y los que le adoran en espíritu y en verdad es necesario que adoren» (Juan 4.24). Qué fácil caemos en la dicotomía sagrado/secular. Qué fácilmente creemos que podemos contener los movimientos del Espíritu, que siempre sopla de donde quiere.

Sin embargo, para tomar con seriedad esta preocupación no debemos abstenernos de reconocer las avenidas especiales de la gracia de Dios en nuestras vidas y corazones. La confesión de que el mundo es sacramental no niega el hecho de que Dios ordenó sacramentos particulares para impartir su misericordia.

Dios es un Dios de sentido, dice Jonathan Edwards. Edwards estaba en lo cierto, y parte de nuestro crecimiento espiritual viene con el entendimiento y la apertura a estos «medios de gracia».[4] Esta es la labor hacia la cual enfocaremos ahora nuestra atención.

Canción nueva al estilo antiguo

Los Salmos siempre han sido, a la misma vez, tanto el himnario como el libro de oración de la iglesia. La palabra Salterio se refería originalmente a un instrumento musical. El título hebreo de los Salmos significa también himnos. El Salmo 72.20 describe a todos los salmos anteriores como «las oraciones de David». Las comunidades monásticas que se reúnen cinco veces al día para orar cantan el Salterio, igual que las congregaciones litúrgicas que se congregan para las vísperas.

No todos los salmos son himnos u oraciones, pero designarlos así se justifica, pues sirven para glorificar a Dios (propósito de los himnos) y para guiarnos en la voluntad y caminos de Dios (propósito de la oración). Por llevar juntos cantos y oraciones, los Salmos han hecho algo en realidad significativo. Al nivel de música puramente humano, son uno de los medios

---

4. Hay mucha discrepancia sobre estos puntos, para nuestro caso he decidido usar «medios de gracia». Nuestra preocupación es ver las formas en que la vida de oración mejora por la gracia de Dios que nos llega a través de su mundo creado.

más poderosos porque apelan a la emoción, y a la voluntad, a la imaginación y a la razón. Cuando unimos la música a la oración, logramos una combinación poderosa. El cantar añade vivacidad, efervescencia y alegría a nuestras oraciones. Seguramente conocen el viejo refrán que dice: «El que canta, ora doble». Al considerar otros libros de oración Martín Lutero remarca: «Ah, no tiene el jugo, la fuerza, la pasión y el fuego que he encontrado en el Salterio».[5]

Podemos estar contentos por los muchos esfuerzos que se han hecho hoy en día para poner música a varios de los salmos, y algunos de ellos con muy buenos resultados. Deseo que continúen los esfuerzos. Esperamos tener uno de estos días todo el Salterio con música, como fue una realidad en el pasado, o por lo menos una selección de los salmos que abarque cada uno de los temas que están en el Salterio: la creación, la Ley, la historia sagrada, el Mesías, la Iglesia, vida, sufrimiento, culpa, enemigos, el fin.[6] Es una de las mejores formas que tenemos para orar el consejo de Dios, desde el lamento hasta la celebración.

Una pequeña sugerencia para cuando canten algunos salmos, canten en actitud de oración, es decir, llenos de oración. Permitan que las palabras los sobrecojan, los asienten, los llenen. Eso no es difícil de lograr, pues la estructura de muchos de los salmos está hecha con ese fin. El *Selah*, que con frecuencia aparece a la mitad de algunos salmos es la señal que anuncia un interludio para meditación. Si están escribiendo la música para alguno de los salmos, sería bueno que incluyeran un interludio ahí para que la gente pueda reflexionar brevemente en lo que están cantando. Martín Lutero dice que el *Selah* es el llamado para el «alma quieta y descansada, que puede comprender y poseer eso que el Espíritu Santo presenta y ofrece ahí».[7] También nos ayuda la estructura de paralelismos

---

5. Según se cita en Dietrich Bonhoeffer, *The Psalms: The Prayer Book of the Bible* [Los Salmos: el libro de oración de la Biblia], traducción de James H. Burtness, Augsburg, Minneapolis, 1974, p. 25.
6. *Ibid.* Véase clasificación de Bonhoeffer, p. 27.
7. *Ibid.* Según se cita en la p. 23.

de la poesía hebrea —repite la misma idea en diferentes palabras— lo cual nos invita a cantar reflexivamente. Por la simple repetición vamos profundizando más y más en el centro de la oración.

Para quienes no están acostumbrados a las oraciones escritas, el Salterio es la mejor forma de iniciarse en ellas. Si nos proponemos memorizar varios pasajes, irán a lo profundo de nuestro corazón y así darán forma y contenido a nuestras propias expresiones espontáneas de oración. En las comunidades cristianas primitivas no era raro memorizar «por completo a David». San Jerónimo dijo que en sus días uno podía escuchar con frecuencia salmos que eran cantados en los campos y plazas. Esperemos que llegue el día en que también nosotros podamos «cantar al Señor un cántico nuevo» al estilo antiguo (Salmo 96.1).

La oración más completa

En el corazón de toda oración cristiana está la celebración de la Eucaristía o Santa Comunión. Casi todos los aspectos de la oración se pueden abarcar en el banquete de eucaristía: examen, arrepentimiento, petición, perdón, contemplación, gratitud, celebración y más. En su mayoría representan perfectamente el punto central de la oración en la que somos partícipes activos en todos los sentidos, pero la gracia que recibimos es toda de Dios. Todos nuestros sentidos se ponen en acción. Escuchamos las palabras de la institución: «Este es mi cuerpo... Esta es mi sangre». En concreto, la oración de eucaristía es la oración más completa que jamás podrá alguien hacer desde este lado de la eternidad.

Los cristianos de corazón sincero han diferido por siglos sobre cómo es que la vida de Cristo es impartida en las nuestras a través de la cena de Comunión. Se han usado palabras complicadas para marcar diferencias importantes: transubstanciación, consubstanciación, memorial y cosas semejantes. Creo que estos temas son importantes y tengo mis propias convicciones, pero sería ingenuo pensar en que aquí podría dar alguna luz sobre este complejo tema. Hombres y mujeres de intelectos superiores al mío han explorado estos asuntos en complicados volúmenes. Además, no tengo el deseo de perturbar las convicciones de nadie, independientemente de la tradición por la cual esa persona ha sido capaz de entrar plenamente en el servicio de Comunión.

Personalmente me inclino por la explicación de San Máximo el Confesor, el teólogo sacramental por excelencia de la era patrística. Él llama al Cuerpo y a la Sangre de Cristo en la Eucaristía «símbolos», «imágenes» y «misterios».[8] Es su forma de decir, «Cristo está verdaderamente presente en medio nuestro, y su vida es verdaderamente impartida, pero el cómo todo esto sucede, es un santo misterio. Es aquí que nuestro análisis nos da lugar para la doxología. Por cierto que en la tradición ortodoxa oriental a la Eucaristía se le designa oficialmente como uno de los «santos misterios». Como C. S. Lewis sabiamente lo dice: «El mandato después de todo fue tomad, comed; no tomad, entended».[9]

También diferimos entre nosotros mismos respecto a la frecuencia y el estilo de la eucaristía. Algunos la celebran a menudo y con sencillez. Jerónimo cuenta de un obispo, cuyo amor por la pobreza lo dejó tan solo con una cesta de mimbre para poner el pan y una sencilla copa de vidrio para servir el vino. A veces la liturgia de la eucaristía es más formal, y hasta espléndida. Todas estas diferencias, sin embargo, son asuntos superficiales, comparados con las cosas que en realidad tenemos en común. La comunidad cristiana describe con fervor y a una sola voz el significado de la cena de eucaristía como un «medio visible de una gracia invisible». Dios libremente ha elegido usar los elementos más comunes de la comida judía

---

8. Según se cita en Alexander Schemann, *For the Life of the World: Sacraments and Orthodoxy* [Por la vida del mundo: Sacramentos y ortodoxia], St. Vladimir's Seminary Press, Crestwood, NY, 1988, p. 139. San Máximo no usa la palabra «símbolo» *(symbola)* en oposición a «real». Esta distinción se hizo en los siglos pasados. Cuando él dice «símbolo», quiere expresar que el pan y el vino «encarnan» la realidad.
9. Lewis, *Letters to Malcolm* [Cartas a Malcolm], p. 104.

—pan y vino— y de algún modo impartirnos a través de ellos su vida. Esto, al unísono, es lo que confesamos con alegría.

En la oración de eucaristía se nos recuerda constantemente que la pasión es el corazón del evangelio. Esto nos obliga a regresar siempre al Gran Sacrificio. El cuerpo partido de Jesús. Su sangre vertida. Así es como vivimos. Así es como nos fortalecemos. Así es como nos llenamos de su poder. En la oración de eucaristía todos venimos a la mesa en un mismo nivel: el sabio y el entendido no tienen ventaja sobre el iletrado y el inmaduro. Todos venimos con las manos abiertas, orando la oración de los pequeños, la oración de recibir.

En la oración de eucaristía nuestros sentimientos son irrelevantes. ¡Qué liberación! No tenemos que adoptar ninguna emoción piadosa a fin de poder tomar parte en ella. Ahora sé que esto es verdad para todas las otras formas de oración, pero es más fácil de creerlo aquí. Vengo a la mesa «tal como soy, sin ningún pretexto, sólo porque Su sangre fue derramada por mí». Tú, también. No importa cómo nos sintamos respecto a nosotros mismos, o respecto a lo que hemos hecho delante de Dios. Venimos con las manos vacías así como con las manos abiertas. Lo que sucede es pura cuestión de gracia.

En este punto quiero decir algo para quien quizá tenga problemas con las enseñanzas de Pablo en 1 Corintios acerca de que quienes participan en la Cena traen «juicio», o como dice en antiguas versiones, «condenación» sobre sí mismos (1 Corintios 11.20-30). Tal vez esto te ha asustado, especialmente si no te sientes digno de recibir en primer lugar las bondades, la gracia y la generosidad de Dios. A lo mejor estés preocupado por algo que has hecho, o por algunas cosas que has dicho, o por pensamientos que te desacreditan para tomar parte en la mesa del Señor. Y si participas, temes que traerá condenación sobre ti.

Si has tenido temores con tales pensamientos, quiero asegurarte que Pablo está lidiando con otro tipo de problemas. Está preocupado por aquellos que reciben la Cena sin interés, sin seriedad. En aquellos que comen y beben «indignamente», que no tienen idea ni les importa la santa seriedad de lo que están haciendo.

Como podrás ver, eso es justamente lo opuesto de tu situación. Has tomado el asunto con toda seriedad y estás preocupado. Créeme, Dios te recibe tal como eres. No tienes que hacerte mejor, o incrementar tu cuota de buenas acciones, o arrepentirte de manera más adecuada, o cualquier otra cosa. No dudes porque te sientes indigno; ¡esta Comida es expresamente para los indignos! ¡Vengan! ¡Coman! ¡Beban! «Así, pues, todas las veces que comiereis este pan, y bebiereis esta copa, la muerte del Señor anunciáis hasta que Él venga» (1 Corintios 11.26).

El sacramento de la Palabra

Martín Lutero dice que la Iglesia se encuentra en dondequiera «la Palabra de Dios es predicada en su verdad y pureza y los sacramentos son administrados de acuerdo a la Palabra e institución de Cristo».[10] El sacramento de la Cena es el evangelio que entra por la puerta de los ojos. El sacramento de la Palabra es el evangelio que entra por la puerta de los oídos. P.T. Forsyth escribió: «En el sacramento de la Palabra los ministros son en sí mismos los elementos vivientes en las manos de Cristo: quebrantados y derramados en alma, hasta la muerte misma; a fin de no sólo testificar de Cristo, o simbolizarlo, sino que por el sacramento mismo de la personalidad, llegar en verdad a transmitir al crucificado y resucitado».[11]

Espero que entiendas que cuando hablo del sacramento de la Palabra, me refiero a algo más que a la predicación, aunque en verdad la incluye. La Palabra significa muchas cosas a la vez: la voz viviente y hablante de Dios; Jesús, el Logos divino; las Escrituras, la Palabra de Dios escrita; y el hablar delante de la verdad de Dios de los seres humanos bajo el poder e inspiración del Espíritu.

10. *Dr. Martin Luther's Small Catechism with Explanation* [Pequeño catecismo con explicaciones del Dr. Martín Lutero], Augusta Book Concern, Rock Island, IL, 1957, p. 56
11. P.T. Forsyth, *The Church and the Sacraments* [La iglesia y los sacramentos], Independent, London 1947, p. 141.

También espero que sepas que quienes imparten el sacramento de la Palabra no sólo son los oficiales reconocidos y clérigos propiamente ordenados, si bien están ciertamente incluidos. Jesucristo, como la cabeza de la Iglesia, eligió y capacitó a quienes traen la Palabra de vida. Por extraño que suene, Dios puede usarlo, Dios puede usarme para hablar su Palabra, la cual no habrá de regresar vacía, sino que cumplirá el propósito para el cual fue enviada.

Por lo tanto, igualmente espero que reconozcas que el sacramento de la Palabra ocurre en muchos otros lugares y circunstancias, además de los servicios designados de adoración, si bien es cierto que debe ocurrir ahí. He visto cómo se habla la Palabra y el poder desciende en las esquinas de las calles, en los cuartos de hospitales y en las oficinas de los negocios. Esa es la vida de Dios fluyendo hacia la gente, y Dios se vale de cualquier medio que Él elija para manifestar su gloria. Podemos estar hablando por teléfono con alguien y expresar palabras ungidas que «hablan verdad con poder», como solía decir el antiguo escritor. Este es el sacramento de la Palabra.

Habiendo dicho esto, quiero subrayar la predicación de la Palabra como uno de los medios centrales de gracia, establecido por Dios para nuestras vidas. Sin una predicación y un escuchar saturados de oración, somos una iglesia anémica y los más dignos de conmiseración. E.M. Bounds declara: «El carácter de nuestra oración determinará el carácter de nuestra predicación. La oración ligera dará como resultado una predicación ligera. La oración fortalece la predicación, le da su unción y la hace duradera».[12]

En esta afirmación Bounds usa una palabra antigua que describe lo que necesitamos hoy en día desesperadamente: *unción*. La unción es el misterio del ungimiento espiritual que viene sobre la predicación y la distingue de cualquier otro tipo de comunicación. Es más que formalidad; es más que fervor; es más que habilidades retóricas. Unción es lo divino en la predicación. Es lo que da el punto a la predicación, lo que la

---

12. E. M. Bounds, *Power Through Prayer* [El poder a través de la oración], Zondervan, Grand Rapids, MI, 1979, p. 27.

afina y llena de poder. La impregna de la verdad revelada con toda la energía de Dios. Es lo que sostiene, conforta, penetra, confronta y da vida a los huesos secos.

Una vez estaba en un servicio de adoración que jamás olvidaré. Estaba conmigo un amigo no familiarizado con las cosas cristianas. Llegamos a la hora exacta, a las 10:30 a.m., pero el culto parecía ya haber comenzado. Cuando atravesamos las puertas del santuario, —una bodega remodelada—, ambos —lo comentamos más tarde— fuimos físicamente estremecidos por el poder espiritual y una energía en medio de la comunidad adorante. Literalmente tomamos aliento y dimos un paso atrás.

El pastor habló con gentileza, compasión, autenticidad y fuerza. No había elocuencia —el buen hombre jamás pensó en tal cosa—, pero había algo mucho más allá: una piadosa disposición. Nos dimos cuenta de que estaba hablando la viva verdad. Parecía como si entre la boca del predicador y los oídos de los oyentes, la Palabra estuviera animada con un poder y vida poco usuales. La unción de Dios descansaba en él con tal gracia y misericordia que nuestros corazones fueron suavizados y movidos a la obediencia. La unción que estaba sobre él daba la sensación de una consagración celestial. El simple aire parecía vibrar y un santo silencio cayó sobre todos. Para nosotros, ese momento de predicación disipó toda duda respecto a la actividad de Dios en los asuntos de los seres humanos.

Tal gracia no viene automáticamente: «Oración, mucha oración, es el precio de la unción de la predicación; oración, mucha oración, es la única, la sola condición para retener la unción. Sin oración constante la unción nunca llega al predicador. Sin la perseverancia en la oración, la unción, así como el maná que se escondía, es alimento de los gusanos».[13]

¿De qué manera podemos ayudar tú y yo? Con oración constante por los predicadores, por supuesto. Pero hay algo aún más vital: el santo escuchar. Conforme el predicador se acerque hacia el púlpito, deliberadamente adoptemos un espíritu de disponibilidad para aprender. Cuando el sacramento de

---

13. *Ibid.*, p. 70.

la Palabra esté siendo administrado, en nuestro interior estemos de rodillas, en actitud de recibir. Estemos siempre atentos por el *Kol Yahweh*, la voz del Señor. Escuchemos con la mente, y escuchemos con el corazón. Estemos en todo momento examinando nuestra vidas y pronunciando oraciones de aprobación y atención.

«Sí, pero usted no sabe la clase de predicaciones que tengo que soportar semana tras semana», estarás tal vez pensando. «¡No la siento tan sacramental que digamos!» Estoy bien consciente del problema: predicadores que predican ortodoxia muerta, predicadores que prostituyen el oficio divino por la exaltación personal, predicadores que trafican en la última moda intelectual y cultural. Sé también que muchos sermones han sido poco meditados, se han preparado mal y se han predicado con torpeza. También estoy al tanto de las múltiples presiones que impiden a los pastores fieles la adecuada preparación para la tarea de la predicación.

Aún así les digo que debemos aprender el santo escuchar. Estamos escuchando, siempre atentos, por el Divino Susurro en medio del tumulto humano, porque, como P.T. Forsyth observa, el «sacramento de la Palabra es lo que da valor a todos los demás sacramentos».[14]

Oración corporal

No tengo un espíritu: Soy espíritu. De igual modo, no tengo un cuerpo: Soy el cuerpo. Es lo mismo para ti. No obstante, con frecuencia oramos como si fuéramos espíritus descarnados. Ya es tiempo de que restauremos nuestro entendimiento sobre una encarnación cristiana del cuerpo. La gracia de Dios fluye a través de nuestros cuerpos. Adoramos a Dios con nuestros cuerpos. Oramos con nuestros cuerpos.

La Biblia está llena de lo que podríamos llamar oraciones corporales: Moisés ora con los brazos levantados mientras que los israelitas luchan contra los amalecitas; Elías ora para que le

---

14. Forsyth, *The Church and the Sacraments* [La iglesia y los sacramentos], p. 141.

fuera devuelta la vida al niño sunamita a la vez que estaba recostado sobre él; David danza ante el Señor mientras que el Arca era llevada a la santa ciudad; Jesús impone sus manos sobre multitudes; Juan cae postrado ante el Cristo glorificado cuando estaba en Patmos. La lista podría extenderse en forma interminable.

La postura de oración más frecuente en la Biblia es la completa postración con los brazos extendidos. La segunda postura más común es con las manos levantadas y las palmas hacia arriba.[15] La postura a la cual estamos más acostumbrados —las manos unidas y los ojos cerrados— no se encuentra en ninguna parte de la Escritura. Esto no significa que las dos primeras posturas sean apropiadas y la tercera no, pero debe liberarnos para usar cualquier expresión corporal que *sea* apropiada para la experiencia de oración a la cual estamos entrando.

Permítanme ofrecer algunas sugerencias. Si somos movidos a confesión y arrepentimiento, quizás queramos estar postrados, con la cara al piso, en contrición y el corazón afligido. Si somos movidos a la amante adoración al Señor, especial y sobrecogedora, tal vez deseemos arrodillarnos con las manos ligeramente levantadas, las palmas hacia arriba, en silenciosa gratitud y admiración. Si somos movidos a la adoración y alabanza activa, a lo mejor queramos estar de pie con las manos levantadas, las palmas hacia afuera, en canto y suplica. Finalmente, si somos movidos a bendecir al Hacedor de los cielos y la tierra, es posible que nuestro deseo sea estar de pie y con los brazos extendidos delante de Él, las palmas hacia arriba, para repetir las palabras del salmista: «Bendice, alma mía, a Jehová, y bendiga todo mi ser su santo nombre» (Salmo 103.1).

La danza sacra es otra forma de oración corporal que está siendo utilizada nuevamente en la celebración cristiana. Una de las mejores cosas en este renovado énfasis es la mezcla de

---

15. Véase Barry Liesch, *People in the Presence of God* [La gente en la presencia de Dios], Zondervan, Grand Rapids, MI, 1988, p. 168.

ORACIÓN SACRAMENTAL

las formas litúrgicas con expresiones carismáticas de alabanza, adoración y profecía. Para mí esto es un deleite.

Durante mil años los cristianos tuvieron una danza llamada *tripudium* que acompañaba a muchos de sus himnos. Conforme los participantes del culto cantaban, entrelazaban sus brazos y daban tres pasos hacia adelante, uno hacia atrás, tres hacia adelante, uno para atrás. Al hacerlo proclamaban en realidad una teología con sus pies. Declaraban la victoria de Cristo en un mundo malo, una victoria que avanza, sin retrocesos.

La danza sacra puede hacerse como parte del culto y la oración privada o en un ambiente comunitario. Al igual que el salmista, adoramos al Señor con laúd y arpa, con pandero y danza, con cuerdas y flautas. ¡Celebramos las bondades de nuestro Dios con todo nuestro ser!

Te digo todas estas cosas sólo como sugerencias. Dios te guiará y me guiará a las formas de oración corporal que sean más necesarias para nosotros y que traigan la mayor honra para Él.

Una vida total de oración tiene infinita variedad. Venimos ante Dios en litúrgica dignidad y carismático júbilo. Ambas son parte vital de una experiencia completa de oración.

◆

Padre nuestro que estás en los cielos,
 santificado sea tu nombre.
Venga tu reino.
 Hágase tu voluntad,
como en el cielo, así también en la tierra.
 El pan nuestro de cada día, dánoslo hoy.
Y perdónanos nuestras deudas,
 como también nosotros perdonamos a
 nuestros deudores.
Y no nos metas en tentación,
 mas líbranos del mal;
porque tuyo es el reino, y el poder, y la
 gloria, por todos los siglos.
—*Amén.*

11

Oración incesante

Cuando el Espíritu ha venido a habitar en alguien, esa persona no puede parar de orar; pues el Espíritu ora sin cesar dentro de ella. No importa si está despierta o dormida, la oración está activa siempre en su corazón. Puede ser que esté comiendo o bebiendo, o a lo mejor esté descansando o trabajando: el incienso de la oración ascenderá espontáneamente desde su corazón. El más leve movimiento de su corazón es como una voz que canta en silencio y en secreto para el Invisible.

—Isaac el sirio

Quiero contarte de una forma maravillosa de vivir siempre en la presencia de Dios. No puedo testificar que yo haya entrado por completo en esta vida de perpetua comunión con el Padre, pero he visto lo suficiente como para saber que es lo mejor, lo más excelente y el camino más pleno para vivir.

Gente común y sencilla a través de las edades nos ha dicho que es posible. El hermano Lawrence explica simplemente: «No hay otra forma de vida en el mundo más placentera y más llena de deleites que la continua conversación con Dios». San Juan de las Laderas nos advierte: «Dejen que el recuerdo de Jesús se combine con su respiración». Juliana de Noruega dice con franqueza: «La oración une nuestra alma a Dios». Kallistos, un escritor espiritual bizantino, enseña: «La oración incesante consiste en la incesante invocación del nombre de Dios». Se dice de San Francisco: «Más que parecer un hombre orando, parecía la oración misma hecha hombre». Y Frank Laubach reporta: «Oh, este asunto de mantenerse en constante contacto con Dios, de hacerlo el objeto de mis pensamientos y el compañero de mis conversaciones, es la cosa más maravillosa que jamás me haya sucedido».[1]

Quizá esto te suene imposible, y aun indeseable. Con frecuencia expreso este sentimiento. La vida es lo suficientemente complicada tal y como está. ¿Por qué entonces añadir otro deber religioso a un horario que está ya por demás comprometido? Además, suena increíblemente difícil. Nadie puede pensar en Dios todo el día. ¿Y quién, además, querría hacerlo?

Si te identificas en alguna forma con este sentimiento, quiero animarte. Dios no espera que te sumerjas inmediatamente en el océano de la constante comunión y que nades de un continente al otro. Nos movemos en este camino a través de un proceso de práctica en la vida que es a la vez comprensible y práctico. Y, mientras que esta «práctica de la presencia de Dios» es dinámica, todo lo demás deja de serlo. Nos volvemos más concentrados, más centrados y más sinópticos. Nos damos cuenta más y más que pasamos por tensiones y presiones de las actividades diarias con mayor facilidad y serenidad que nos sorprende... en especial a nosotros.

---

1. Las citas proceden de las siguientes fuentes: Brother Lawrence, *The Practice of the Presence of God* [La práctica de la presencia de Dios], Judson, s.f., Philadelphia, p. 60; *Writings from the Writings from the Philokalia on Prayer of the Heart* [Escritos de la philokalia en oración del corazón], traducción de E. Kadloubovsky y G. E. H. Palmer, Faber y Faber, London, 1975, p. 85; Juliana de Noruega, *Showings*, [Muestras], traduc. de Edmund Colledge y James Walsh Paulist, New York, 1978, p. 253; *On the Prayer of Jesus: From the Ascetic Essays of Bishop Ignatius Brianchaninov* [En la oración de Jesús: de los ensayos acéticos del obispo Ignacio Brianchaninov], traduc. del Padre Lazarus, John M. Watkins, London, 1965, p. 60; Gloria Hutchinson, *Six Ways to Pray* [Seis formas de oración], p. 10; Frank C. Laubach, *Letters by a Modern Mystic* [Cartas de un místico moderno], New Readers Press, Syracuse, NY, 1979, p. 23.

Además, la comunión firme y verdadera es, en cierta manera, más fácil que nuestra forma normal de orar. Es más difícil orar inconsistentemente que consistentemente, lo mismo que es más difícil jugar un buen partido de tenis cuando practicamos sólo de vez en cuando. ¿Verdaderamente creemos que podemos experimentar la integración de nuestro corazón, mente y espíritu con una vida de oración errática? ¿De verdad creen que podríamos, como Moisés, «hablar cara a cara» con Dios como si fuera un amigo con nuestras oraciones impredecibles? No, la intimidad se desarrolla por la asociación regular. También desarrollamos naturalidad. ¿Por qué naturalidad? Porque estamos formando hábitos fijos de justicia. A su tiempo estos «santos hábitos» habrán de hacer su trabajo de integración de modo tal que la oración llegue a ser algo fácil, natural y espontáneo: lo difícil después será dejar de orar.

Comunión inquebrantable

Los escritores bíblicos no se quedan callados respecto a la posibilidad de la oración incesante. «Orad sin cesar», nos manda el apóstol Pablo (1 Tesalonicenses 5.17). A los Romanos les dice: «Gozosos en la esperanza; sufridos en la tribulación; constantes en la oración» (Romanos 12.12). A los Efesios: «Orando en todo tiempo con toda oración y súplica en el Espíritu» (Efesios 6.18). A los Colosenses: «Perseverad en la oración, velando en ella con acción de gracias» (Colosenses 4.2). Y a los Filipenses: «Por nada estéis afanosos, sino sean conocidas vuestras peticiones delante de Dios en toda oración y ruego, con acción de gracias» (Filipenses 4.6).

El autor de los Hebreos nos insta para que «ofrezcamos siempre a Dios, por medio de Él, sacrificio de alabanza, es decir, fruto de labios que confiesan su nombre» (Hebreos 13.15). Jesús nos dio su parábola sobre la oración para mostrarnos «la necesidad de orar siempre, y no desmayar» (Lucas 18.1). Él nos mostró con su vida la realidad de la perpetua comunión con el Padre. «No puede el Hijo hacer nada por sí mismo, sino lo que ve hacer al Padre; porque todo lo que el Padre hace, también lo hace el Hijo igualmente» (Juan 5.19);

«No puedo yo hacer nada por mí mismo; según oigo, así juzgo; y mi juicio es justo, porque no busco mi voluntad, sino la voluntad del que me envió, la del Padre» (Juan 5.30); «yo soy en el Padre y el Padre en mí» (Juan 14.11). Cuando Jesús dijo a sus discípulo que permanecieran en Él como las ramas permanecen en la vid, ellos al instante comprendieron lo que Él quería decir, porque ellos habían visto por años la permanencia de Jesús en su Padre (Juan 15.1-11).

La pasión consumidora

Estoy seguro que sientes la necesidad desesperante de la oración incesante en nuestros días. Jadeamos a lo largo de una interminable serie de actividades, con mentes dispersas y corazones palpitantes. Nos sentimos extenuados, apurados, sin aliento. Los pensamientos se disparan por todas partes en nuestras mentes sin sentido ni razón. Rara vez podemos concentrarnos en una sola cosa por largo tiempo. Todo y cualquier cosa interrumpe nuestra capacidad de concentración. Somos gente distraída.

La oración incesante tiene una forma de hablar paz al caos. Por medio de ella comenzamos a experimentar algo de la paciencia cósmica de Dios. Nuestras actividades fracturadas y fragmentadas comienzan a enfocarse en torno a un nuevo centro de referencia. Experimentamos paz, tranquilidad, serenidad y firmeza en nuestra orientación de vida.

Pero eso no viene automáticamente. Debemos quererlo, desearlo con una pasión consumidora. En algunos, escribe William James, «la religión existe no como un torpe hábito, sino como un fervor preciso».[2] ¿No clama cada célula dentro de ti por este estilo de vida? ¿No hay en tu profundo interior un deseo inmenso por su continua presencia? ¿No clamas porque crezca en ti más el amor de Dios, el gozo de Dios, la paz de Dios, el poder de Dios? Estoy seguro que un poquito de oración rociada por aquí y por allá sencillamente no es

---

2. William James, *Varieties of Religious Experience* [Variedades de experiencias religiosas], New American Library, Bergenfield, NY, 1958, p. 24.

suficiente para tu vida. Ah no, tú quieres más, mucho más. Anhelas arder en la llama eterna de la devoción en el altar de la perpetua oración. ¡Si tan solo supiera cómo! ¡Sí, si tan solo supiéramos cómo! Esta es a la tarea hacia la cual volcamos nuestra atención.

Oración de suspiro

A medida que los cristianos, a través de los siglos, han tratado de seguir la sentencia bíblica de «orad sin cesar», han desarrollado dos expresiones fundamentales para la oración incesante. Una es más formal y litúrgica; la otra es más conversacional y espontánea. La primera tiene sus orígenes en la tradición *hesychastic* de la iglesia oriental y es comúnmente llamada oración aspiratoria u oración de suspiro.[3] La idea tiene sus raíces en el salmo en el que una frase repetida nos recuerda el salmo completo, por ejemplo: «Oh Jehová, tú me has examinado y conocido» (Salmo 139.1). Como resultado, el concepto surge de una corta, sencilla oración de petición que puede ser dicha en un solo suspiro, de ahí el nombre de «oración de suspiro». Gregorio de Sinaí dice: «Nuestro amor por Dios debe estar por encima de nuestro aliento».[4]

La oración de suspiro más famosa es la oración a Jesús: «Señor Jesucristo, Hijo de Dios, ten piedad de mí, pecador». Como notarás, esta oración se deriva de la parábola de Jesús sobre la autojustificación, en la que el cobrador de impuestos golpea su pecho y ora: «Dios, sé propicio a mí, pecador» (Lucas 18.13). Con el tiempo llegó a tomar su forma actual, fue usada ampliamente en el siglo sexto y después fue retomada en la Iglesia Oriental en el siglo catorce.

En el siglo diecinueve, según sabemos, un campesino ruso

---

3. La palabra «hesychastic» o «hesychasm» viene del griego *hesychia* que significa tranquilidad o paz. *Hesychasm* es una forma cristiana de vivir la vida espiritual que tiene sus raíces en los primeros ermitaños que se fueron al desierto de Egipto y Siria durante el siglo cuarto. En el siglo catorce hubo un renacimiento del *hesychasm* entre los monjes del Monte Atos, y desde ese tiempo ha sido asociado con la iglesia ortodoxa oriental.
4. *Writings from the Philokalia* [Escritos de la Philokalia], p. 85.

cuenta la conmovedora historia de su búsqueda de la oración incesante en *El camino de un peregrino*.⁵ Una vez que aprende la oración de Jesús, la ora constantemente hasta que pasa de su mente a su corazón y finalmente a todo su cuerpo, llegando a internalizarse de tal manera que estaba presente con él a todas horas, no importando si estuviera despierto o dormido. Este libro en particular ha tenido una influencia sobre los cristianos mucho más allá de las fronteras de la Iglesia Oriental.

Pero la oración de Jesús es sólo un ejemplo. También es posible describir nuestra propia oración de suspiro. Una tarde, hace ya algunos años, estaba afuera trotando, cuando una docena o más de oraciones de suspiro se precipitaron por mis labios. Aquí tienes unas cuantas de esas oraciones que vinieron en tropel aquella tarde de verano: «Oh Señor, bautízame con amor»; «Enséñame la mansedumbre, Padre»; «Jesús, permíteme recibir tu gracia»; «Precioso Maestro, quita mi miedo»; «Revélame mi pecado, oh Santo Espíritu»; «Señor Jesús, ayúdame a sentirme amado».

Nota la brevedad de cada oración, rara vez tiene más de cinco o seis palabras. También nota el sentido de cercanía e intimidad: Dios es abordado en forma cercana y personal. Observa también cómo la persona que ora expresa dependencia, docilidad, confianza, lo opuesto a la autosuficiencia. Ahora nota que todas las oraciones son peticiones. Esta es oración autocentrada, en el sentido que estamos pidiendo algo para que se haga en nosotros o a nosotros. Pero no es oración egocéntrica, porque las peticiones de la oración de suspiro son reflexiones experimentadas en la voluntad y los caminos de Dios.

La oración de suspiro, más que creada, se descubre. Le pedimos a Dios que nos muestre su voluntad, su camino, su verdad para nuestras necesidades presentes.

He aquí una forma en que uno puede descubrir la oración de suspiro por sí mismo. Aparta un tiempo sin interrupciones y un lugar tranquilo, y siéntate en silencio, unido a la presencia

---

5. Véase Helen Bacovein, *The Way of a Pilgrim* [El camino de un peregrino], Doubleday/Image, New York, 1979.

amorosa de Dios. Después de algunos momentos deja que Dios te llame por tu nombre: «Cristina», «Natán», «Joel», «Juan», «Carolina», «Ricardo», «Lidia», «Gloria». Luego, permite que surja esta pregunta: «¿Qué quieres?» Contesta a esta pregunta sencilla y directamente. Quizá sea una sola palabra la que venga a tu mente consciente: «paz», «fe», «fortaleza». O quizá sea una frase: «entender tu verdad», «sentir tu amor». A continuación, conecta esta frase a la expresión con la que comúnmente te diriges a Dios de manera natural: «Bendito Salvador», «Abba», «Emmanuel», «Santo Padre», «Amante Señor». Finalmente, quizás quieras escribir tu oración de suspiro, de modo tal que puedas decirla cómodamente en un solo suspiro.

Durante los próximos días permite que Dios pula suavemente tu oración de suspiro. Quizá hayas escrito: «Ayúdame a entender tu verdad, Señor». Pero después de uno o dos días de oración, te das cuenta que lo que realmente necesitas no es tanto comprender la verdad de Dios, sino vivir la verdad de Dios. Entonces comienza a orar: «Ayúdame a vivir tu verdad, Señor».[6]

Comienza a orar tu oración de suspiro tan seguido como te sea posible. Permite que Dios la siembre hondo, en las profundidades de tu espíritu. No te apresures o cambies de oraciones demasiado rápido. Hace ocho meses recibí una oración de suspiro y todavía no he recibido indicaciones que el trabajo haya sido terminado. Algunas veces —no siempre, pero algunas veces— llegamos hasta un punto más allá de estas oraciones en donde nos quedamos sin movimiento interno ni externo. Cristo está frente a nosotros, Cristo está detrás de nosotros, Cristo nos rodea y está en nosotros. Este es un punto donde dejamos a un lado nuestra labor y nos dejamos *ser* en Dios.

Hablando sobre la oración de suspiro, Teófanes el Recluso hace notar: «Los pensamientos continúan empujándote en tu

---

6. Para mayor información sobre la oración de suspiro véase Ron DelBene con Herb Montgomery, *The Breath of Life: Discovering Your Breath Prayer* [El aliento de vida: descubriendo tu oración de suspiro] Wiston, Minneapolis, 1981. Estoy en deuda con estos autores por algunas de las aplicaciones prácticas contemporáneas de *hesychasm*.

corazón como mosquitos. Para que cese este golpeteo, debes atar tu mente a un pensamiento, o al pensamiento de Uno solamente. Una sugerencia para esto es una breve oración, que ayuda a la mente a unificarse y hacerse sencilla».[7]

La práctica de la presencia de Dios

La segunda expresión más importante de la oración incesante está asociada con practicantes de la oración tales como el hermano Lawrence: *La práctica de la presencia de Dios*; Tomás Kelly: *Testamento de Devoción*; y Francisco Laubach: *Cartas de un místico moderno*. Su enfoque profundamente sencillo es la expectación gozosa de la presencia de Dios en las actividades diarias con suaves oraciones de alabanza y adoración fluyendo de continuo de nuestros corazones. El hermano Lawrence, que se llama a sí mismo «el señor de todas las ollas y sartenes», cristaliza esta idea en su ahora famoso comentario «para mí no hay ninguna diferencia entre el tiempo de trabajar y el tiempo de orar; y en el ruido y estruendo de mi cocina, mientras que muchas personas están a la vez pidiendo diferentes cosas, yo poseo a Dios en una tranquilidad tan grande como si estuviera de rodillas ante el bendito sacramento».[8]

Lawrence nos exhorta para que «hagamos de nuestro corazón una capilla privada donde podamos retirarnos de vez en cuando a comunicarnos con Él, pacífica, humilde y amorosamente». Nos anima a que la última cosa que hagamos por la tarde sea una oración interna, y de igual modo sea lo primero que hagamos por la mañana, y al hacerlo así, descubriremos que «aquellos que han recibido el soplo del Espíritu Santo van siempre hacia adelante, aun cuando estén durmiendo».[9]

---

[7]. Timothy Ware, ed., *The Art of Prayer: An Orthodox Anthology* [El arte de la oración: una antología ortodoxa], comp. Igumen Chariton de Valamo, trad. E. Kadloubovsky y E. M. Palmer, Faber y Faber, London, 1966, p. 97.
[8]. Brother Lawrence, *The Practice of the Presence of God* [La práctica de la presencia de Dios], Revell, Old Tappan, NJ, 1958, p. 9.
[9]. *Ibid.*, Doubleday/Image edn, 1977, pp. 65, 57.

En los últimos años de su corta vida, el filósofo Tomás Kelly nos cuenta que «el pozo de agua viva de la revelación divina emerge continuamente, día tras día y hora tras hora, firme y transfigurado». Escribe:

> Hay una forma de ordenar nuestra vida mental en más de un nivel a la misma vez. En un nivel podemos estar pensando, discutiendo, viendo, calculando, cumpliendo todas las demandas de las cuestiones externas. Pero en nuestro interior, tras los escenarios, en un nivel más profundo, podemos también estar en oración y adoración, en canto y alabanza y en suave receptividad al aliento divino.[10]

Las numerosas anotaciones de Francisco Laubach en su diario, están irradiadas por la Shekinah de Dios: «Esta tarde la posesión de Dios me tomó con tal gozo que pensé que nunca había experimentado nada igual. Dios estaba tan cerca de mí y tan maravillosamente amoroso que sentí como si me derritiera por todas partes con una extraña y completa alegría».

En 1930, en la pequeña isla Mindanao de las Filipinas, escribe:

> Este sentido de cooperación con Dios en las pequeñas cosas es lo que me asombra, porque nunca sentí algo igual antes... Lo que me corresponde es vivir esta hora en continua conversación interior con Dios y en perfecta apertura a su voluntad. A fin de hacer esta hora gloriosamente rica. Parece ser que esto es todo lo que necesito pensar.

Años más tarde, en otro continente, le encontramos orando: «Dios, este intento de mantener mi *voluntad* atada a tu voluntad me está integrando. En esta estación de Calcuta, siento un nuevo poder como el que hacía muchos años no había tenido».[11]

---

10. Kelly, *Testament* [Testamento], pp. 31, 35.
11. Laubach, *Letters by a Modern Mystic*, [Cartas de un místico moderno],

No sé que hacer para comunicarles el sentido de inmediatez, de aventura, de ruptura que está en estos diarios y cartas no sólo de estos tres, sino de muchos pioneros en la vida espiritual. Esta gente estuvo viva a una realidad que la mayoría de nosotros pierde. Sus escritos bailan con la emoción del descubrimiento. Tomás Kelly escribe: «La vida desde el centro es una vida de una paz y poder sin prisas. Es sencilla. Es serena. Es asombrosa. Es triunfante. Es radiante. No toma tiempo, pero ocupa todo nuestro tiempo. Y hace nuestro programa de vida nuevo y superior».[12]

Pero, ¿puede *alguien* vivir de esta manera? ¿Puedo *yo* vivir de esta manera? «¡Imposible!» decimos. Pero espera, quizás es más posible de lo que al principio imaginamos. A decir verdad, esta vida de inquebrantable compañerismo no viene en forma automática ni es fácil de lograr. Esto no debe sorprendernos; lo que tiene valor siempre exige un esfuerzo. El hermano Lawrence admite que transcurrieron diez años antes de que pudiera entrar plenamente a la práctica de la presencia de Dios. Laubach nos declara:

> La tarea a la cual me has llamado es dura de cumplir como escalar el monte Everest, pero tú puedes cumplirla si mantengo mi voluntad en sintonía con tu voluntad... Esa es *mi* tarea, conectar ni voluntad a la corriente de poder, y dejar que tú te muevas en mí eternamente.[13]

Arduo, sí, pero no imposible; y todo lo demás de igual modo a medida que entendamos que el proceso involucra un paso cada vez.

---

pp. 20,12; Laubach, *Learning the Vocabulary of God* [Aprendiendo el vocabulario de Dios], p. 8.
12. Kelly, *Testament* [Testamento], p. 124.
13. Lawrence, *The Practice of the Presence of God* [La práctica de la presencia de Dios], Doubleday edn, p. 67; Laubach, *Learning de Vocabulary of God* [Aprendiendo el vocabulario de Dios], pp. 8-9.

Pasos en la oración incesante

No saltamos a las estratosféricas alturas de la comunión constante en un solo intento. Lo logramos después de un período de tiempo en contados y prácticos pasos.

El primer paso es la ardua disciplina. Esto permite adquirir habilidad en cualquier cosa. El consumado pianista, que hoy mueve ágilmente sus manos de un lado a otro en el teclado, alguna vez tuvo que agonizar sobre las simples escalas. Esto también es cierto para nosotros.

De manera que comenzamos de forma simple, visible y hasta artificial. Las maestras de escuela pueden usar el repique de la campana para recordarles elevar sus oraciones de suspiro a los brazos del Padre. Aquellos, cuyo color favorito es el púrpura, recuerdan la continua y amante presencia de Dios cada vez que ven ese color. Los cirujanos pueden ser impulsados a orar cada vez que se limpian preparándose para una operación. El cajero de un banco puede orar cada vez que alguien viene a la ventanilla. Podemos poner etiquetas autoadhesivas en la puerta del refrigerador, en el espejo del baño y en el televisor. Lavar las vasijas, hacer las camas, esperar en la línea del supermercado son actividades que pueden llamar a la oración. Trotar, nadar y caminar pueden también recordárnosla.

La idea es sorprendentemente sencilla. Francisco Laubach la llamó *Juego con los minutos* y también nosotros podemos adoptarla como un juego fascinante. ¿Cuántos minutos de este día podemos convertirlos en santa comunión?

El segundo paso de esta tarea es movernos hacia el subconsciente. Decimos nuestras oraciones, y no nos percatamos de haberlas dicho. Vivos y ardientes deseos de asombro y adoración parecieran estar siempre en el entorno y debajo de todas las cosas: un poco como la tonadita que de pronto nos damos cuenta hemos estado tarareando todo el día. Las oraciones interiores burbujean por salir en los momentos menos previstos: en medio del tráfico, en la ducha, en medio del gentío en el centro comercial. Comenzamos a soñar nuestra oración.

A estas alturas comenzaremos a notar cambios en nuestro

comportamiento: Dejamos de estar tensos en el tráfico. Soportamos con más facilidad las pequeñas frustraciones de la casa y la oficina. Somos capaces de escuchar a otros sin inquietarnos de principio a fin. Nos percatamos más de los niños.

El tercer paso sucede cuando la oración se mueve hacia el interior del corazón. En realidad nos movemos mentalmente al interior del corazón. Los sentimientos y la razón actúan más en concierto. Nuestro trabajo de oración se vuelve más y más delicado, más y más amoroso, más y más espontáneo. Se siente menos como una tarea y más como un deleite.

Ahora comenzamos a pensar con amor. Nuestras decisiones en forma paulatina se impregnan de amante racionalidad. Nos volvemos, por ejemplo, más sensitivos al dolor y a los sufrimientos de otros. Entramos a un cuarto y rápidamente nos damos cuenta quien está triste o solo, o luchando con una profunda e inexpresiva pena. En casos como este somos capaces de acercarnos a su lado y sentarnos en silencio, para dar apoyo, comprensión y sanidad, sabiendo que: «Un abismo llama a otro» (Salmo 42.7).

El cuarto paso llega cuando la oración impregna toda la personalidad. Viene a ser como nuestro aliento o nuestra sangre que se mueven a través del cuerpo entero. La oración desarrolla un ritmo profundo en nuestro interior.

Según me cuentan, porque ahora hablo fuera de mi propia experiencia. Pero mis fuentes son confiables. Los santos han testificado a través de todas las edades de esta realidad que con frecuencia llaman «unión divina». Madame Guyon declara que todas nuestras oraciones y todas nuestras meditaciones son «mera preparación» para esta empresa más profunda: «*No son el fin.* Son un *camino* hacia el fin. El *fin* es la unión con Dios».[14]

Este último paso es un poco demasiado grande para mí en este momento. Tal vez también lo sea para ti. Dice mucho más respecto a la pobreza de nuestra experiencia espiritual de estos días que acerca de la realidad de este paso. En cualquier caso, trataremos viendo más sobre este asunto en un capítulo posterior.

---

14. Guyon, *Experiencing the Depths* [Experimentando las profundidades], pp. 125-26.

Dos problemas

Antes de terminar este capítulo, quiero comentar sobre un problema teórico y otro práctico. El asunto teórico analiza el hecho de si la oración incesante está o no comprendida en la vana repetición, condenada por Jesús. Este asunto lo consideramos en un capítulo anterior. Aquí estamos bastante lejos de ese peligro. Jesús lideaba con la práctica de los fariseos que hacían exhibición pública de su piedad al recitar sus oraciones en los mercados. Era una repetición no sólo vana sino llena de vanidad. Pero la oración incesante es oración secreta, oración privada. Nadie sabe que estamos comprometidos en ella... excepto quizá porque se den cuenta que estamos más felices y satisfechos que de costumbre.

La repetición en sí misma no está mal. Jesús la recomienda en sus parábolas sobre la importunidad. Y Él mismo ora así de ese modo en el Jardín. Abraham oró de esta manera cuando negoció con sus visitantes sobrenaturales, Pablo oró de igual modo cuando buscaba que su «aguijón en la carne» le fuera quitado. No es la repetición en sí misma sino la repetición que ve la oración como un encantamiento mágico. Ese es el problema. La noción de que basta que digamos la combinación de palabras correcta, en la secuencia adecuada, y con eso ganamos a Dios para nuestra causa, es la repetición que la Biblia rechaza.

El segundo problema es de naturaleza más práctica. Todo lo que he dicho en este capítulo está bien y es bueno cuando nos sentimos espirituales y queremos seguir a Dios. Pero qué de esos momentos en que nos sentimos decididamente no espirituales, cuando, por ejemplo, tenemos una confrontación con los niños o un desacuerdo con nuestra pareja.

Francamente, además de la oración de desesperación que tratamos en el capítulo primero («¡Oh Dios, ayúdame!»), me he dado cuenta de que no puedo orar en esos momentos. Por eso, en lugar de engañarme a mí mismo piadosamente pretendiendo tener una comunión constante, lo que hago en tales situaciones es pedir a Dios que me dé un descanso. Él es bondadoso como siempre y comprende nuestra flaqueza. En su momento podemos regresar e intentarlo de nuevo. La pregunta no es qué si fallamos una y otra vez: eso es un hecho; la pregunta es si con el tiempo desarrollaremos un hábito aprendido de divino compañerismo.

Dios espera por nosotros en el santuario interior del alma. Él nos acoge allí, donde podemos experimentar en las palabras de Madame Guyon una «constante permanencia interior».[15] Y este es el gozo: los resultados siempre exceden al trabajo realizado.

◆

«Oh Señor, mi Señor, cuán excelente es tu nombre en toda la tierra» Las Pléyades y el Orión cantan tu alabanza. Los gorriones y avecillas imitan tu canción. Toda la creación parece en armonía contigo, el Gran Arquitecto. Todos, eso es, excepto yo. ¿Por qué? ¿Por qué es que quiero cantar mi propia melodía? Ciertamente soy una criatura obstinada. Perdóname.

Deseo estar en armonía contigo más plenamente y más a menudo. Deseo un compañerismo que sea constante y que me alimente. Por favor, nutre este deseo mío que parece tan pequeño y provisional en este momento. Que pueda algún día llegar a ser como ese árbol que está «plantado junto a corrientes de aguas, que da su fruto en su tiempo, y su hoja no cae; y todo lo que hace, prosperará».

Por Jesús te lo pido.

—*Amén.*

---

15. *Ibid.*, pp. 110-11.

12

Oración del corazón

El corazón habla al corazón
—Juan Enrique Newman

La oración del corazón es la oración de intimidad. Es la oración de amor y ternura de un niño a su Padre Dios.[1] Así como la gallina, que reúne a sus polluelos bajo sus alas, nosotros, a través de la oración del corazón, dejamos que Dios nos acerque hacia Él para cargarnos, mimarnos y amarnos (Lucas 13.34).

«Quiero calentar sus corazones»

Recostado en la cama, bajo las cobijas, en espera de que llegue el amanecer, pienso en lo que ha sucedido en los últimos días. Recién concluí una misión de predicación que resultó bastante bien: la gente fue bondadosa y receptiva y el Espíritu descansó

---

1. A la oración del corazón se le llama a menudo «oración abba». Sé que hay muchas personas que encuentran el lenguaje abba doloroso porque han sido de manera indecible heridos por sus propios padres humanos. Me duelo por quienes han sido heridos por estas terribles experiencias destructivas, y oro, aun en este preciso instante que escribo estas palabras, para que puedan conocer la gracia y la salud. Por lo mismo, también, esto nos ayudará a recordar que nuestro modelo de cómo se supone que debe ser un padre humano lo debemos recibir a través de la forma en que es Dios; no al contrario.

sobre nosotros en forma delicada. Sólo me queda una tarea más, predicar este domingo por la mañana en una iglesia de la localidad, y después me iría camino a casa.

«¿Qué es lo que tienes, Señor, para esta congregación en esta mañana? ¿Hay algo especial que quieras hacer o decir?», pregunté. Aunque usualmente preparo mis sermones con bastante anticipación, con frecuencia oro de esta forma, porque a menudo hay suaves palmadas que parecen proveer justo el enfoque perfecto para las necesidades individuales. Esta mañana en particular la guía fue bastante específica: «Diles que quiero calentar sus corazones».

«¿Calentar sus corazones? ¿Qué significa eso?», pensé para mis adentros. Me levanté y apunté una cuantas ideas que se vincularan con el mensaje que planeaba predicar, pero en realidad no tenía ni una pista de cómo Dios habría de calentar nuestros corazones. Con el paso de los años, sin embargo, he aprendido que no necesito saberlo todo.

Me reuní con el coro antes del servicio y les pasé esta información de la mejor manera que pude. Un murmullo de santa anticipación comenzó a moverse a través del grupo mientras orábamos por la experiencia del culto que habríamos de tener.

El servicio marchó bien, y cuando terminé la predicación les comenté de manera sencilla que, según podía discernir, Dios quería calentar los corazones de varios de los que estábamos en ese lugar, y que deberíamos esperar para que Él nos tocara. Esperamos algunos momentos con una gratificante respuesta, como la de una docena de individuos que se levantaron para hablar de la forma particular en que Dios estaba derritiendo la frialdad y suavizando la dureza de sus corazones. Después pedí que se pusieran en pie quienes sentían el deseo de seguir una vida más profunda de discipulado en Jesucristo. Quizá la mitad de la congregación se puso de pie, y dirigí una extensa oración de compromiso —interrumpida con momentos de silencio— mientras continuamos esperando que Dios calentara nuestros corazones. El tiempo que pasamos fue de mucha respuesta y aliento. El proceso continuó después del servicio. Se suponía que iba a hablar a un grupo de adultos, pero en lugar de eso, todo el tiempo que siguió lo pasamos orando por quienes querían que sus corazones fueran calentados en distintas formas: uno que necesitaba sanidad física porque tenía un problema del corazón, otro que necesitaba sanidad emocional por una relación que había terminado, y así otros tantos. Aun hasta el tiempo de la comida que seguía fue bendecido con discernimiento en los corazones heridos y oré silenciosamente para que la sanidad continuara.

En la tarde me reuní con el pastor de la iglesia, un joven, enérgico y creciente líder en su denominación. (En la mañana estuve algo irritado porque tenía que tomar un vuelo nocturno para volver a casa, pero ahora entendía la razón, porque teníamos tiempo suficiente para estar juntos en quietud y sin interrupciones circunstanciales.) Conforme él me hablaba, comenzó a profundizar cada vez más en lo recóndito de su corazón. Podía ver que lo que este pastor estaba experimentando era un clásico ejemplo de «la oscura noche del alma». Lo escuché quizá como por una hora, movido por lo que este exitoso pastor estaba atravesando.

Sabía que era un momento santo, pero ¿qué debía hacer? Finalmente, me levanté y me puse a su lado izquierdo, coloqué una de mis manos en su espalda y la otra sobre su corazón. Él posó su cabeza en mi pecho y comenzó a llorar quedamente con profundos suspiros. Oré con él como por quince minutos o más, mayormente en silencio, pero intercalando algunas palabras de vez en cuando. Mientras oraba, me percaté poco a poco cuán extremadamente caliente se ponía mi mano en su pecho. Cuando pudimos sentir que el trabajo que Dios quería hacer había sido completado, comenzamos a platicar un poco. Le pregunté si se percató de lo caliente que se había puesto mi mano mientras orábamos. «Ah, sí» me dijo. «No podría haber estado más caliente si hubieras frotado tu mano sobre mi piel desnuda». Mientras hablaba, puse mi mano sobre su corazón y de inmediato se puso tibia, casi caliente. Sostuve mi mano en su corazón una vez más mientras hablábamos: nos asombramos porque estaba transpirando.

Pensé en el libro de Ricardo Rolle, *El fuego del amor divino*, *en el que describe tales experiencias inusitadas de intenso calor cerca del corazón que le hicieron alargar la mano para sentir su pecho y asegurarse que literalmente no estaba en llamas.*

De repente me di cuenta de la relación entre lo que nos pasaba y el mensaje recibido esa mañana mientras estaba en cama. (No se me había ocurrido hasta ese preciso momento.) El deseo de Dios por calentar el corazón de su gente era para la congregación con toda seguridad, pero más específicamente para este buen pastor.

Mientras estábamos ahí, Dios estuvo calentando su corazón, y la manifestación física de calor fue una bondadosa indicación de un trabajo mucho más profundo de amor sanador y de misericordia llena de gracia que se llevaba a cabo en su interior. Este fiel siervo de Cristo no había «sentido» la presencia de Dios desde hacía bastante tiempo y, hasta donde podemos decir, Dios le confirmaba con bondad la realidad de que: «No te dejaré ni te desampararé», y le sanaba las profundas heridas de sus primeros años en el ministerio.

Les cuento esto para subrayar el anhelo que Dios nos ha comunicado, de corazón a corazón. Jean-Nicholas Grou dice: «Es al corazón que ora, es a la voz del corazón que Dios escucha y es al corazón que Él responde».[2] Nosotros, como John Wesley hace muchos años, necesitamos tener nuestros corazones «extrañamente calientes».

La piedra de toque

La oración del corazón es oración abba. El gran apóstol Pablo nos dice que «Dios envió a vuestros corazones el Espíritu de su Hijo, el cual clama: ¡Abba, Padre!» (Gálatas 4.6). Es la experiencia abba de Jesús la que forma la piedra de toque para la oración del corazón.

Una de las primeras cosas que nos mueve cuando leemos el evangelio es la profunda, personal e íntima cercanía de Dios Padre que Jesús experimentó y enseñó. Por supuesto, la idea

---

2. Jean-Nicholas Grou, *How to Pray* [Cómo orar], trad. Joseph Dalby, Attic, Greenwood, SC, 1982, p. 18.

de Dios como Padre no es nueva. El salmista declara: «Como el padre se compadece de los hijos, se compadece Jehová de los que le temen» (Salmo 103.13). En Oseas Dios se describe a sí mismo como un Padre que toma a sus pequeños en sus manos, que los guía con «cuerdas humanas» y con «cuerdas de amor», y puso delante de ellos su comida (Oseas 11.1-4).

No estamos dando sólo imágenes de padre. Por medio del profeta Isaías, por ejemplo, Dios usa el lenguaje de una madre: «Como aquel a quien consuela su madre, así os consolaré yo a vosotros» (Isaías 66.13).

No, no son las imágenes paternales de Dios las que nos sorprenden al leer el evangelio; es la invitación a *dirigirnos* a Dios en forma tan personal e íntima lo que resulta completamente nuevo. Los discípulos deben haberse quedado desconcertados por la respuesta a su petición de ser instruidos respecto a la oración, porque Jesús dijo sencillamente, «Cuando oréis, decid: "Padre"» (Lucas 11.2). Para el fiel judío que aún dudaba pronunciar el nombre divino, la intimidad infantil de las palabras de Jesús debe haber sido absolutamente chocante.

Abba e *imma* —papi y mami— son las primeras palabras que un niño judío aprende a decir. Y *abba* es tan personal, un término tan familiar que nunca antes nadie se había atrevido a usarlo para dirigirse al gran Dios del universo: nadie hasta que Jesús lo hizo. El profesor Joachim Jeremias declara: «No hay un solo ejemplo del uso del *abba*... como una forma de dirigirse a Dios en toda la literatura judía».[3]

Es la absoluta intimidad de Jesús con Dios el Padre lo que nos sorprende. A la corta edad de doce años, en el templo de Jerusalén, Jesús explica a sus padres terrenales: «en los negocios de mi Padre me es necesario estar» (Lucas 2.49). Dieciocho años más tarde, cuando comenzó su ministerio público, Jesús sale de las aguas bautismales ante las palabras celestiales «Tú eres mi Hijo amado; en Ti tengo complacencia» (Lucas 3.22b). De nuevo, en el Monte de la Transfiguración, la voz que sale de la nube declara: «Este es mi Hijo amado; a Él oíd» (Marcos

---

3. Joachim Jeremias, *The Prayers of Jesus* [Las oraciones de Jesús], SCM, Philadelphia, 1967, p. 111.

9.7). Jesús experimentó la intimidad con Dios el Padre no sólo en el éxtasis de la transfiguración sino también en la agonía del Getsemaní: «Abba, Padre, todas las cosas son posibles para Ti; aparta de mí esta copa; mas no lo que yo quiero, sino lo que Tú» (Marcos 14.36).

Estos son sólo vistazos por supuesto. Esta realidad de profunda intimidad permea todo lo que Jesús dijo e hizo. Como John Dalrymple observa: «El todo de la vida de Jesús fue una prolongada "experiencia abba"».[4]

Ontológicamente, la relación de Jesús con Dios el Padre es, por supuesto, absolutamente única, pero empíricamente estamos invitados a la misma intimidad con Dios el Padre que Él tuvo mientras vivió en la carne. Estamos invitados a acercarnos al regazo del Padre y recibir su amor, consuelo, sanidad y fortaleza. Podemos reír y podemos llorar, libre y abiertamente. Podemos abrazarnos y encontrar comodidad en sus brazos. Y podemos adorarlo en lo profundo de nuestro espíritu.

Me dieron una serie de conferencias en un prominente seminario. La semana estuvo llena de buenos debates teológicos. En el transcurso Dios revivió en una de las estudiantes su don musical, y le dio un canto: «Canción de cuna del Abba». Me dio una copia escrita a mano. Cuando leí las palabras, mi corazón se aceleró, y de inmediato la llamé por teléfono para decirle que creía que Dios le había dado no sólo un canto sino unas palabras muy especiales para toda la comunidad del seminario. Le pedí que cantara su canción en la capilla al día siguiente, la última sesión de la serie. Aceptó con amabilidad.

El viernes, después de las acostumbradas introducciones, les expliqué mi convicción de que Dios nos tenía una palabras especiales, no de parte mía sino de parte de una de los suyos. Expliqué que esa canción —que había sido compuesta el día anterior— era una oración, pero una oración en sentido con-

---

4. Dalrymple, *Simple Prayer* [Oración sencilla], p. 38. Los estudiosos sugieren que las referencias de Jesús sobre Dios en el hebreo y arameo original son lenguaje abba.

trario. Jesús nos cantaba, y ayudaría mucho que estuvieran en una actitud receptiva.
Mi amiga estudiante vino al micrófono. Su hermosa voz de soprano como de puro cristal nos conmovió a todos dentro del culto. Las palabras que cantó fueron sencillamente sobrecogedoras y por lo mismo eran exactamente lo que esa audiencia sofisticada y altamente preparada necesitaba:

> Dulce niño, niño querido, tú sabes
> que cuido de ti;
> Dulce niño, niño querido, tú sabes
> que estoy aquí;
> Dulce niño, niño querido, tú sabes
> que cierto es;
> Dulce niño, niño querido, te amo a ti.
>
> Acúname, oh Señor,
> Grande y fuerte cuna es.
> Acúname, oh Señor,
> Tus manos mi cuna son, Mmm, Mmm.
>
> Arrúllame con suavidad Jesús,
> Arrúllame con suavidad toda la noche.
> Arrúllame con suavidad, Mmm, Mmm.
> En tus manos puedo fuerte ser.[5]

Estos buenos hombres y mujeres —gente que ha luchado duro y por largo tiempo con los argumentos de Barth y Niebuhr y Pannenberg y Tillich— absorbieron estas sencillas palabras de amor e intimidad como esponjas secas. Un santo silencio cubrió el auditorio, como testimonio de que nuestros corazones habían sido movidos cerca del corazón de Dios. Nos quedamos con esas palabras por algunos momentos y estoy seguro que con el tiempo mis conferencias serán completamente olvida-

---

5. Esta canción está registrada por Carol Lacquement Penick. Para mayor información se le puede escribir a: 107 Shannon Drive, Greenville, SC 29615, USA.

das, pero esta sencilla canción permanecerá porque ese día Jesús nos cantó su canción de cuna.

El Espíritu que ora dentro de nosotros

¿Qué significa esta oración del corazón? Es muy simple, es el Espíritu Santo orando dentro de nosotros. Los antiguos escritores hablaron de tres etapas de la oración: oración de los labios, oración de la mente y oración del corazón.[6] Cualquiera sea nuestra opinión al respecto, estaremos de acuerdo en su acertada evaluación pues cuando nos acercamos a la oración del corazón, entramos a un ámbito donde el Espíritu Santo es el iniciador. Es el Espíritu Santo quien crea la oración, y es el Espíritu Santo quien la sostiene.

En la oración del corazón llegamos al final de nuestra soga. Tratamos de usar palabras, pero estas nos fallan. Luchamos por expresar nuestro corazón y con dolor nos percatamos cuán lejos de la realidad están estas expresiones. Es ahí que el Espíritu Santo intercede «con gemidos indecibles». Recibimos del Espíritu el espíritu de adopción, por el cual clamamos: «¡Abba! ¡Padre!» (Romanos 8.17-26).

En la oración del corazón experimentamos «amistad en reverencia», para usar la frase de Jorge Buttrick.[7] *Somos escoltados por el Espíritu a las profundidades de la intimidad donde llegamos a ser «como una quieta alberca de agua que es capaz de reflejar el sol».*[8]

---

6. Kenneth Swanson, *Uncommon Prayer* [Oración no común], p. 198. Fue Ponticus Evagrius (346-399) quien primero sistematizó este orden. En el oeste John Cassian (360-435) tomó estas tres etapas y las transformó en lo que ahora conocemos como «oración purgativa» (labios), «oración iluminativa» (mente), «oración unitiva» (corazón).
7. Buttrick, *Prayer [Oración]*, p. 264.
8. Swanson, Uncommon Prayer [Oración no común], pp. 211-12.

Expresión común

Las formas en que la oración del corazón puede ser expresada son tan infinitas y variadas como la mente de Dios. No debemos tratar de catalogar o categorizar estos vientos del Espíritu con excesivo cuidado. Aunque a veces es útil mencionar algunas de las formas más comunes en las que el Espíritu se mueve en medio de su pueblo en la oración del corazón.

Tal vez la más común de todas son las impresiones y palabras reveladoras especiales que el Espíritu imparte al individuo. Esto es llamado con frecuencia una *rhema*, vocablo griego que significa «palabra». Cuando Jesús hizo la observación de que no sólo vivíamos de pan sino de toda palabra que sale de la boca de Dios, Él usa la palabra *rhema* (Mateo 4.4). De igual modo, Pablo habló de la palabra de Dios como más cortante que una espada de dos filos, y usó la palabra *rhema* (Efesios 6.17).

Cuando la gente lee la Biblia, con frecuencia experimenta lo especial de una «palabra en la Palabra», en la que un pasaje en particular pareciera aplicarse a una situación individual en una forma nueva. A veces me pregunto si en tales experiencias Dios está trabajando a través del factor creativo del cerebro para traernos a la mente consciente nuevas y maravillosas combinaciones de perspectivas e ideas. En cualquier caso, este «despertar de la Palabra» nos anima al saber que Dios está cerca y profundamente interesado en las circunstancias particulares de nuestra vida.

Con frecuencia también recibimos una *rhema* especial de otra gente, en la que se aplica una revelación divina de Dios a algo en particular de nuestras vidas.

La glosolalia, o el hablar en lenguas, es otra forma de la oración del corazón. Esta experiencia es bastante común y no ha sido confinada al siglo veinte. Casi todas las generaciones y todos los grupos han experimentado este carisma del Espíritu en cierta medida desde él primer siglo hasta el presente.

Hay muchas razones y usos de la glosolalia, pero el más importante de todos es para la liberación de nuestro espíritu en el Espíritu de Dios, de tal modo que el Espíritu ora a través de nosotros. El Espíritu toca al espíritu. Al tiempo que no violentamos nuestras facultades racionales, vamos más allá de lo racional. Entramos a lo celestial por medio de una lengua celestial que condesciende al uso de nuestras débiles, balbucientes lenguas para expresar lo inexpresable.

Mi primer contacto con una «oración en lenguas», como algunos la llaman, fue algo muy común. Fue hace muchos años en una simple cabaña de oración, el «Lugar de reposo» de un centro de retiro. Estaba con un fiel amigo a quien le había pedido que me enseñara más acerca de la oración del corazón. Su principal método era orar, de manera que nos sentamos quietamente —escuchando al Señor—, según me explicó. De pronto me percaté de un suave murmullo de alabanza y adoración que emitía mi amigo: sílabas que no tenían sentido para la mente consciente pero sí perfecto sentido para el espíritu.

Escuché en reverencia. Mi amigo no trató de hacerme orar de esta manera ni nada en especial. A propósito, estoy profundamente agradecido, pues habría evitado cualquier manipulación evidente como si fuera una plaga.

En ese momento no dije nada audible pero algo había sido liberado en mi espíritu esa tarde, y en los días que siguieron el carisma de la glosolalia llegó con naturalidad como una parte común de mi vida en proceso de oración.

Otra expresión de la oración del corazón es lo que a veces se señala como «descanso en el Espíritu». Es la experiencia de ser sobrecogido por el poder del Espíritu en tal forma que el individuo pierde la conciencia momentáneamente. Algunos entran en trance; y otros se quedan tendidos quietamente en la tierra o el piso.

Hasta donde sé, cuando esta experiencia es espontánea (pues hay muchos charlatanes en este ámbito), parece tener siempre resultados beneficiosos. La mayoría reporta una comunión interior penetrante y un incremento de amor santo. Hay quienes experimentan una profunda sanidad interior. Aunque personalmente no he tenido el privilegio de recibir esta gracia, he visto a muchos que sí la han recibido —algunos que se tiran al suelo mientras oro por ellos—. En cada caso parecen estar en perfecta paz, en perfecto descanso. Es como si el Shalom de Dios reposara sobre ellos. Evidentemente, durante estos momentos hay oración interior; de Corazón a corazón, de Espíritu a espíritu.

La «risa Santa» es también otra expresión de la oración del corazón. El gozo del Espíritu parece fluir de dentro de la persona hasta que hay una repentina emergencia hacia la alta, santa, y graciosa risa. A veces se le presenta a un individuo en la oración personal, pero con más frecuencia viene sobre la comunidad reunida. Que es como debiera ser, porque la risa es, después de todo, una experiencia comunal. Para los no iniciados esto puede parecerles como gente que está embriagada, y en realidad lo están: del Espíritu. La experiencia puede ser interrumpida, supongo, pero ¿quién querría hacerlo? El Espíritu está refrescando el alma y sanando el corazón. A menudo, tristezas y aflicciones que han invadido a una persona por largo tiempo son curadas al instante.

La risa santa es de clase diferente a la buena, y antigua risa que nos hace doblarnos sobre nuestros vientres, pero ¡son primas distantes! La risa verdadera, la hilaridad cierta —no la barata que viene a costa de otros— siempre procede de Dios. Nos es dada para nuestra sanidad. Es dada para nuestra alegría. Para nuestra plenitud. No hay nada que temer. Sabemos algo de la fisiología y sicología de la risa ordinaria; la santa dimensión sólo intensifica y profundiza la realidad. Es una gracia que ha de recibirse con gozo y acción de gracias.

Habrá quien se desconcierte con mis ejemplos: *rhema*, glosolalia, descanso en el Espíritu, risa santa y cosas por el estilo. ¿Verdaderamente estas son expresiones de oración? Comúnmente pensamos de la oración como algo que hacemos: algo en lo que somos los iniciadores o al menos las participantes activos. Pareciera que estuviéramos siendo conducidos, más que participando. ¿Cómo podemos llamarle oración si no hacemos nada además de recibir?

Es una buena pregunta, y la contestaré lo mejor que pueda. Antes que todo, recibir no es una mala postura cuando entramos en comunión con el omnipotente Creador del universo. Por cierto, nuestra participación es más pasiva, pero a veces eso es todo lo que podemos hacer. Además, es probable que estemos participando más de lo que creemos. Si una persona descansa en el Espíritu, debe haber alguna profunda e interna comunión que se lleva a cabo de manera más activa y participativa que en ningún otro momento. Yo me imagino que nuestro finito espíritu humano está en completa alerta e interactuando con el infinito Espíritu del universo. Estamos orando, está bien, orando quizá más verdaderamente que nunca antes.

No obstante, no quiero darles la impresión de que la única expresión de oración del corazón está en el ámbito extático, porque no es así. Con frecuencia es un simple calor del espíritu hacia las cosas de Dios. Nos sentimos más enamorados de Dios, más deseosos de su presencia, más dispuestos a aprender sus caminos. Con Dios como nuestro compañero llegamos a estar más preparados para enfrentar las demandas del día: buscamos con ansias reunirnos con otros, anticipamos el trabajo con los socios, deseamos profundamente pasar tiempo con la familia. Estas son las características comunes de la oración del corazón.

La respuesta de amor

En la oración del corazón tenemos trabajo que hacer, aunque se trate de una acción refleja hacia la iniciativa del Espíritu en nuestros corazones. Pero nuestra receptividad es importante y digna de atención.

Si bien voy a ofrecer formas en las que podemos entrar a la oración del corazón, no hablo de métodos o técnicas. Me refiero a alimentar una historia secreta con el Padre. A desarrollar una relación familiar con Jesús. Madame Guyon escribe: «Enseña esta simple experiencia, esta oración del corazón. No enseñes métodos; no enseñes una sofisticada forma de orar. *Enseña la oración del Espíritu de Dios*, no las inventadas por los seres humanos».[9]

La primera forma de llegar a la oración del corazón es por simple amor. El amor es la respuesta del corazón a la arrolla-

---

9. Guyon, *Experiencing the Depths* [Experimentando las profundidades], p. 122.

dora bondad de Dios, por eso dirígete con sencillez y háblale con sinceridad. Quizás estés tan aterrado y tan lleno de amor en su presencia que no te salgan las palabras. ¡Está bien! Es suficiente experimentar lo que Brennan Manning llama «la sabiduría de aceptar ternura».[10]

Es posible que quieras darle un nombre de amor especial a Dios, de modo que puedas repetirlo con quietud una y otra vez, tan seguido como sea necesario para llevarlo ante su presencia de amor. Ese nombre de amor puede ser simplemente «Abba, Padre» o tal vez quieras usar el nombre favorito de Spurgeon para llamar a Dios, tomado del Cantar de los cantares de Salomón: «Mi Amado».

Si tienes pensamientos que te distraen, simplemente regresa al nombre especial de Dios, y la distracción se irá. Si tienes que hacer esto cincuenta veces en una hora, habrás hecho cincuenta hermosos actos de amor hacia Dios.

Habla palabras de amor y compasión al Padre. A lo mejor lo sientas extraño y no natural al principio, porque no estás acostumbrado a amar a Dios. No obstante, con el tiempo te darás cuenta que el lenguaje del amor es perfectamente natural para aquellos que están enamorados.

Quedarse dormido en la oración no es problema. Puedes descansar en la presencia de Dios. Además, estar cerca del corazón de Dios es un buen lugar, un lugar seguro, para dormir. El autor anónimo de *La nube de lo desconocido* dice que agradezcamos a Dios si es que nos quedamos dormidos en la oración sin siquiera darnos cuenta.[11]

«Abba, pertenezco a ti» es una oración corporal de ritmo perfecto. Tiene siete sílabas que pueden ser dichas fácilmente en un solo suspiro. Conforme avance será guiado a otras oraciones similares.

Se nos ha mandado, por supuesto, que amemos a Dios con todo nuestro corazón, alma, mente y fuerzas. Pero tal vez se te

---

10. Véase Brennan Manning, *The Wisdom of Accepted Tenderness: Going Deeper into the Abba Experience* [La sabiduría de la ternura aceptada: profundizando en la experiencia abba], Dimension Books, Denville, NJ, 1978.
11. Según cita Vincent, *The Life of Prayer* [La vida de oración], p. 81.

haga difícil amar a Dios. Cada esfuerzo pareciera dejarte frío y duro de corazón. No estás siendo movido por la gracia y misericordia de Dios. Te estás quedando sin ser tocado por su amor y cuidado. ¿Qué tienes que hacer? Sugiero que comiences por invitar a Dios a que encienda un fuego de amor dentro de ti. Pídele que despierte un dolor en tu corazón. Entonces, cuando estés fuera de su alcance por algún tiempo, ese dolor comenzará de nuevo en ti y te moverá a regresar a su amada presencia.

Pero quizás esta no sea una medicina lo suficiente fuerte para ti. ¿Hay algo más que se pueda hacer? Sí, seguro. Te recomiendo la oración de Juan Donne «sacude mi corazón, trino Dios».[12] Esta es la primera línea de un soneto en el que Donne está describiendo como las bondades y delicadezas de Dios no lograron mover su corazón al arrepentimiento. Él le ruega a Dios que use tácticas de brazo fuerte para atraerlo: «Usa tu fuerza para quebrantarme, pulverizarme, quemarme y hacerme nuevo». Es una oración fuerte, a decir verdad, pero que puede tener sorprendentes resultados.

La lluvia húmeda del Padre

Yo sé que tan solo he tocado la superficie de la oración del corazón. Hay mucho más que se podría decir, mucho más por aprender. Pero también sé que tienes un Maestro mucho mejor que yo, y Él te habrá de llevar a toda verdad. El amor del Padre es como una lluvia repentina que se deja sentir cuando menos la esperamos, y nos mueve de la sorpresa a la alabanza y a lo indecible. Cuando esto suceda, no abras el paraguas para protegerte de la lluvia, al contrario, quédate parado empapándote de la lluvia del Padre.

---

12. *The Complete Poems of John Donne* [Poemas completos de John Donne], ed. Walter Hendricks, Packard, Chicago, 1942, pp. 270-71.

ORACIÓN DEL CORAZÓN

Abba, querido Abba, tú sabes que el idioma del amor no es algo que vaya conmigo. Yo puedo hablar de valor, de fe y de otras tantas cosas con mucha más presteza que del amor. En cierta forma es más fácil dar mi cuerpo para ser quemado, que amar.

¡Oh, vino de mi corazón, intoxícame con tu amor!

En Jesús lo pido.

—Amén.

13

Oración meditativa

La meditación es la lengua del alma y el idioma de nuestro espíritu.

—Jeremy Taylor

¿Alguna vez ha visto rumiar a una vaca? Este modesto animal llena su estómago con pasto y otros alimentos. Después se sienta con tranquilidad y a través de un proceso llamado regurgitación vuelve a masticar lo que ha comido, moviendo suavemente sus mandíbulas. De esta manera es capaz de asimilar lo que previamente ha consumido y que se transformará en rica y cremosa leche.

Igual sucede con la oración meditativa. La verdad que ha sido meditada pasa de la boca a la mente y baja hasta el corazón, donde a través de un silencioso rumiar —regurgitación si lo prefieren— produce en la persona que ora una respuesta llena de amor y de fe.

El monje trotador

Déjenme contarles la historia de Jim Smith, uno de mis antiguos alumnos. Verdaderamente brillante, Jim fue a una prestigiosa escuela de la costa este de Estados Unidos de América para hacer estudios de posgrado. En el segundo año, sin embargo, estuvo luchando por mantener su vida espiritual y decidió tomar un retiro privado.

Llegó a la casa de retiro y fue presentado al hermano que habría de ser el director espiritual durante esa semana. Al instante Jim se decepcionó, pues notó bajo los hábitos del hermano que este usaba zapatos de trotar... ¡unos zapatos de trotar marca Adidas! Jim esperaba a un hombre prudente, de largas barbas, lleno de la sabiduría que dan los años y en su lugar encontró a un ¡monje trotador!

El hermano le dio a Jim sólo una tarea: meditar en la historia de la anunciación en el primer capítulo del Evangelio de Lucas. Eso fue todo. Jim volvió a su cuarto y abrió su Biblia, murmurando para sus adentros: «El relato del nacimiento, he leído esta historia miles de veces». En el primer par de horas partió y desmenuzó el pasaje como lo habría hecho cualquier buen exégeta, sacando varias buenas ideas que servirían para futuros sermones. Pasó el resto del día con las manos entrelazadas, girando los pulgares en silencio.

Al día siguiente, Jim se reunió con el monje para discutir su vida espiritual. Le preguntó a Jim cómo le había ido con el pasaje asignado. Jim comentó sus ideas, esperando que le impresionaran al monje.

Pero no fue así.

—¿Cuál fue tu objetivo al leer el pasaje? —le preguntó.

—¿Mi objetivo? Llegar a una comprensión del significado del texto, supongo.

—¿Algo más?

Jim hizo una pausa.

—No. ¿Qué más puede haber?

—Bueno, hay mucho más que sólo encontrar qué se dice y qué significa. También hay preguntas, como ¿qué te dice el pasaje? ¿Hubo algo que te impactara? Y sobre todo, lo más importante, ¿experimentaste a Dios en tu lectura?

El hermano le asignó a Jim el mismo pasaje por el resto del día, exhortándolo a que leyera con tanta intensidad de su corazón como de su mente. Jim pasó todo el día haciendo lo que su director espiritual le había dicho, pero falló repetidas veces. Al llegar la noche tenía prácticamente memorizado el

pasaje, y este todavía estaba sin vida. Jim sintió que saldría sordo del silencio.
Al día siguiente se volvieron a reunir. Jim desesperado le dijo al hermano que simplemente no había podido hacer lo que se le había asignado. Fue entonces que la sabiduría tras los zapatos de trotar se hizo evidente:
—Estás esforzándote demasiado Jim. Estás tratando de controlar a Dios. Vuelve al pasaje, y esta vez dispónte a recibir lo que Dios tiene para ti. No manipules a Dios; sólo recibe. La comunión con Él no es algo que tú hayas instituido. Es como el sueño. No puedes hacerte dormir, pero puedes crear las condiciones que permitan que el sueño suceda. Todo lo que quiero que hagas es que crees las condiciones: abre tu Biblia, lee lentamente, escúchala y reflexiona en ella.

Jim volvió a su cuarto y comenzó a leer. Nada. Al mediodía gritó al techo: «¡Me doy por vencido! ¡Tú ganas!» No tuvo respuesta. Se tiró sobre el escritorio y comenzó a llorar.

Al poco rato volvió a tomar su Biblia y revisó de nuevo el pasaje. Las palabras eran familiares, pero de algún modo diferentes. Su mente y corazón estaban maleables. Las palabras iniciales de la respuesta de María se hicieron suyas: «Hágase conmigo... hágase *conmigo*». Las palabras sonaban una y otra vez dando vueltas en su cabeza. Después habló Dios. Fue como si de pronto una ventana se hubiese abierto y Dios quisiera hablar de amigo a amigo. Lo que siguió después fue un diálogo acerca de la historia de Lucas, sobre Dios, sobre María y sobre Jim.

El Espíritu llevó a Jim hasta la profundidad de los sentimientos de María, de las dudas de María, de los miedos de María y de la increíble respuesta llena de fe de María. También fue, por supuesto, un peregrinaje a los sentimientos, miedos y dudas de Jim, a medida que el amor sanador y la suave compasión del Espíritu tocaban las quebrantadas memorias de su pasado.

Aunque Jim difícilmente podía creerlo, las palabras del ángel a María parecían ser también para él: «Has hallado gracia delante de Dios». La pregunta de la sorprendida María fue también la pregunta de Jim: «¿Cómo puede ser esto?» Y con todo, así fue, y Jim lloró en los brazos de un Dios de gracia y misericordia.

En el pasaje de la Escritura el ángel informa a María sobre su futuro destino. ¿Qué del futuro de Jim? Hablaron de esto —Dios y Jim— qué debía ser, qué podría ser. Jim tomó una caminata de oración con Dios, observando la puesta del sol y buscando tras los grandes árboles de cedro hacia el oeste. Cuando el sol se había puesto en el horizonte, fue capaz de pronunciar la oración de María como propia: «Hágase conmigo conforme a tu palabra». Jim había perdido el control de su vida, y al mismo tiempo ¡lo había encontrado![1]

Atado a la Escritura

La historia de Jim resalta la forma más fundamental de la meditación cristiana: meditación que está atada a la Escritura y también a los grandes escritos devocionales. En este capítulo centraremos nuestra atención en una aproximación básica de la oración meditativa.[2] La razón de esto es sencilla. Debemos tener primero nuestras mentes disciplinadas y llenas con la

1. Jim ha publlicado esta historia. Para una descripción más amplia véase *Christianity Today*, vol. 35, no. 8, 21 de julio, 1992, pp. 29-31.
2. Para una discusión más completa de las distintas formas de meditación así como de la detallada base bíblica para la meditación, véase el capítulo 2 de *Alabanza a la disciplina*, Editorial Betania, 1986. También mi cuadernillo, *Meditative Prayer* [Oración meditativa], (InterVarsity, Downers Grove, IL, 1983) contiene material adicional. La Biblia no hace ninguna distinción especial entre meditación y contemplación. A través de los siglos, sin embargo, los escritores de devocionales han distinguido con frecuencia las dos de la siguiente manera: mientras que la meditación se enfoca primordialmente en rumiar sobre un pasaje de la Escritura, Dios, su obra, la creación y otros escritos devocionales significativos, la contemplación consiste en descansar en la amante presencia de Dios y no necesariamente está ligada a algún pensamiento o pasaje de la Escritura. En mis escritos, cuando sólo tengo una oportunidad de hablar del asunto, he seguido el patrón bíblico de usar indistintamente la meditación y la contemplación. En este libro, sin embargo, seguiré la división que se ha seguido de las dos a lo largo de los siglos en la Iglesia, aunque es cierto que no quiero hacer mucho énfasis en esta diferencia.

Escritura antes de que podamos, con genuino provecho, entrar en la presencia del Santo en una comunión sin mediaciones. Debemos imitar al fiel descrito en el salmo introductor del Salterio que «en la ley de Jehová esta su delicia, y en su ley medita de día y de noche» (Salmo 1.2). Y a través de la historia todos los maestros devocionales han visto la *meditatio Scripturarum*, la meditación en la Escritura, como el punto de referencia central por medio del cual todas las demás formas de meditación se mantienen en la perspectiva adecuada.

En la oración meditativa la Biblia deja de ser un diccionario de citas y viene a ser en cambio «maravillosas palabras de vida» que nos guían a *la* Palabra de Vida. Difiere aun del estudio de la Escritura. Mientras que el estudio de la Escritura se centra en la exégesis, la meditación en la Escritura se centra en la internalización y personalización del pasaje. La Palabra escrita viene a ser palabra viva dirigida a nosotros. Este es un momento no para el estudio técnico o de análisis, ni para reunir material para comentar con otros. Tenemos que dejar a un lado todas las tendencias hacia la arrogancia, y con corazones humildes recibir la palabra dirigida a nosotros. He hallado con frecuencia que es especialmente apropiado arrodillarse durante la meditación. Dietrich Bonhoeffer dice: «De igual manera que no analizas las palabras de alguien a quien amas, sino que las aceptas tal como te han sido dichas, acepta la Palabra de la Escritura y pondérala en tu corazón, tal y como lo hacía María. Eso es todo. Eso es meditación».[3]

Cuando Bonhoeffer fundó el seminario en Finkenwalde, todo el mundo allí practicaba media hora diaria de meditación silenciosa en la Escritura.

Es importante que resistamos la tentación de pasar muchos pasajes en forma superficial. Nuestras prisas reflejan nuestro estado interno, y éste necesita ser transformado. Bonhoeffer recomienda ¡pasar una semana entera con un solo texto! Por ello mi sugerencia es que tomemos un pasaje en particular, una pará-

---

3. Dietrich Bonhoeffer, *The Way to Freedom* [El camino a la libertad], Harper y Row, New York, 1966, p. 59.

bola, algunos versículos, o hasta una sola palabra y dejémosla que eche raíces en nosotros.

En la meditación experimentamos lo que Søren Kierkegaard llama la «contemporaneidad» de la Escritura. El pasado no es sólo paralelo sino que en realidad intersecta el presente. En referencia a esta realidad, el muy conocido predicador escocés Alexander Whyte dice que la Biblia viene a ser «todo lo autobiográfico de ti».[4] En la meditación de la Escritura no podemos, por ejemplo, leer la historia de la palabra de Dios a Abraham de sacrificar a su hijo Isaac en total desprendimiento, agradecidos de que no estamos en sus zapatos. ¡Pues, en verdad si lo estamos! Junto a Abraham también luchamos con la decisión de sacrificar la cosa más preciada para nosotros. Como Abraham, somos llevados al lugar de dar a Dios nuestro más preciada posesión. Y, de la misma manera que Abraham, descendemos de la montaña con el significado de las palabras mi y mío cambiadas para siempre.

Santificar la imaginación

La forma más simple y básica de meditar en el texto de la Escritura es a través de la imaginación. En este aspecto, Alexander Whyte habla de «los divinos oficios y espléndidos servicios de la imaginación cristiana».[5] Tal vez algunos pocos individuos puedan experimentar a Dios a través de la meditación abstracta por sí sola, pero la mayoría de nosotros necesita estar más profundamente cimentada en los sentidos.

Esta es una maravillosa ayuda cuando nos acercamos al texto de la Escritura. Deseamos ver, escuchar, tocar el relato bíblico. De manera sencilla comenzamos a entrar en la historia y hacerla nuestra. Nos movemos de la simple observación a la participación activa.

No debemos subestimar esta sencilla y humilde ruta para entrar a la presencia de Dios. Jesús enseñó en esta forma,

---

4. Alexander Whyte, [Señor, enséñanos a orar] (Harper y Hermanos, s.f., New York), p. 251.
5. Ibid. p. 249.

apelando constantemente a la imaginación en sus parábolas. Muchos de los maestros de devocionales nos animan a seguir de igual manera este camino. Santa Teresa de Ávila dice: «Como no podía reflexionar con mi entendimiento, me las ingenié para pintar a Cristo dentro de mí. Hice muchas cosas sencillas de este tipo. Creo que mi alma logró mucho más en esta forma, porque comencé a orar sin darme cuenta que lo hacía».[6] Muchos nos podemos identificar con estas palabras, pues también hemos tratado un método meramente cerebral y nos hemos dado cuenta que es muy mecánico y demasiado lejano.

Hay algo más, la imaginación ayuda a anclar nuestros pensamientos y a centrar nuestra atención. Francisco de Sales anota que «por medio de la imaginación confinamos nuestras mentes al misterio en el cual estamos meditando, de igual modo que ponemos a un pájaro en una jaula, o atamos a un halcón con una cuerda para que se pose en la mano, para que no ande errante de aquí para allá.[7] La imaginación hace aparecer las emociones en el escenario, de manera que vamos a Dios con nuestra mente y corazón. Entender la Escritura intelectualmente es de vital importancia, pero si no la hemos sentido emocionalmente, significa que no la hemos entendido del todo.

Hay quienes rechazan usar la imaginación, por no considerarla confiable y porque podría ser instrumento del maligno. Es una buena razón para preocuparse, pues la imaginación, al igual que todas nuestras otras facultades, participó de la caída de la humanidad en la creación. Pero, de la misma manera como creemos que Dios puede tomar nuestra razón (pecaminosa como es) y santificarla para ponerla al servicio de sus buenos propósitos, así creemos que puede santificar la imaginación y usarla para sus buenos propósitos. Por supuesto, la imaginación puede se perturbada por Satanás, pero igual puede pasar con todas nuestras facultades. Dios nos creó con imagi-

---

6. Según cita Lynn J. Radcliffe, [Haga real la oración] (Abingdon-Cokesbury, New York, 1952), p. 214.
7. San Francisco de Sales, [Introducción a la vida devota], tr. Juan K. Ryan (Doubleday, New York, 1955), p. 84.

nación y, como Señor de su creación, Él puede redimirla y usarla para el trabajo de su Reino.

Otra preocupación sobre el uso de la imaginación es el temor a la manipulación humana y a la autodecepción. Después de todo, hay quienes tienen una imaginación hiperactiva, y pueden preparar toda clase de imágenes de lo que les gustaría ver que suceda. Además, ¿no nos previene la Biblia contra las vanas imaginaciones del débil (Romanos 1.21)?

La preocupación es legítima. Es posible que todo esto no sea más que una lucha humana inútil. Por eso es tan vital e importante que estemos en completa dependencia de Dios en estos asuntos. Buscamos razonar los pensamientos de Dios delante de Él, deleitarnos en su presencia, deseando su verdad y su camino. En la medida que creamos en su camino, en esa medida Dios utilizará nuestra imaginación para sus buenos propósitos. Creer que Dios puede santificar y utilizar la imaginación es sencillamente tomar en serio la idea cristiana de la encarnación. Dios se adapta y se encarna de tal forma en nuestro mundo, que usa las imágenes que conocemos y entendemos para enseñarnos acerca del mundo invisible del cual sabemos muy poco y nos resulta tan difícil de comprender.

Vive la experiencia de la Escritura

En la meditación cristiana pretendemos vivir la experiencia de la Escritura. Alexander Whyte dice:

> Abre tu Nuevo Testamento[...] y haciendo uso de tu imaginación, en ese momento serás uno más de los discípulos de Cristo en escena, y estarás a sus pies[...] con tu imaginación ungida con el santo aceite[...] en un momento dado, serás el publicano; en otra ocasión, serás el hijo pródigo[...] y en otro momento, serás María Magdalena; y después, Pedro en el pórtico.[8]

---

8. Alexander Whyte, *Lord, Teach Us to Pray* [Señor, enséñanos a orar], pp. 249-51.

Como una ayuda práctica de vivir la experiencia de la Escritura, Ignacio de Loyola nos exhorta a que pongamos todos nuestros sentidos en esta tarea. Podemos oler el mar. Escuchamos el vaivén de las olas en la playa. Vemos la multitud. Sentimos el sol en nuestra cabeza y el dolor en nuestro estómago a causa del hambre. Saboreamos el gusto a sal del aire. Tocamos el borde de sus vestiduras. Supongamos que queremos meditar en la maravillosa frase de Jesús «mi paz os dejo» (Juan 14.27). Nuestra tarea no es tanto estudiar el pasaje en sí mismo, sino adentrarnos en la realidad de la que habla ese pasaje. Nos cimentamos en la verdad de que Él nos está llenando con su paz. El corazón, la mente y el espíritu están despiertos al influjo de su paz. Sentimos que todos nuestros temores son aquietados y conquistados por «el espíritu de poder, de amor y de dominio propio» (2 Timoteo 1.7). En lugar de desmenuzar la paz, entramos en ella. Somos cubiertos, absorbidos, reunidos en su paz. Lo maravilloso de esta experiencia es que casi nos olvidamos de nosotros mismos. Ya no nos preocupamos por buscar la manera de estar en paz, porque ahora estamos ante el ofrecimiento de la paz dentro de nuestros corazones. No hace falta pensar laboriosamente en cómo actuar de forma pacífica, porque los actos de paz nacen ahora espontáneamente de nuestras vidas.

Hay muchos pasajes de la Escritura que nos proveen la base para la oración meditativa: «Estad quietos y conoced que yo soy Dios»; «Permaneced en mi amor»; «Yo soy el buen pastor»; «Regocijaos en el Señor siempre». En cada caso buscamos descubrir a Dios cerca de nosotros y estamos anhelando encontrar su presencia.

Recuerden, en la oración meditativa Dios siempre está dirigiéndose a nuestra voluntad. Cristo nos confronta y nos pide elegir. Habiendo escuchado su voz, tenemos que obedecer su Palabra. Es el llamado ético al arrepentimiento, al cambio, a la obediencia, lo que distingue más claramente a la meditación cristiana de su contraparte oriental y secular. En la oración meditativa no hay pérdida de identidad, no hay unión con la conciencia cósmica, ni ilusorios viajes astrales. Por el contrario, estamos llamados a una obediencia de vida transformadora, porque nos hemos encontrado con el Dios viviente de Abraham, Isaac y Jacob. Cristo está verdaderamente presente en medio nuestro para sanarnos, perdonarnos, cambiarnos y darnos su poder.

Hay una palabra técnica que se usa para nombrar lo que he descrito, y quizás les sea útil conocerla: *lectio divina* (lectura divina). Esta es una clase de lectura en la que la mente desciende al corazón, y ambos son movidos al amor y bondad de Dios. Henri Nouwen una vez, señalando hacia un cuadro encantador que colgaba en la pared de su apartamento, me dijo: «Esa es *lectio divina*». Mostraba a una mujer con una Biblia abierta en su regazo, pero sus ojos miraban el cielo. ¿Se dan una idea de lo que quiero decir? Hacemos algo más que leer las simples palabras; buscamos «la Palabra expuesta en las palabras», para usar la frase de Karl Barth. Escuchamos con el corazón al Santo en ella. Esta lectura devota, como bien podemos llamarla, nos edifica y fortalece.

El pozo que nos nutre

Si bien es cierto que queremos afirmar la Santa Escritura como la primera y más pura fuente de *lectio divina*, también podemos nutrirnos de los grandes escritos devocionales que han alimentado a los cristianos de todas las edades.

Casi me resisto a usar la frase escritos devocionales porque algunos podrán pensar que me refiero al gastado, hueco y artificial material que hoy en día pasa como escritos devocionales. ¡Estamos muy lejos de eso! Es aquí donde tenemos que ejercer el sabio uso del veto. Es una virtud ignorar la vasta área de «libros devocionales» de hoy en día.

A lo que me refiero cuando digo escritos devocionales es a aquellos que son producto de una larga experiencia en el desierto y una larga experiencia en la confesión. Son escritos que manan de los que viven en el monte Sinaí y que continúan hablando a las mujeres y hombres al nivel en el que estos viven.

Los pozos que nos nutren son vastos y profundos. Por ejemplo, pueden comenzar con Gregorio de Nicea y su libro

The Life of Moses [La vida de Moisés]. Este libro da pautas de cómo llevar una vida virtuosa. Para Gregorio, y para quienes lo seguimos, la virtud se descubre más que en los logros al tratar en la lucha, en el correr la carrera. Encontramos virtud en la pureza de nuestras intenciones. La meta final es llegar a ser amigos de Dios: «La única cosa que vemos como temible es que nuestra amistad con Dios quede trunca y consideramos que llegar a ser amigos de Dios es la única cosa digna de honor y de anhelar. Esta[...] es la perfección de vida».[9] Bien, esta es una meta a la cual vale la pena dedicar toda nuestra vida, ¿no lo creen así?

El próximo en la lista puede ser San Agustín, con sus *Confesiones*. Es toda una aventura seguir el convulsionado y tortuoso camino de San Agustín hacia su liberación, con todo y sus numerosas desviaciones y callejones sin salida. Ver cómo la desobediencia personal, el mal institucional y la corrupción social trabajan en conjunto para intrincar y tejer su vida y la nuestra: «¿Quién», escribe Agustín, «puede desembarazarse del más enredado y más indisoluble nudo? Es desesperante; detesto pensar en ello; detesto verlo».[10]

Es interesante estudiar su peregrinaje intelectual desde Cicerón hasta los maniqueos, los «académicos», Platón, el apóstol Pablo. Notemos la firme influencia que tuvieron sobre Agustín los excelentes ejemplos de virtud: Mónica, la amiga muerta de su juventud, Victorinus, Antonio, Ambrosio. Es estremecedora la admirable forma en que Dios finalmente lo libera de lo que él llama «el remolino del vicio» —orgullo, ambición, sensualidad, flojera, derrochamiento, fingimiento, miedo, venganza.

Después del rigor y lucha de San Agustín quizás quieran cambiar a la gozosa simplicidad de *Las pequeñas flores de San*

---

9. Gregorio de Nicea, *The Life of Moses* [La vida de Moisés] en *The Classics of Western Spirituality* [Los clásicos de la espiritualidad occidental], tr. Abraham J. Malherbe y Everett Ferguson, Paulist, New York, 1987, p. 137.
10. *The Confessions of St Augustine* [Las confesiones de San Agustín], BAC, Madrid, BAC, 1974.

Francisco. Únanse a Francisco en adoración a Dios, el Creador de todas las cosas, cantando su «Cántico del Sol», con su celebración del hermano Sol y la hermana Luna, hermano Viento y hermana Agua. Disfruten las maravillosas historias del hermano Bernardo y la hermana Clara, del hermano Masseo y, mi favorito, hermano Juniper. Maravíllense ante la sabiduría y el buen sentido de los «Dichos del hermano Giles». Para alguien que estaba al borde de la desesperanza ante su comportamiento disfuncional, Giles le aconseja: «Harías bien en llorar por tu pecado. Sin embargo, te aconsejo llorar moderadamente. Porque debes siempre creer que el poder de Dios para perdonarte es más grande que tu poder para pecar».[11] Ya sea que creamos o no en la historicidad de estas anécdotas, no cabe duda que somos mejores personas por haber leído acerca de estos sencillos frailes que se autodenominaban juglares de Dios y que con humildad iban sirviendo a otros, embriagados con el amor a Dios.

Hablando del amor a Dios, tal vez quieran ahora cambiar a las *Enfolded in Love* [Revelaciones del divino amor] de Juliana de Noruega. Este libro contiene sus maduras reflexiones sobre dieciséis visiones que le fueron dadas el 8 de mayo de 1373. Está escrito en uno de los más bellos lenguajes de amor de toda la literatura religiosa. «Nuestro amado», escribe, «desea que nuestra alma se adhiera a Él con todo su poder, y que podamos por siempre mantenernos en sus bondades». Hoy en día, que gravitamos tan fácilmente en una religión desapasionada, necesitamos escuchar sus palabras de celo y pasión: «Él nos envuelve y sostiene en su amor. Él nos circunda con su amor y jamás nos dejará ir».[12]

Por lo demás, estoy seguro que no querrán perderse la inigualable obra maestra de la literatura devocional de este medio milenio: *La imitación de Cristo*. Los cristianos de todo el mundo han sido inmensamente enriquecidos por este senci-

---

11. Hermano Ugolino de Monte Santa María, *The Little Flowers of St Francis* [Las pequeñas flores de San Francisco], Doubleday, Garden City, NY, 1958, p. 277.
12. Juliana de Noruega, *Enfolded in Love* [Envueltos en amor], pp. 6, 1.

llo libro que irradia la luz de un dinámico movimiento espiritual del siglo quince, conocido como la Hermandad de la Vida Común. Su enorme popularidad la atestigua el hecho de que ha sido traducido a más de cincuenta lenguas. El libro está sazonado con dichos piadosos con los que se puede vivir por días, con genuina ganancia. Consideren esta muestra al azar: «El que hace caso omiso de las alabanzas y de los vituperios se mantiene en una gran serenidad de corazón»; «Cuesta más trabajo resistir nuestra debilidad que lo que cuesta sudar por el trabajo físico»; «No te apresures en seguir todos tus buenos sentimientos, ni te entusiasmes en evitar los malos»; «La antigua serpiente te incitará y no dejará de provocarte, más con la oración la ahuyentarás; por lo demás, merced al trabajo provechoso en que te ocupes, le será cerrado el ancho acceso a tu corazón».[13]

Uno de los escritores que les abrirá el horizonte hacia las heridas y quebrantos de la humanidad es John Woolman. A pesar de que su *Diario* se remonta al siglo dieciocho, habla de temas que aun hoy debatimos: racismo, consumismo, militarismo. Después de leer a Woolman, no podremos separar jamás el amor a Dios del amor al vecino, pues él acertadamente los ve como un solo mandamiento y no como dos. Woolman fue el líder de un movimiento antiesclavista que luchó y al final abolió la práctica de la esclavitud entre los Cuáqueros casi ciento cincuenta años antes de la Guerra Civil Americana. Lo más sorprendente de todo esto es cómo mezcló la compasión con el valor, la ternura y firmeza. El *Diario* de Woolman bien vale una lectura paciente y reflexiva.

Una de las formas más ampliamente reconocidas de alimentar la vida espiritual es por la lectura de la vida de los santos a través de las edades. Por medio de sus historias aprendemos cómo los grandes cristianos caminaron con Dios y cómo podemos nosotros seguir su camino. Hay muchos y muchos lugares hacia dónde ir: desde *La vida de Antonio* en el siglo cuarto, hasta la *Autobiografía* de Teresa de Ávila del siglo

---

13. Tomás de Kempis, *La imitación de Cristo*, Regina, Barcelona, 1986, pp. 203,332

catorce y llegar hasta *Toyohiko Kagawa* en el siglo veinte. Una de las introducciones verdaderamente útiles a esta nube de testigos, inspiradora de fe, es la obra de James Gilchrist: *Deeper Experiences of Famous Christians* [Experiencias profundas de cristianos famosos].

Debo resistir la tentación de continuar con esta lista interminable de maravillosos escritos que alimentan nuestros corazones, en parte porque he cedido a esa tentación en otra parte[14], pero también porque es muy factible zambullirse en lugar de nadar cuando se está de frente por primera vez ante este mar de posibilidades. Es mucho mejor encontrar varios ganchos espirituales y alimentarse de ellos hasta que nos hayan moldeado.

Una de las recompensas verdaderamente gratificantes para nuestra vida a través de la lectura de los maestros devocionales es descubrir con qué facilidad y naturalidad fluyen de las descripciones precisas a las más apasionadas oraciones y luego una vez más a la narrativa, sin el menor asomo de artificialidad. Creo que eso se debe a que experimentaban el trabajo y la oración como una sola cosa. Pascal declara que su *Pensées* se escribió «de rodillas». Soren Kierkegaard dijo de su vocación como escritor:

> Literalmente he vivido con Dios como uno vive con un Padre, Amén[...] Me levanto por la mañana y le doy gracias a Dios. Después comienzo a trabajar. A una cierta

---

14. He trabajado junto con James Bryan Smith para compilar escritos de los cincuenta y dos maestros de los devocionales desde Gregorio de Nicea hasta Dietrich Bonhoeffer. Están bajo el título de *Devotional Classics* [Devocionales clásicos] y pronto será publicado por Harper de San Francisco. Este volumen presenta una lectura por semana para un año. Cada sección contiene una introducción sobre el autor, estractos de sus escritos que han sido adaptados y revisados para el lector moderno, preguntas de reflexión, un breve estudio bíblico paralelo a la lectura, bibliografía anotada de escritos clave del autor y, finalmente, un breve ensayo de reflexión que hace de puente entre la lectura devocional y la cultura contemporánea. Este volumen se puede ordenar escribiendo a: REVOVARÉ, P.O. Box 879, Wichita, KS 67201-0879, USA.

hora por la tarde hago un alto y vuelvo a dar gracias a Dios. Luego me duermo. Así es como vivo.[15]

Con razón San Benito hizo la *lectio divina* una parte integral de su *regla* para la vida diaria. Tal lectura impregnada de oración Dios la da Dios para fortalecer y capacitar nuestras vidas. Conforme leamos, haremos bien en seguir el consejo de Tomás de Kempis: «Busca la verdad en las Santas Escrituras, no en la elocuencia. Toda la Santa Escritura debe leerse en el mismo espíritu con el que fue escrita[...] No permitas que la autoridad del escritor y su conocimiento te influyan, sea poco o mucho, sino deja que el puro amor de la verdad te atraiga a la lectura».[16]

Las señales del amor de Dios

En la oración meditativa Dios se dirige a nosotros de manera personal. No es algo que hacemos que suceda. Es más, aun el deseo de experimentar la voz viva de Dios es obra divina sobre nuestro corazón, pues nosotros automáticamente nos escondemos del acoso de los cielos. Thomas Merton escribe: «Quien se imagine que puede simplemente comenzar a meditar sin orar por el deseo y la gracia de poder hacerlo, pronto se dará por vencido. Pero el deseo de meditar y la gracia de comenzar a meditar deben tomarse como una promesa implícita o como gracia venidera».[17]

El deseo se les ha dado, lo sé, de otro modo no estarían leyendo estas palabras. Mayor gracia vendrá a medida que la necesiten. Que Dios les dé y me dé la habilidad de decir desde nuestros corazones las palabras del salmista: «¡Oh, cuánto amo yo tu ley! Todo el día es ella mi meditación[...] ¡Cuán dulces son a mi paladar tus palabras! Más que la miel a mi boca» (Salmo 119. 97,103).

---

15. Según se cita en Steere, *Prayer and Worship* [Oración y culto], pp. 58-59.
16. Kempis, *La imitación de Cristo*, p. 30.
17. Thomas Merton, *Spiritual Direction and Meditation* [Dirección y meditación espiritual], Liturgical, Collegeville, MN, 1960, p. 98.

Señor, quiero meditar en tus inquietantes palabras «Fuego vine a echar en la tierra» (Lucas 12.49). ¿Qué significan? ¿Qué significan para mí?
¿Hay algo en mí que necesita ser quemado... orgullo... miedo... ira? Consúmelos, cada uno de ellos.
¿Hay algo en este mundo que quieres destruir, los sistemas de religión que usamos para escondernos de ti, las líneas artificiales que trazamos para separarnos los unos de los otros: blancos de los negros, hombres de las mujeres, padres de los hijos, la terrible injusticia cometida contra el débil y desamparado, la violencia indecible que se ha hecho a las mujeres y a los no nacidos?
Perdónanos, Señor.
En Jesús lo pedimos.
 —Amén.

14

Oración contemplativa

Oh divino Maestro, enséñame ese lenguaje silencioso con el que se expresan tantas cosas.

—Jean-Nicholas Grou

La oración contemplativa nos sumerge en el silencio de Dios. ¡Cuán desesperadamente necesitamos en nuestro mundo moderno ese bautismo sin palabras! Nos hemos vuelto como zapatos viejos, según decía el padre de la iglesia primitiva, Clemente de Alejandría: completamente gastados, excepto de la lengua. Vivimos en un mundo de palabras con nuestros sistemas de telecomunicaciones altamente sofisticados. Tenemos la característica dudosa de ser capaces de comunicarnos más y decirnos menos que ninguna otra civilización en la historia.

Isaac de Nínive, un monje sirio, una vez comentó: «Los que se deleitan en una multitud de palabras, aunque digan cosas admirables, están vacíos en sí».[1] Hoy en día estamos bajo la reprimenda de esta observación.

---

1. Según se cita en Tomás Merton, *Contemplative Prayer* [Oración Contemplativa], Doubleday/Image, Garden City, NY, 1971, p. 30.

La oración contemplativa es una disciplina que puede liberarnos de nuestra adicción a las palabras. Progresar en la intimidad con Dios significa progresar hacia el silencio. «En Dios solamente está acallada mi alma», declara el salmista (Salmo 62.1). Ammonas, uno de los padres del desierto, discípulo de San Antonio, escribió:

> Les he mostrado el poder del silencio, cuán sanador es y cuán plenamente agradable es ante Dios... Sepan que es por el silencio que los santos crecen, que fue por el silencio que el poder de Dios moró en ellos, que es por el silencio que los misterios de Dios les fueron revelados.[2]

Es a este silencio recreativo al que somos llamados por la oración contemplativa.

Una advertencia y una precaución

Antes de continuar necesito hacer una advertencia, algo como las etiquetas de instrucciones en los frascos de medicina. La oración contemplativa no es para principiantes. Esta advertencia no la hago para ninguna otra forma de oración. Todos son bienvenidos, no importa si no tienen experiencia o pericia, a entrar libremente en la adoración, meditación e intercesión, y a multitud de otras formas de oración. Pero la contemplación es diferente. Aunque somos igualmente preciosos ante los ojos de Dios, no todos estamos igualmente preparados para escuchar las «palabras de Dios en su maravilloso, terrible, gentil, amante y sobrecogedor silencio».[3]

A un recién nacido se le da leche y no carne porque esta no le hace bien. A un aprendiz de electricista no se le permite

---

2. *Ibid.*, según se cita en p. 42.
3. Catherine de Haeck Doherty, *Poustinia: Christian Spirituality of the East for Western Man* [Poustinia: Espiritualidad cristiana del este para el hombre occidental], Ave Maria, Notre Dame, IN, 1983, p. 216.

hacer el trabajo de un experto porque no está preparado y podría resultar peligroso para él si lo hiciera.
De la misma manera es en la vida espiritual. Debemos aprender las tablas de multiplicar antes de meternos a trabajar con el cálculo, por decirlo de otra manera. Simplemente se trata de un hecho del ámbito espiritual y estaría mal de mi parte no ponerlos sobre aviso.
C.S. Lewis le dice a su amigo Malcolm cuán pronto intentó la oración sin palabras en su experiencia cristiana, sin ningún éxito. Le dice:

> Todavía creo que la oración sin palabras es la mejor, si es que alguien verdaderamente puede lograrla. Pero ahora veo que al haber tratado de hacerla mi pan de cada día yo estaba contando con una fuerza mental y espiritual mayor que en realidad no tengo. Para orar sin palabras con verdadero éxito uno necesita estar «en lo alto de su propia forma».[4]

Lewis está en lo cierto. La oración contemplativa es para aquellos que han ejercitado ya sus músculos espirituales y saben algo acerca del paisaje del espíritu. Es más, aquellos que trabajan en el área de dirección espiritual siempre buscan signos de madurez espiritual en la gente, antes de animarlos a entrar en la oración contemplativa. Algunos de los indicadores más comunes son el constante deseo de estar en intimidad con Dios, la habilidad de perdonar a los demás a cualquier precio personal, el vivo sentido de que sólo Dios puede satisfacer el anhelante corazón humano, la profunda satisfacción en la oración, la evaluación realista de las destrezas y limitaciones personales, una libertad para alabarse respecto a los logros espirituales y una habilidad demostrada para vivir las demandas de la vida sabia y pacientemente.

No se trata de que hayamos cumplido todas estas características. Lo que sí es claro es que debe darse un progreso. Quizás

---

4. Lewis, *Letters to Malcolm* [Cartas de Malcolm], p. 11.

deseen hacerse algunas preguntas de examen que les ayudarán a evaluar su propia condición: «¿Estoy perdiendo el miedo de ser conocido por Dios y pertenecerle a Él?» «¿Se está desarrollando en mí la oración como una disciplina bienvenida?» «¿Me es cada vez más fácil recibir críticas constructivas?» «¿Estoy aprendiendo a dejar a un lado las ofensas personales y perdonar libremente a quienes me ofenden?» Si después de esta pequeña experiencia de examen perciben que no están todavía listos para una comunión inmediata con Dios, entonces siéntanse perfectamente en libertad para omitir este capítulo y pasar al siguiente. No se preocupen, llegará el momento en que habrá en ustedes tanto el deseo como la necesidad de «leer el texto del universo en el original».[5]

También quiero dar unas palabras de precaución. En la contemplación silenciosa de Dios entramos a las profundidades del ámbito espiritual, y existe tal cosa como la guía supernatural que no es la guía divina. Aunque la Biblia no nos da mucha información sobre la naturaleza del mundo espiritual, sabemos lo suficiente para reconocer que hay varios órdenes de seres espirituales, y algunos de ellos definitivamente no están en cooperación con Dios ni en su camino.

Les digo esto no para asustarlos, sino para ponerlos al tanto. Es necesario que sepan que «el diablo, como león rugiente, anda alrededor buscando a quien devorar» (1 Pedro 5.8). También deben saber que «mayor es el que está en vosotros, que el que está en el mundo» (1 Juan 4.4).

En uno de los últimos capítulos discutiremos en detalle sobre la batalla espiritual a la que nos enfrentamos. Por ahora quiero invitarlos a que aprendan y practiquen oraciones de protección. Esta es la oración que Lutero usaba: «Cúbrenos Señor con tu diestra. Líbranos del temible dolor del pecado».[6] Mi método es introducir un tiempo de contemplación simplemente diciendo la siguiente oración: «Por la autoridad del todopoderoso Dios me rodeo con la luz de Cristo, me cubro con la

---

5. Steere, *Prayer and worship* [Oración y culto], p. 11.
6. Según se cita en Donald G. Bloesch, *The Struggle of Prayer* [La lucha de la oración], Harper & Row, San Francisco, 1980, p. 86.

sangre de Cristo, y me sello con la cruz de Cristo. Y ahora, todos los espíritus malos y oscuros salgan de aquí. Ningún tipo de influencia puede acercarse a mí, sino sólo aquella que primero sea filtrada por la luz de Jesucristo, en cuyo nombre oro. Amén». Estas, por supuesto, son sólo sugerencias: eres libre de orar en cualquier forma que te resulte más cómoda.

La atención amorosa de Dios

¿Qué significa esa experiencia a la que Richard Baxter se refiere como «el arrobador ejercicio de la contemplación celestial»? Thérèse de Lisieux la llamó el «soñar celestial». Nicolás de Cusa «la mirada de Dios». Y Madame Guyon «la oración de la realidad».

En su más básica y fundamental expresión, la oración contemplativa es la amorosa atención de Dios. Estamos atendiendo a quien nos ama, a quien está cerca de nosotros y quien nos acerca hacia Él. En la oración contemplativa el hablar se queda al fondo y los sentimiento afloran a la superficie. Richard Rolle estaba sentado en la capilla un día cuando «repentinamente sentí dentro de mí un fuego extraño y placentero».[7] Bernardo de Clairivaux, esa importante figura política y religiosa del siglo doce, describe su experiencia de la presencia de Jesús de esta manera: «He sentido que Él estaba presente; después recuerdo que Él ha estado conmigo; a veces he tenido el presentimiento de que vendrá; pero nunca he sentido su llegada o su partida».[8] Y John Wesley exclamó después de su famosa reunión con los hermanos Moravos en Aldersgate: «Siento mi corazón extrañamente ardiente. Siento que he creído en Cristo, sólo en Cristo para salvación; y se me

---

7. Richard Rolle, *The Fire of Love* [El fuego del amor], en *Varieties of Mystic Experiencie* [Variedades de la experiencia mística], ed. Elmer O'Brien, Mentor-Omega, New York, 1964, p. 133.
8. Bernard, Sermón 83 en el Cantar de los cantares, en O'Brien, *Variedades de Experiencia Mística* p. 105.

ha dado la seguridad de que Él ha quitado mis pecados, aun los míos, y me ha salvado de la ley del pecado y de la muerte».[9]

Noten en cada caso el lenguaje afectivo. Esta clase de oración es obviamente más una experiencia del corazón que de la cabeza. Pero este énfasis en los sentimientos nos inquietan. Se nos ha entrenado a lo largo de nuestra vida a evitar nuestros sentimientos, y la simple idea de que pudiéramos aprender algo sobre la verdad y la realidad por medio de los sentimiento parece ridícula.

No debemos ser, sin embargo, tan rápidos para juzgar. En primer lugar, los testigos que nos animan en este camino son vastos y de reputación. Segundo, ellos están lidiando con algo más profundo que meras emociones. Al usar el lenguaje de los sentimientos, los contemplativos se refieren a una percepción de Dios experimentada profundamente: una clase de voz interior, si lo desean. Están buscando sencilla y fielmente seguir el mandamiento de Jehová: «Inclinad vuestro oído, y venid a mí; oíd, y vivirá vuestra alma» (Isaías 55.3). Es la entrada a esta comunión interior a la que los contemplativos se refieren cuando hablan de los sentimientos.

Además, nuestros sentimientos pueden ser disciplinados y santificados por Dios de una forma tan completa como nuestra razón y nuestra imaginación también lo puede ser. Recuerden, la oración contemplativa es para veteranos en la vida de fe. Estas no son personas que son llevadas por cualquier viento de doctrina... o cada viento de emoción. Esta es gente que hace ya tiempo se ha alejado del mundo, la carne y el diablo. Esta es gente que por experiencia extensiva conoce la diferencia entre el entusiasmo de una subida espiritual temporal y una firme convicción dada por el Espíritu. Esta es gente que por la repetición de prueba y error ha aprendido a distinguir la voz de Cristo de la voz de los manipuladores humanos.

---

9. Albert C. Outler, ed., «Journal» [Diario], en *John Wesley* de *A Library of Protestant Thought* [Biblioteca del Pensamiento Protestante], Oxford University Press, New York, 1964, p. 66.

Unión con Dios

¿Cuál es la meta de la oración contemplativa? A esta pregunta, los antiguos escritores responden al unísono: la unión con Dios. Juliana de Noruega declara: «La única razón por la que oramos es para estar unidos en la visión y contemplación de aquel a quien oramos».[10] Buenaventura, un seguidor de San Francisco, dice que nuestra meta final es la «unión con Dios», la cual es una relación pura en la que vemos «nada».[11] Y Madame Guyon escribe:

> Llegamos ahora a la etapa máxima de la experiencia cristiana. La unión divina. Esta no es posible por el mero hecho de nuestra experiencia. La meditación no traerá la unión divina; ni tampoco el amor, ni el culto, ni la devoción, ni nuestros sacrificios... En su oportunidad será un *acto de Dios* lo que hará realidad esa unión.[12]

Este lenguaje nos recuerda esa gran declaración de unión de Jesús en el discurso del Aposento Alto: «Permaneced en mí, y yo en vosotros»; «Yo soy la vid, vosotros los pámpanos»; «Estas cosas os he hablado, para que mi gozo esté en vosotros, y vuestro gozo sea cumplido»; «Te ruego... para que todos sean uno; como tú, oh Padre, en mí, y yo en ti, que también ellos sean uno en nosotros» (Juan 15.4, 5, 11; 17.21).

La unión con Dios no significa la pérdida de nuestra individualidad. Lejos de causarnos una pérdida de identidad, la unión nos crea una personalidad completa. Llegamos a ser todo aquello para lo cual Dios nos creó. Los contemplativos algunas veces hablan de su unión con Dios con la analogía de un leño en el fuego: el brillante leño está tan unido con el fuego que *es* fuego, mientras que, al mismo tiempo, sigue siendo madera. Otros usan la comparación de una plancha de acero

---

10. Juliana de Noruega, *Mostrando*, p. 254.
11. Según se cita en Swanson, *Oración no común*, p. 163.
12. Guyon, *Experimentando las profundidades* p. 125.

ardiente en el horno: «Nuestras personalidades son transformadas, no se pierden, en el horno del amor de Dios».[13]

Dos preparaciones vitales

¿Cómo podemos lograr esta meta de unión con Dios? Mientras que la unión es por completo la obra de Dios en nuestros corazón, hay dos preparaciones vitales de nuestra parte en esta ecuación: amor a Dios y pureza de corazón.

La oración contemplativa comienza con el amor a Dios. Es, a decir verdad, el motor que pone en marcha toda esta empresa. Puesto de manera sencilla, recibimos su amor y le devolvemos amor. Thomas Merton escribe:

> El mensaje de esperanza que nos ofrecen los contemplativos no es que necesitamos encontrar nuestro camino a través de la jungla del lenguaje y los problemas que hoy en día circundan a Dios: sino que... Dios nos ama, está presente en nosotros, vive en nosotros, mora en nosotros, nos llama, nos salva y nos ofrece comprensión y luz, que no se compara a nada de lo que se encuentra en los libros o se escucha en los sermones.[14]

Después de haber abierto camino a través del lenguaje oscuro y casi ininteligible de los contemplativos que están luchando para describir lo indescriptible, todo se reduce a la simple confesión de Walter Hilton: la contemplación es «amor en llamas con devoción».[15]

Como el amor tiene su camino perfecto, nos guía a la pureza del corazón. Cuando somos bombardeados perpetuamente por la experiencia extasiada del amor divino, es muy

---

13. Dalrymple, *Oración sencilla*, pp. 109-110.
14. Thomas Merton, *The Hidden Ground of Love* [El suelo escondido de amor], ed. William Shannon, Farrar, Straus and Giroux, New York, 1985, p. 156.
15. Walter Hilton, *The Stairway of Perfection* [La escalera de la perfección], tr. M.L. Del Mastro Doubleday/Image, Garden City, NY, 1979, p. 71.

natural que queramos ser como el Amado. El salmista declara: «¿Quién subirá al monte de Jehová? ¿Y quién estará en su lugar santo? El limpio de manos y puro de corazón; el que no ha elevado su alma a cosas vanas, ni jurado con engaño» (Salmo 24.3-4). Y Jesús confirma esto cuando dice: «Bienaventurados los de limpio corazón, porque ellos verán a Dios» (Mateo 5.8). La impureza es fatal para la unión con Dios. Lo puro y lo impuro nunca pueden estar unidos. Para que dos cosas lleguen a ser una, necesitan ser de naturaleza similar. Por ejemplo, la impureza del polvo simplemente no puede estar unida con la pureza del oro. Es necesario usar el fuego para quemar la materia sobrante y dejar el oro puro. Así es con nosotros. «Esa es la razón por la cual Dios envía fuego a la tierra», escribe Madame Guyon, «para destruir todo lo que es impuro en ti. Nada puede resistir el poder de ese fuego. Consume *todo*. Su sabiduría quema todas las impurezas de la persona con un solo propósito: *prepararla para que entre en la unión divina*».[16]

En capítulos anteriores hemos explorado algunos de los varios patrones que nos guían a la pureza de corazón, incluyendo cosas como las disciplinas que imitan la vida de Cristo y «la oscura noche del alma». Estoy seguro que se pueden añadir más, pero Søren Kierkegaard ha tratado este asunto de una manera muy clara enfocándose en su famosa frase: «La pureza de corazón es desear una cosa».

Y eso es lo que hacemos nosotros: desear una cosa. Renunciamos a todas las lealtades en competencia. Venimos a ser por completo responsables al Monitor celestial. Vemos sólo lo que el Padre ve, decimos sólo lo que el Padre dice, hacemos sólo lo que el Padre hace. Deseamos sólo una cosa, la cual, según Kierkegaard nos recuerda, es el bien, que es Dios. Esto es pureza de corazón.

Cómo aprender a recogernos

Hay tres pasos básicos en la oración contemplativa, y me he

---

16. Guyon, *Experimentando las profundidades*, p. 127.

dado cuenta que el simple hecho de describirlos ayuda con frecuencia inmensamente a la gente.

El primero ha sido llamado tradicionalmente *recogimiento*. Significa un simple recogimiento de nosotros mismos hasta que somos unificados del todo. Basil Pennington usa la frase *oración centralizadora*. Sue Monk Kidd la llama la *oración de presencia*. Los antiguos Cuáqueros usaron el término *centrándose*. Todos se refieren a la misma experiencia. La idea es dejar ir todas aquellas distracciones que están en competencia hasta que estemos verdaderamente presentes en donde estamos.

Aquí tenemos un acercamiento al recogimiento. Comiencen por sentarse en posición confortable y después suave y deliberadamente dejen salir todas las tensiones y ansiedades. Percátense de la presencia de Dios en ese cuarto. Tal vez quieran imaginar a Jesús sentado en la silla frente a ustedes, pues Él en verdad está presente.[17] Si surgen frustraciones o distracciones, simplemente deposítenlas en las manos del Padre y dejen que Él se haga cargo de ellas. Esto no es para suprimir nuestra conmoción interior sino para dejarla salir. Supresión implica reprimir, mantener bajo control, mientras que en el

17. Hay una división entre los grandes escritores de devocionales respecto al uso de la imaginación en la contemplación. Algunos la ven como una ayuda útil; otros sienten que debe ser reservada más bien para la meditación que para la contemplación; sin embargo, otros creen que no debe usarse nunca. Algunas veces el asunto ha sido ligado con la controversia iconoclasta del siglo octavo y siguientes, en la que muchos sentían que el uso de iconos era una forma de idolatría. William de San Thierry, un monje cisterciense del siglo doce, por ejemplo, creía que orar con imágenes era idolatría porque Dios se encontraba solamente en la pureza de la relación en su imagen estampada en cada ser humano. Muchos de los líderes puritanos en el siglo diecisiete tenían convicciones similares. He preferido inclinarme hacia quienes ven la imaginación como una ayuda útil en la oración contemplativa. Esto no es una ley, sino una ayuda práctica. No trazo una línea muy marcada entre meditación (en donde la imaginación es más ampliamente aceptada) y la contemplación. Además, mientras que la contemplación es normalmente sin palabras, no necesariamente implica que sea sin imágenes. Es más, algunos de los grandes contemplativos, como Juliana de Noruega, recibió profundas visiones de Dios durante sus momentos de contemplación.

recogimiento estamos liberándonos, soltándonos. Es una rendición activa, un «autoabandono a la divina providencia», para usar el lenguaje de Jean-Pierre de Caussade.

Precisamente, porque el Señor está presente con nosotros, es que podemos relajarnos y dejar que todo se vaya, porque en su presencia nada importa realmente, nada es importante, excepto atenderlo a Él. Dejamos que nuestra distracción y frustración interna se derrita ante Él así como la nieve frente al sol. Dejamos que calme las tormentas que se agitan en nuestro interior con sus palabras: «Calla, enmudece». Dejamos que su gran silencio calme nuestros ruidosos corazones.

Debo advertirles que esta centralización no llega fácilmente o de manera rápida al principio. La vida de la mayoría de nosotros es tan fracturada y fragmentada que la unificación es algo extraño. En el momento en que tratamos de estar centrados de verdad nos volvemos dolorosamente sensibles al hecho de cuán distraídos somos en realidad. Romano Guardini dice: «Cuando tratamos de enmendarnos, el cansancio redobla su intensidad, no de la manera como lo sentimos de noche. Cuando tratamos de dormir y los anhelos o deseos nos asaltan con una fuerza que no poseen durante el día».

No debemos desanimarnos por esto. Debemos estar preparados para dedicar todo el tiempo de contemplación a este recogimiento sin ningún pensamiento en los resultados o la recompensa. Voluntariamente «perdemos tiempo» en esta forma como una dadivosa ofrenda al Padre. Dios entonces habrá de tomar lo que parece un tonto desperdicio y habrá de usarlo para llevarnos hacia su amorosa presencia. De modo sensible Guardini comenta: «Si al principio no logramos más que comprender cuánto nos falta en nuestra unidad interior, algo se habrá ganado, porque de alguna forma habremos hecho contacto con ese centro en el que no hay distracción».[18]

La oración de silencio

A medida que crecemos acostumbrándonos a la unificadora

---

18. Según se cita en Foster, *Oración meditativa*, p. 14.

gracia del recogimiento, somos guiados al segundo paso en la oración contemplativa, lo que Teresa de Ávila llama «la oración de silencio». A través del recogimiento hemos quitado los obstáculos del corazón, todas las distracciones de la mente, todas las vacilaciones de la voluntad. La divina gracia del amor y la adoración nos lavan como las olas del mar. Conforme esto pasa, experimentamos una prestancia interior hacia las cosas divinas. En el centro de nuestro ser estamos silenciosos. La experiencia es más profunda que un mero silencio o la falta de palabras. Hay quietud, con toda seguridad, pero es una quietud escuchable. Nos sentimos más vivos, más activos como nunca nos hemos sentido cuando nuestras mentes están llenas y cargadas con muchas cosas. Algo profundo en nuestro interior se ha despertado y nos ha llamado la atención. Nuestro espíritu está de puntillas, alerta y escuchando.

Hay una quieta mirada al interior de nuestro corazón, llamada a veces mirada del Señor. Nos bañamos en el calor de su presencia. Sentimos su cercanía y su amor. James Borst dice: «Él está más cerca de mi verdadero ser de lo que yo mismo lo estoy. Él me ama mejor de lo que yo me amo a mí mismo. Él es «Abba», Padre, para mí. Yo *soy* porque ÉL ES».[19]

En el Monte de la Transfiguración la palabra de Dios salió de las ensombrecedoras nubes y dijo: «Este es mi Hijo, amado; en quien tengo complacencia; a Él oíd» (Mateo 17.5). Y por eso escuchamos, verdaderamente escuchamos. Escuchamos con la mente, el corazón, el espíritu, los huesos, músculos y tendones. Escuchamos con todo nuestro ser.

Francois Fénelon dice:

> Estén en silencio y escuchen a Dios. Permitan que sus corazones estén en tal estado de preparación que el Espíritu pueda imprimir en ustedes tantas virtudes como le plazca. Dejen que todo en ustedes le escuche a Él. El silencio de todos los afectos terrenales externos y los

---

[19]. *Ibid.*, según se cita en p. 20.

pensamientos humanos en nosotros es esencial si hemos de escuchar su voz.[20]

Este escuchar implica ciertamente aquietar todos los «afectos terrenales externos». San Juan de la Cruz usó la frase gráfica «mi casa está ahora toda en calma». En esa sencilla línea nos ayuda a ver la importancia de aquietarnos en todos los sentidos: físico, emocional y sicológico.

Conforme esperamos delante del Señor, graciosamente se nos concede un espíritu educable. Digo «graciosamente» porque sin un espíritu educable, cualquier palabra de Dios que nos llegue como guía hacia la verdad sólo servirá para endurecer nuestros corazones. Resistiremos cualquiera y toda instrucción a menos que seamos dóciles. Pero si estamos verdaderamente deseosos y obedientes, la enseñanza del Señor es vida y luz. La meta, por supuesto, es traer este estado de oración silenciosa al curso de la experiencia de todos los días. Esto no nos llega inmediatamente. Sin embargo, conforme pasa el tiempo, experimentamos más y más una atención interior al Susurro Divino a través de las acciones de nuestra vida cotidiana: ver el estado de cuentas en la chequera, aspirar la alfombra, visitar a un vecino o a un socio de negocios.

Éxtasis espiritual

El paso final en la oración contemplativa es el éxtasis espiritual. El éxtasis es un tanto diferente de los otros dos pasos que ya mencioné en que no es una actividad que tomamos por nuestra cuenta sino que Dios obra en nosotros. Nuestra responsabilidad es tener una continua apertura y receptividad al Espíritu para que descanse en nosotros. Después de esto, el asunto del éxtasis es negocio de Dios, no nuestro.

Sin duda recuerdas la experiencia del apóstol Pablo cuando fue arrebatado al tercer cielo en donde escuchó cosas que no le fue permitido comunicar (2 Corintios 12.1-5). Pero tal

---

20. *Ibid.*, según se cita en pp. 21-22.

vez no estés muy al tanto con la fascinante experiencia de San Agustín y su madre, Mónica, cuando estaban en la ciudad de Ostia cerca al río Tiber. Permíteme contártela.

Se encontraban los dos inclinados en la ventana, viendo el hermoso jardín y discutiendo las bondades de la vida en el Reino de Dios. Agustín escribe: «Con la boca del corazón clamábamos por las celestiales corrientes de tu fuente, la fuente de vida». Sin embargo, mientras hablaban las palabras se debilitaron, y fueron arrebatados:

> [...] cada vez más y más alto sobre las cosas materiales, aun el mismo cielo cuyo sol, luna y estrellas brillaban sobre la tierra. Y todavía seguimos subiendo, meditando y hablando y mirando con maravilla tus obras, y llegamos a nuestras propias almas, y pasamos más allá de nuestras almas para alcanzar aquella región de la eterna plenitud donde *Tú alimentas a Israel* para siempre con la comida de verdad.

Después de describir esta experiencia inusual de éxtasis, Agustín escribe: «Exhalamos y dejamos cautiva allá las primicias de nuestros espíritus y volvimos al sonido de nuestras voces, donde una palabra había comenzado y terminado».[21]

La experiencia de Agustín, por cierto inusitada, no es única. Escuchen el testimonio de Teodoro Brakel, un pietista holandés del siglo diecisiete:

> Fui... transportado a tal estado de gozo y mis pensamientos fueron elevados que, veía a Dios con los ojos de mi alma, me sentí uno con Él. Me sentí transportado al interior del ser de Dios y al mismo tiempo estaba tan lleno de gozo, paz, y dulzura, que no puedo expresarlo. Con mi espíritu estuve completamente en el cielo por dos o tres días.[22]

---

21. Confesiones, pp. 200-1.
22. Según se cita en F. Ernest Stoeffler, *The Rise of Evangelical Pietism* [El surgimiento del pietismo evangélico], Leiden Brill, 1965, p. 149.

El éxtasis es la oración contemplativa elevada a la enésima potencia. Aun las autoridades importantes en la vida contemplativa reconocen esta experiencia como temporal, no como su diario alimento. Y es quizás sólo un poco más por lo que ustedes —o yo— estaríamos dispuestos a regatear, y está bien, porque esto no es realmente algo que hagamos nosotros sino algo que Dios nos da, y sólo cuando Él sabe que estamos preparados. Además, bien podría ser que estas palabras especiales sobre la contemplación les desalienten. A lo mejor, se sientan a muchos kilómetros de distancia de estas experiencias. En lugar intentar escalar las alturas espirituales del éxtasis, están esperando ser capaces de pasar la próxima semana.

Si esto en alguna medida describe sus sentimientos, no se sientan descorazonados. Yo tuve algunos de esos mismos sentimientos al escribir este capítulo, porque temí que estuviera en los límites de la verdad no viva. Muchas veces todos caemos miserablemente de nuestra meta. Con frecuencia nuestros intentos de oración perceptiva nunca parecen pasar nuestra frustración sobre las platos sucios en el fregadero o el examen de química de mañana. Pero lo poco que hemos experimentado nos alienta, porque hemos atisbado el amoroso corazón de Dios, lleno de gracia y misericordia, dándonos la bienvenida a la mesa de la Comunión del Espíritu.

Un comentario final de aliento sobre la oración contemplativa. Uno de sus grandes valores llega cuando estamos en el ocaso de nuestra vida y nuestras facultades mentales comienzan a fallar. Llegará el momento cuando no podremos expresar palabras, pero —y aquí está la gloria— todavía somos capaces de orar, orar sin palabras. Al final de la vida, así como al principio, nos encontramos, en las palabras de Gerhard Tersteegen: «Viendo a Dios, que está siempre presente, y dejándolo que nos mire».[23]

---

23. Gerhard Tersteegen, *The Quiet Way* [El camino de paz], Philosophical Library, New York, 1950, p. 23.

Mi Señor y mi Dios, me es difícil escuchar. No digo necesariamente difícil, pues se que es más cuestión de recibir, y no de intentar. Lo que quiero decir es que estoy tan orientado hacia la acción, hacia la producción, que hacer me es más fácil que ser. Necesito tu ayuda si he de estar quieto y escuchar. Me gustaría intentarlo. Me gustaría aprender más cómo sumergirme en la luz de tu presencia hasta que llegue a estar a gusto en esa postura.

Ayúdame a intentarlo ahora.
Gracias.

—Amén.

PARTE III

El camino hacia el exterior: *en busca del ministerio pertinente*

La transformación y la intimidad claman por el ministerio. Somos guiados a través del horno de purificación de Dios no sólo por nuestro propio bien sino por el bien de otros. Somos llevados hasta el seno del amor de Dios no sólo para experimentar aceptación, sino para que también podamos dar de su amor a otros.

El mundo se debate bajo el dolor de su arrogancia y la autosuficiencia. Nosotros podemos hacer una diferencia, si queremos.

En nuestros tempranos días tratamos de servir desde nuestra bancarrota espiritual, y fallamos. Ahora sabemos que el ministerio debe fluir de la abundancia.

Bernardo de Clairavaux escribe:

Después, si eres sabio, te verás a ti mismo más que como un canal, como una reserva. Porque un canal distribuye el agua conforma la recibe, pero una reserva espera hasta ser llenada antes de derramarse, y así comunicarse, sin perder en sí misma, las superabundantes aguas. En la iglesia hoy en día, tenemos muchos canales, pero pocas reservas.

Hemos determinado ser reservas.

15

Oración cotidiana

No olviden que el valor y el interés de la vida no es tanto hacer cosas conspicuas... sino cosas ordinarias con la percepción de su enorme valor.

—Teilhard de Chardin

Muchos de nosotros vivimos hoy en una especie de apartheid interior. Separamos una pequeña esquina para las actividades piadosas, de manera que el resto de nuestra vida no tenga ningún sentido espiritual. Nos hemos acostumbrado tanto a este estilo de vida, que es difícil ver su contradicción. El escándalo de la cristiandad en nuestros días es la herejía de un cinco por ciento de espiritualidad.

Hemos vencido esta herejía moderna con la oración cotidiana. Oramos lo cotidiano en tres formas: primero, volcando las experiencias cotidianas de la vida en la oración; segundo, al ver a Dios en las experiencias cotidianas de la vida; y tercero al orar a lo largo de la experiencia cotidiana de la vida.

La santidad de lo cotidiano

Me gustaría contarles sobre la muerte de mi madre, Marie

Temperance Foster. Yo era un adolescente y ella en su madurez, o eso pensábamos. Su muerte, sin embargo, no fue repentina ni dramática. Al principio nadie sabía qué era lo que sucedía: mamá sólo tenía dificultad en caminar. Después su condición fue diagnosticada como esclerosis múltiple, aunque nada parecía realmente cierto. Cada vez se fue poniendo peor. Algunas veces la descubrí levantada a las cinco de la mañana, tratando de pasar la aspiradora. Batallaba limpiando un pequeño tramo de alfombra, para después tirarse exhausta a descansar en el sofá. Luego de un breve descanso se levantaba y limpiaba otro pedazo.

Conforme su situación empeoró, los tres hermanos nos hicimos cargo de las labores cotidianas. En realidad, no era tan malo porque mamá siempre nos animó a hacerlo, y la palabra queja parecía no existir en su vocabulario. Cuando ya no pudo levantarse de la cama, preparamos una cama de hospital en la estancia. En ese entonces ya era cristiano, y una de mis primeras oraciones fue por su salud. Aunque no fue posible.

Pronto fui a estudiar en la universidad, a varios cientos de kilómetros de casa. Mamá estaba hospitalizada. En ese primer año regresé tres veces a la casa porque los médicos llamaron diciendo que el fin estaba cercano. Pero cada vez se recobraba un poquito, y la negra tragedia de la muerte era reemplazada por un estado de regularidad sin mejoría. Finalmente, mi hermano mayor y yo tomamos la dura decisión práctica de que no se me notificaría nada hasta que mamá muriera.

Regresé, y estuve en casa en las vacaciones del verano. ¿Lograba ella reconocer a alguien? Fui el último que la visitó. Durante meses no estuvimos seguros de que reconociera a alguno de nosotros cuando la visitábamos, puesto que cualquier respuesta oral o física era nula. Pero, en mi última visita estrechó mi mano. Me alegré por esto.

No estuve presente cuando pasó a la eternidad. Había estado tan cerca de morir por tanto tiempo que la idea de pasar en vigilia simplemente no era razonable. Fue a las 2 a.m., y estaba completamente sola... con la posible excepción de los ángeles de Dios. Simplemente dejó de respirar. Eso fue lo que el personal médico dijo. En realidad su partida fue sumamente tranquila, tanto que no se dieron cuenta hasta más tarde. A lo mejor así es como debe ser. Muchas cosas respecto a mi madre fueron tranquilas y ordinarias. No hubo drama espectacular, encabezados en los periódicos, ni gran aventura. Vivió una vida ordinaria y murió una muerte ordinaria. Pero ambas las hizo bien. Amó bien a mi padre y amó bien a sus hijos. Vivió a través del duro terreno de lo ordinario con gracia y gentileza. Aceptó su lenta condición de deterioro con noble fe. Recibió la muerte como recibió la vida y su enfermedad: con paciencia y valentía. Mi madre entendió la santidad de lo ordinario.

La santidad de las cosas creadas

La Biblia no da mucha importancia a la aseveración de que «Dios creó los cielos y la tierra[...] y vio que todo era bueno» (Génesis 1.1, 31). Después, en el cumplimiento de los tiempos, Dios reforzó e intensificó esta realidad eligiendo nacer en un establo como su última revelación. Cómo se deben haber maravillado los pastores ante el maravilloso signo por el cual debían identificar al Mesías: envuelto en pañales y en un pesebre. ¡Qué poco impresionante! ¡Qué lugar tan común!

Pero piensen en esto: en la creación y en la encarnación el gran Dios del universo le da vuelta a lo espiritual y a lo material, une lo sacro con lo secular, santifica lo común y lo ordinario. ¡Qué sorprendente! ¡Qué maravilloso!

El descubrimiento de Dios se lleva a cabo en lo cotidiano y ordinario, no en lo espectacular o heroico. Si no podemos encontrar a Dios en la rutina de la casa y la tienda, entonces no lo podremos encontrar del todo. La nuestra debe ser una piedad sinfónica en la que todas las actividades de trabajo, juego, familia, culto, sexo, y descanso sean los hábitos santos de lo eternal. Thomas Merton nos urge a que tengamos una «muda reverencia por la santidad de las cosas creadas».[1]

---

1. Merton, *The Sign of Jonas* [El signo de Jonás], p. 238.

Oración en acción

Jesús, debemos recordar, pasó la mayor parte de su vida terrenal en lo que llamaríamos un trabajo de obrero. No esperó hasta su bautismo en el Jordán para descubrir a Dios. ¡Al contrario! Jesús constató la realidad de Dios una y otra vez en el taller de carpintería antes de hablar de la realidad de Dios en su ministerio como rabí.

Muchos hoy día ven en su vocación un impedimento para la oración. «Si tan solo tuviera tiempo libre de las distracciones del trabajo, entonces podría orar» es una excusa común. Pero la oración no es otro deber que tenemos que añadir a nuestro ya comprometido horario. En la oración cotidiana, nuestra vocación, lejos de ser un impedimento, es un acierto.

¿Cómo es esto posible? ¿Es que aprendemos el secreto de orar conforme trabajamos? Ciertamente esto es importante, pero no es por qué nuestro trabajo es tal acierto para la oración. Nuestra vocación es un acierto porque nuestro trabajo se *convierte* en oración. Es oración en acción. El artista, el novelista, el cirujano, el plomero, la secretaria, el abogado, el ama de casa, el granjero, la maestra, todos están orando al ofrecer su trabajo a Dios.

«Si, pues, coméis o bebéis, o hacéis otra cosa, hacedlo todo para la gloria de Dios» es el consejo de Pablo (1 Corintios 10.31). Este texto lo entendí en su totalidad cuando era adolescente, y tuve el privilegio de pasar un verano entre la gente esquimal de Kotzebue, Alaska. Los cristianos esquimales que conocí allá tenían un profundo sentido de la vida plena sin hacer división entre orar y trabajar.

Fui a Kotzebue en la aventura de ayudar a «construir la primera escuela secundaria sobre el Círculo Ártico», pero el trabajo en sí estuvo lejos de ser una aventura. Fue duro, nos partimos la espalda trabajando. Un día estaba tratando de cavar un pozo para un canal, tarea no ligera en la congelada tundra. Un esquimal, cuyas manos dejaban ver la textura fuerte y callosa de muchos inviernos, se acercó a mí y me estuvo mirando un buen rato. Finalmente me dijo de manera sencilla y profunda: «Estás cavando ese canal para la gloria de Dios».

Sé que me dijo eso para animarme. Y nunca he olvidado sus palabras. Fuera de mi amigo esquimal, ningún ser humano nunca supo o le importó si cavé ese canal bien o mal. Con el tiempo habría de cubrirse y ser olvidado. Pero por las palabras de mi amigo, cavé con todas mis fuerzas, pues cada palada que daba en el suelo, era una oración a Dios. Aunque en ese momento no lo sabía, me vi tentado en mi pequeña y sencilla forma a hacer lo que los grandes artistas de la Edad Media hicieron cuando esculpieron el reverso de una pieza de arte, sabiendo que sólo Dios la vería.

Anthony Bloom escribe: «Una oración tiene sentido sólo si se vive. A menos que se "vivan", a menos que la vida y la oración lleguen a estar completamente entrelazadas, las oraciones se convierten en una clase de letanía que ofreces a Dios en los momentos en que le das tiempo a Él».[2] El trabajo de nuestras manos y de nuestra mente son oraciones en acción, una ofrenda de amor al Dios viviente. En lo que es tal vez el diálogo más conmovedor de la película *Carros de fuego*, el corredor olímpico Eric Liddell le dice a su hermana: «Jenny, cuando corro, siento su placer». Esta es la realidad que ha de permear todas las vocaciones ya sea que estemos escribiendo una novela o limpiando una letrina.

Es con la limpieza de la letrina que la mayoría tiene problemas. No es difícil ver cómo Miguel Ángel o T.S. Eliot dan gloria a Dios: las suyas son vocaciones creativas. Pero ¿qué hay de los trabajos aburridos, los trabajos sin importancia, los trabajos mundanos? ¿Cómo pueden ser oraciones?

Aquí es donde debemos entender el orden del Reino de Dios. Es precisamente en el del «basurero» —el trabajo que aborrecemos— donde hemos de encontrar con mayor claridad a Dios. No hace falta que tengamos buenos sentimientos o un intenso fervor para hacer el trabajo para la gloria de Dios. Todo buen trabajo le es agradable al Padre. Aun los trabajos que parecen insignificantes y sencillos para nosotros son altamente valorados en el orden del Reino de Dios. Dios valora lo cotidiano. Si, para la gloria de Dios, estás poniendo un inter-

---

2. Bloom, *Cómo comenzar*, p. 59.

minable surtido de tuercas en una interminable línea de pernos, tu trabajo está elevando una ofrenda de dulce olor hasta el trono de Dios. Él se complace en tu trabajo.

«¿No estaremos glorificando un tanto el trabajo?, ustedes saben, la ética de trabajo protestante entra en juego aquí?», quizá se estarán preguntando. Creo que no. El trabajo se estableció antes de la caída, y la maldición de la caída fue que el trabajo se haría «con el sudor de nuestra frente». Eso significa que los resultados quizá no sean proporcionales al esfuerzo invertido en el trabajo. Es más, uno de los signos claros de la gracia de Dios en nosotros es cuando el resultado de nuestra labor excede por mucho la cantidad de trabajo que hacemos. Glorificamos a Dios en nuestra labor porque nos aproximamos bastante al Creador cuando nos comprometemos en la creativa actividad del trabajo.

«Pero, ¿qué de aquellos que no tienen trabajo, los desempleados y los retirados? ¿Cómo pueden hacer la oración cotidiana?», me preguntarás. Todos podemos trabajar si tenemos o no habilidades útiles. La remuneración no es un factor que determina el valor del trabajo en el Reino de Dios. Si nuestras habilidades u oportunidades nos permiten solamente levantar ramitas del suelo, tenemos que hacerlo con todas nuestras fuerzas para la gloria de Dios y el bien de la vecindad.

¿Puede una persona vivir una vida plena y satisfactoria que glorifique a Dios sin trabajar? quizá se preguntará. No sé cómo. Ciertamente todas las cosas son posibles con Dios, pero estoy seguro de que eso sería la excepción, y no la regla. Es más, valoro el trabajo como una reflexión de la imagen de Dios en nosotros, de tal manera, que mi convicción personal es que parte de la felicidad celestial será un gozoso, creativo y productivo trabajo.

La oración de acción

También hacemos la oración cotidiana cuando nos comprometemos en lo que Jean-Nicholas Grou llama: «la oración de acción». «Cada acción que realizamos ante la mirada de Dios, porque es la voluntad de Dios, y en la forma en que Dios quiere, es una oración y en verdad una oración mejor de la que se podría hacer a veces con palabras».³

Cada actividad de la vida diaria en la que nos limitamos en favor de otros es una oración de acción: las veces en que economizamos y ahorramos para comprar algo especial a los chicos; las ocasiones en que llevamos a otros en nuestro carro en un día lluvioso, saliendo temprano para dejarles en el trabajo a tiempo; las veces cuando mantenemos correspondencia con amistades o contestamos una última llamada telefónica por la noche, aunque estemos muertos de cansancio. Todas estas ocasiones y muchas otras similares son oraciones de acción. Ignacio de Loyola nos dice: «Cada cosa que podemos enfocar en dirección a Dios es oración».⁴

Entonces también hacemos la oración cotidiana cuando vemos a Dios en las experiencias diarias de la vida. ¿Podemos encontrar significado en las marcas de pintura en la pared hechas por los chicos? ¿De alguna manera podrían ser el dedo de Dios escribiendo en la pared de nuestros corazones?

La espera es parte común de nuestro diario vivir. Descubrimos a Dios en ella: esperamos en la línea de un banco, esperamos a que el teléfono suene, esperamos para graduarnos, esperamos un ascenso, esperamos la jubilación, esperamos la muerte. Se convierte en oración conforme se la damos a Dios. Al esperar, comenzamos a estar en contacto con el ritmo de la vida: quietud y acción, escuchar y decidir. Esos son los ritmos de Dios. Es en el diario vivir y en lugar de costumbre en donde aprendemos la paciencia, aceptación y satisfacción. El criterio que usaba San Benito para dejar que un visitante se quedara en el monasterio era que «estuviera satisfecho con la vida según la iba enfrentando, y que no hiciera muchas demandas... sino que estuviera simplemente contento con lo que encontrara».⁵

Me siento atraído a este «contentamiento sin excesivas demandas» porque es la forma en que realmente me gustaría vivir. En un mundo en el que *ganar por la intimidación* está a

3. Grou, *How to Pray* [Cómo orar], p. 82.
4. Según se cita en Hutchinson, *Six Ways to Pray* [Seis formas de oración], p. 62.
5. *The Rule of St Benedict* [La Regla de San Benito], pp. 82-83.

la orden del día, me siento atraído por la gente que está libre de la tiranía de la asertividad.[6] Admiro a quienes son capaces de conocer a la gente simplemente en donde se encuentra, sin necesidad de controlar o manipular o de moverlos para que hagan algo. Disfruto estar cerca de ellos porque sacan lo mejor de mí sin manipulación de ningún tipo.

Otra forma de hacer la oración cotidiana es a lo largo de la experiencia cotidiana. Al levantar el periódico, estar prestos a susurrar una oración de guía para los líderes del mundo que se enfrentan a decisiones monumentales. Cuando estamos conversando con un amigo en algún pasillo de la escuela o en el corredor de la tienda y sus palabras nos mueven a orar por ellos, verbal o silenciosamente, según lo permitan las circunstancias. Cuando salimos a hacer ejercicio y trotamos por el vecindario, bendecimos a las familias que viven allí. Al plantar nuestro jardín, le agradecemos al Dios de los cielos por el sol y la lluvia y todas las cosas buenas. Este es el contenido de la oración cotidiana a través de las experiencias cotidianas.

La santidad se hace en casa

Las oraciones que surgen del contexto de la casa son tal vez las expresiones más comunes de la oración cotidiana. Edward Hayes, en *Oraciones de la iglesia doméstica*, provee un arsenal completo de oraciones en las que se puede participar como familia, ya sea grande o chica. Incluye todo, desde «Oración de bendición para un automóvil» hasta «Oración de protección en tiempos de tormenta o peligro» u «Oraciones para padres o madres sin pareja».[7] Conforme oramos en el contexto de la familia, aprendemos que la santidad se hace en casa. El primer altar fue la hoguera cuyo fuego ardía en el centro del hogar. Aun hoy la mesa familiar puede ser un altar importante donde las comidas son celebradas y todos los eventos de nuestra

---

6. Véase Robert J. Ringer, *Winning Through Intimidation* [Ganando por la intimidación], Fawcett, Greenwich, CT, 1974.
7. Véase Edward Hays, *Prayers for the Domestic Church* [Oraciones para la iglesia doméstica], Forest of Peace Books, Easton, KS, 1989

historia personal, grandes y pequeños, se pueden contar. Aquí es donde las madres y los padres cumplen su papel de sacerdotes.

También podemos establecer una «ermita» en nuestro hogar. Una ermita es un santuario o una capilla preparada y apartada para el silencio y la soledad. En la antigua Rusia cada villa tenía una ermita, o *poustinia*. A nosotros hoy en día nos hace falta tal santuario religioso en la comunidad, lo cual nos debe mover más todavía para tenerlo en la casa. Puede ser un cuartito, un estudio o el ático. Puede ser cualquier lugar quieto de la casa, el cual, cuando se use como ermita, permanezca fuera del alcance del resto de la familia.

Las familias donde hay sólo padre o madre, necesitan con frecuencia diferentes tipos de estructuras comunitarias para hacer funcionar estas cosas. A veces ayuda la reunión de cabezas de familia en actividades periódicas para hacer alguna cosa especial o para comer. De esta forma, la gente sola, las familias donde hay sólo padre o madre, o las parejas sin niños y la familia nuclear pueden ser enriquecidas por la presencia de unos y otros.

Algunas familias se han fortalecido y le ha ayudado la experiencia de tener un «altar familiar»: tiempo de reunión de lectura bíblica y oración. Otras se han dado cuenta que dicha práctica les es extremadamente difícil —si no imposible— de mantener, y esto les produce un sentimiento de culpa a causa de esta omisión. La culpa es innecesaria, porque estas cosas, por lo general, representan un cambio en los patrones de la cultura, más que una falta de piedad en la familia. Cuando las comunidades de agricultores y las familias grandes predominaban, era común reunirse para tomar los alimentos o para tener actividades vespertinas, y en esos casos el altar familiar resultaba perfecto. Para la mayoría de nosotros, sin embargo, esos días se han ido ya. Vivimos en zonas urbanas y tenemos por lo regular familias pequeñas. No siempre toda la familia tiene oportunidad de comer a la misma hora, porque hay que lidiar con horarios diferentes de las múltiples y diversas actividades de sus miembros.

Pregunta: ¿Qué hacemos? Respuesta: ¡lo mejor que podamos! Prueben las «oraciones de bendición» cuando los niños se van a la escuela y «oraciones de gratitud» cuando regresan. Antes de los diez años es particularmente apropiado orar con ellos por las noches. Esto se puede hacer ya sea antes de que se vayan a dormir, o bien después de que se han dormido. Podemos orar por la sanidad de cualquier trauma emocional del día; y siempre podremos agregar oraciones de protección para la noche y para el día venidero.

Una antigua costumbre que puede remontarse a los días de la iglesia primitiva era que los niños pedían a su padre una bendición antes de retirarse a descansar por la noche. Quizá nos resulte difícil realizar esa costumbre patriarcal, pero el padre y la madre —y abuelos y abuelas— pueden bendecir a los pequeños. En alguna ocasión quizás quieran mecer a su pequeño para dormirle, mientras le cantan las bendiciones.

Los años de adolescencia demandan ajustes y cambios. Por lo regular los adolescentes no quieren que sus padres entren a sus cuartos, no quieren que se les toque y les disgustan las oraciones familiares. Aunque la naturaleza de la oración demostrativa deba cambiar con frecuencia, siempre podrán orar por ellos en su corazón. También se darán cuenta que el contenido de lo que oran cambiará. Cada vez orarán más y más oraciones de liberación porque tratarán de cortar el cordón umbilical emocional, y ustedes deberán ayudarles.

Con frecuencia estas son épocas de tensión porque los adolescentes luchan por definir su identidad. Quizá rechazarán las creencias suyas en algún momento con el fin de recuperarlas después como propias. En nuestro caso, por ejemplo, ambos muchachos fueron a iglesias diferentes de la nuestra durante su adolescencia para tener su espacio emocional y explorar su propia experiencia de fe.

Si tienen adolescentes, quiero darles un consejo. Sé que estos años son con frecuencia turbulentos: como una pequeña balsa que se desliza por una serie de corrientes rápidas. Y sé que se siente como si esas corrientes fueran a parar en una desastrosa catarata. Pero con más frecuencia de lo que pensamos, no hay tal catarata en el río, sino un remanso de agua tranquila y calmada al otro lado. De cualquier modo, oramos por nuestros chicos mientras que van en las corrientes, y oramos por ellos por lo que vendrá después de las corrientes. Al hacerlo estamos haciendo la oración cotidiana.

Las aventuras comunes de la vida

Todos estamos unidos por lo que D. Elton Trueblood llama, «las aventuras comunes de la vida»: nacimiento, matrimonio, trabajo, muerte.[8] Jesús, en su vida y en sus enseñanzas, nos dio sacramentos importantes para estas experiencias cotidianas de la vida diaria. En su mismo nacimiento lo común y lo sagrado han sido unidos por siempre. Él se regocijó en la boda de la pareja en Galilea y dio vino a la santa festividad. Se codeó con lo pescadores y los recolectores de impuesto y con otro tipo de negociantes. Y enfrentó la muerte sin inmutarse para que podamos enfrentar nuestra propia muerte con esperanza.

Gracias a su firme fundamento sabemos que todo el trabajo es santo y que todos los lugares son lugares sagrados. Por eso levantamos nuestras voces en canción jubilosa, declarando: «Este es lugar santo, estamos parados en lugar santo; porque el Señor está presente, y donde Él está es lugar santo. Estas son manos santas, Él nos ha dado manos santas; Él trabaja a través de nuestras manos, y por esos son manos santas».[9]

◆

Todopoderoso, Santo, Excelentísimo Dios, gracias por tomar en cuenta las cosas pequeñas. Gracias por valorar lo insignificante. Gracias por interesarte en los lirios del campo y en las aves del cielo. Gracias por cuidar de mí.
En el nombre de Jesús,
—*Amén.*

8. Véase D. Elton Trueblood, *The Common Ventures of Life* [Las aventuras comunes de la vida], Harper & Row, New York, 1965.
9. Estas palabras fueron tomadas del canto «Tierra santa» en el álbum musical de John Michael Talbot, *Come Worship the Lord* [Ven, adora al Señor], vol. 2, Sparrow, Brentwood, TN, 1990.

16

Oración de súplica

Nos guste o no, pedir es la regla del Reino.
—C. H. Spurgeon

¿Saben por qué el todopoderoso Dios del universo elige responder oraciones? Es porque sus hijos le piden. Dios se deleita en nuestras peticiones. Él se complace con nuestras peticiones. Su corazón se ablanda con nuestras peticiones.

Nuestra dieta básica

Cuando el pedir es para nosotros se llama petición; cuando es en favor de otros se llama intercesión. El pedir está en el centro de ambas experiencias.

Jamás debemos negar o descuidar este aspecto de nuestra experiencia de oración. Algunos han sugerido, por ejemplo, que mientras que las voluntades menos profundas continúan apelando a Dios por ayuda, los verdaderos maestros de la vida espiritual van más allá de la petición para adorar la esencia de Dios sin necesidades o peticiones. En esta opinión nuestro pedir representa una forma de oración más cruda o ingenua, mientras que la adoración y contemplación son un enfoque más iluminado y superior, puesto que ellos están libres de cualquier demanda egocéntrica.

Esto, se los aseguro, es una falsa espiritualidad. La oración de súplica permanece primordialmente a lo largo de nuestra vida porque siempre somos dependientes de Dios. Es algo que realmente nunca podemos decir que hemos «superado» y que ni queremos hacerlo. A decir verdad, las palabras en hebreo y griego que generalmente se usan para decir oración significan «pedir» o «hacer una petición».[1] La Biblia en sí misma está llena de la oración de súplica y abiertamente se nos recomienda hacerla.

Cuando los discípulos pidieron instrucciones acerca de la oración, Jesús les dio la más grande oración que jamás se haya expresado —lo que hoy llamamos la oración del Padre Nuestro— y es primordialmente de súplica. Él instó a sus discípulos diciéndoles: «Pedid, y se os dará; buscad, y hallaréis; llamad, y se os abrirá. Porque todo aquel que pide recibe, y el que busca encuentra, y al que llama se le abrirá» (Mateo 7.7-8).

Sé que muchas de nuestras súplicas parecen inmaduras y ensimismadas. En un sentido sería menos problemático quedarse con la adoración, el culto y la contemplación. Estas cosas se sienten elevadas, dignas y nobles. Y el cristianismo será, intelectualmente, una religión mucho más fácil si nos puede mantener en este plano «elevado». Entonces no tendremos que estar lidiando siempre con la frustración de las oraciones no contestadas y la vergüenza de aquellos que pretenden manejar a Dios para sus propios fines. Sí, deben desear las áreas menos crudas de la adoración y la contemplación, pero como P.T. Forsyth observa, «las peticiones que son menos que puras sólo pueden purificarse con la petición».[2] Además, Jesús sigue llamándonos hacia la relación básica de hijo y padre, a la de pedir y recibir. Hans Urs von Balthasar escribe: «Es un grave error subordinar la *oratio* a la *contemplatio*, como si la oración oral fuera más para principiantes y la contemplativa más para los avanzados, pues cada polo determina y presupone el otro; el uno guía directamente al hacia el otro».[3]

---

1. C.W.F. Smith, *Prayer* «Oración», en *The Interpreter's Dictionary of the Bible* [Diccionario de intérpretes de la Biblia], vol. 3 Abingdon, Nashville, 1962, p. 858.
2. Forsyth, *El alma de la oración*, p. 38.

La súplica, entonces, no es una forma más baja de oración. Es nuestra dieta básica. En una expresión infantil de fe presentamos nuestras necesidades diarias y nuestros deseos a nuestro Padre celestial. Ninguno de ustedes podría darle a sus hijos una piedra si les pidieran pan, dice Jesús. Ninguno de nosotros le daría una víbora si pidieran pescado. Pues aun nosotros, cargados con nuestra agenda egoísta, respetamos los códigos más fundamentales de la relación padres-hijos. Con mayor razón, entonces, Dios que nos ama nos respeta y gozosamente nos da cuando le pedimos (Mateo 7.9-11).

Dos problemas comunes

Al enfocar este patrón básico de relación padre-hijo recibimos luz en dos de los problemas más comunes en la oración de súplica. El primero es la pregunta bastante razonable de por qué debemos pedirle a Dios las cosas cuando Él ya sabe qué es lo que necesitamos. La respuesta más directa es simplemente que a Dios le gusta que le pidamos. A nosotros nos gusta que nuestros pequeños nos pidan las cosas que ya sabemos que las necesitan, porque el simple hecho de pedir fortalece y profundiza la relación. P.T. Forsyth comenta: «El amor ama que se le diga lo que ya sabe... quiere que se le pida por lo que se desvive en dar».[4]

Además, no estoy tan seguro que Dios conozca todo acerca de nuestra súplica. Parece que Dios ha escogido libremente permitir que la dinámica de la relación determine qué es lo que nosotros pediremos en su oportunidad. El hecho de que Dios sea todo conocimiento —omnisciente, como decimos— no hace imposible su determinación de retener su criterio en cuestiones en las que la decisión depende del dar y tomar de la relación. Diremos más sobre esto en el capítulo siguiente. Por ahora, confórtate en que Dios desea un auténtico diálogo, y que según hablamos de lo que hay en nuestro corazón

---

3. Hans Urs von Balthasar, *Prayer* [Oración], trad. Graham Harrison, Ignatius, San Francisco, 1986, p. 251.
4. Forsyth, *El alma de la oración*, p. 63.

estamos comunicando la información real en la que Dios está profundamente interesado.

Un segundo problema con la oración de súplica surge de aquellos de corazón tierno. Es el respeto del espíritu que dice, de verdad: «No debiera molestar a Dios con estas pequeñeces de mi vida. Hay cosas de mayores consecuencias en el mundo que mis pequeñas necesidades».

Pero aquí es donde debemos ver el corazón Abba de Dios. En un sentido importante nada es más esencial para Él que la ansiedad que sentimos por la intervención quirúrgica que tendremos mañana, el enfado que sentimos hoy a causa de la irresponsabilidad de los hijos y la desesperación que sentimos por el mal estado de nuestros ancianos padres. Estos son asuntos de gran magnitud para Él porque tienen gran importancia para nosotros. Es falsa humildad echarnos para atrás y no expresar nuestras necesidades más profundas. Su corazón es siente herido por nuestras reservas. Así como nos gusta que nuestros hijos nos comuniquen hasta los más mínimos detalles de un día de escuela, así Dios desea de corazón que nosotros le digamos los más pequeños detalles de nuestra vida. Se goza cuando las hablamos con Él.

La perplejidad de la oración no contestada

Ahora llegamos a uno de los aspectos qu ha sido el más problemático de la oración de súplica, llamado oración no contestada. No debemos apresurarnos demasiado para resolver el problema acerca de la respuesta de Dios como un simple «sí, no, o espera». Para ser sinceros, y no sólo tratar de cubrir nuestra inseguridad, debemos admitir profunda perplejidad respecto a estas cosas. C. S. Lewis menciona: «Cada guerra, cada hambre y plaga, casi cada muerte de cama, es el monumento a una súplica que no fue concedida».[5]

El problema se intensifica cuando consideramos la pródiga promesa de respuestas contenidas en el Nuevo Testamento, especialmente en las palabras de Jesús. Consideren, por ejem-

---

5. Lewis, *Cartas a Malcolm*, p. 58.

plo, su brillante declaración en Marcos 11.24: «Por tanto, os digo que todo lo que pidiereis orando, creed que lo recibiréis, y os vendrá». Lo glorioso de la promesa se diluye por la información empírica de nuestra vida personal de oración. ¿Qué podemos decir sobre este provocativo problema? La primera cosa que debemos confesar es que tenemos un problema auténtico, no imaginado. Cualquier solución supuesta que yo o cualquier otra persona dé son sólo parciales y no harán que el problema desaparezca. No sé por qué la sentida súplica de una persona enferma terminal o de una persona desamparada queda sin respuesta. Francamente desearía que fuera de otra manera. Aquí estamos bajo los misterios de los caminos de Dios, atisbando a través de un oscuro espejo. Sólo en el tiempo venidero podremos entender por completo, de la misma manera en que somos conocidos (1 Corintios 13.12).

En realidad es a partir de la ventaja del tiempo venidero —hasta donde podemos entender esa perspectiva— que obtenemos la primera pista de una solución al problema de las oraciones no contestadas. P.T. Forsyth observa en forma perceptible: «Algún día llegaremos a un cielo donde favorablemente sabremos que las grandes negativas de Dios fueron a veces la verdadera respuesta a nuestras más ciertas oraciones».[6] Muchas veces, en nuestra corta visión, pedimos cosas que no son para nuestro bien. Otras veces la respuesta a nuestras oraciones sería en detrimento para otros, o significaría el rechazo de sus oraciones, o ambas. Por eso hay ocasiones cuando nuestras oraciones son sólo autocontradictorias, una especie de «concédeme paciencia ahora mismo». Y por último, algunas veces nuestras oraciones, si reciben respuesta, nos podrían arruinar. No estamos todavía preparados para recibir lo que hemos pedido.

En tales casos, y muchos otros similares, es la gracia de Dios y su misericordia que previenen nuestras oraciones de ser contestadas. Dios retiene sus dones para nosotros por nuestro propio bien. A lo mejor no podríamos afrontar bien lo que sucedería si nuestra súplica fuere concedida. Por lo tanto

6. Forsyth, *El alma de la oración*, p. 14.

debemos agradecer a Dios que muchas de nuestras oraciones queden sin respuesta. C. S. Lewis escribe: «Si Dios me hubiera concedido todas las oraciones superfluas que he hecho en mi vida, dónde estaría ahora».[7]

Otra realidad que debemos considerar es que muchas veces nuestras oraciones son respondidas, pero las perdemos de vista y no las reconocemos. Dios entiende los profundos intentos de nuestras oraciones y por eso responde a esta gran necesidad que, en su tiempo y a su forma, resuelve nuestra preocupación específica de oración. Tal vez pedimos por más fe para sanar a otros, pero Dios, que entiende mejor la necesidad humana, nos provee de más compasión para que podamos llorar con otros. Una parte de nuestra súplica debe ser siempre por un creciente discernimiento, de tal modo que podamos ver las cosas que Dios quiere que veamos.

También debemos confesar cuán poco sabemos de los caminos y los tiempos de Dios. A veces, al igual que los antiguos discípulos, queremos que llueva fuego del cielo sobre los enemigos de Dios. (Por supuesto que ellos siempre se vuelven nuestros enemigos también, lo cual queda bastante bien para nosotros.) Pero Jesús puso en claro que el fuego del cielo simplemente no es el único camino que Dios usa (Lucas 9.54). En otras ocasiones, la ansiedad del tamborileo de nuestros dedos está fuera de tiempo de la misericordia paciente del Eterno.

También debemos recordar que, como la oración de súplica se centra en nosotros y nuestras necesidades, no somos participantes desinteresados. Es mucho más fácil orar con claridad respecto a cuestiones que no tienen un impacto directo sobre nosotros, que respecto a nuestro propio dedo infectado. Sin embargo, esto no debe limitarnos jamás de orar por nuestras propias necesidades, pues se nos ha mandado que lo hagamos, pero esto nos debe recordar que somos capaces de una autodecepción infinita.

Hay algo más que quiero decirles sobre las oraciones no contestadas, aunque había dudado mencionarla por temor a

---

7. Lewis, *Cartas a Malcolm*, p. 28.

que me no me interpretaran bien: el pecado obstruye nuestras oraciones. Al decir esto no estoy avalando el malinterpretado cliché: «Dios no escucha la oración de los pecadores». Si ese fuera el caso, todos estaríamos en un difícil problema. Tampoco quiero decir que debamos obtener un nivel especial de santidad antes de que el Todopoderoso responda a nuestros ruegos. Una sencilla observación revelará que Dios es bastante pródigo en su misericordioso responder a toda clase y tipo de gente sin considerar su santidad. Mi historia personal lo confirma por mucho.

No, me refiero a algo muy diferente cuando digo que el pecado obstruye nuestras oraciones. Quiero decir que nuestro pecado, por su propia naturaleza, nos separa de Dios, rompiendo la íntima relación y adormeciendo nuestra sensibilidad espiritual. Nos volvemos miopes y sordos, por decirlo de otra manera. El resultado es la inhabilidad para discernir el corazón de Dios y hacer peticiones fuera de orden. Pedimos mal, para gastar en nuestras propias pasiones, como nos recuerda Santiago (4.3). Por lo tanto nuestras oraciones son obstruidas.

Dios me dice, por ejemplo, que actúe amorosamente con mi vecino, tal vez que lo invite a cenar a casa. Pero me niego a esto en principio porque estoy molesto con las hojas de su árbol que caen en mi jardín. Dios me recuerda mis resentimientos contra mi vecino más de una vez. No hago nada. Al tiempo, ya no escucho a Dios que me habla respecto a mi vecino, y pienso para mis adentros: «¡Bien, ya me zafé de ese!» No, no lo hice. La sordera me ha llegado, en parte. La ceguera ha llegado, en parte. El adormecimiento de las sensibilidades espirituales es algo que espero que temamos.

Sé que estos pocos comentarios no borrarán el dilema que sienten por las oraciones no contestadas. Muchas veces también yo me quedo perplejo ante oraciones que parecen ser ignoradas. Esto debe animarnos a recordar que tenemos un Salvador quien, en la oscuridad del Getsemaní, sobrellevó el peso de la oración no contestada y en su momento de gran agonía compartió nuestra confusa pregunta: «¿Por qué?»

El Paternoster

En total poder y majestad, no hay oración que pueda igualar al Paternoster: «Nuestro Padre» (Mateo 6.9-13). Como mencioné antes, hoy le llamamos la oración del Padre Nuestro, aunque esa distinción con más acierto corresponde a la oración sumosacerdotal de Jesús en el Aposento Alto (Juan 17). El Paternoster es la oración dada por el Señor a sus discípulos, es decir ustedes y yo.

El Paternoster es realmente una oración total. Su interés comprende el mundo en su totalidad, desde la venida del Reino hasta el pan diario. Cosas grandes y cosas pequeñas, cosas espirituales y cosas materiales, cosas internas y cosas externas: nada queda fuera del alcance de esta oración.

Es elevada a Dios en todas las situaciones que puedan imaginarse. Se eleva desde los altares de las grandes catedrales hasta las oscuras chozas de lugares recónditos. Es expresada tanto por niños como por reyes. Se ora en bodas y en entierros. El rico y el pobre, el inteligente y el iletrado, el simple y el sabio: todos hacen esta oración. Mientras que la decía esta mañana en mi grupo de formación espiritual, me unía a las voces de millones alrededor del mundo que oran todos los días de esa misma forma. Es tan completa esta oración que pareciera alcanzar a toda la gente de todos los tiempos y todos los lugares.

La oración del Padre Nuestro es esencialmente de súplica: petición. La adoración está presente desde el principio hasta el final, pero la petición está presente a lo largo del cuerpo principal de la oración. De sus siete peticiones bien elaboradas, tres están relacionadas a súplicas personales. Estas tres plegarias pueden ser resumidas en tres palabras: dar, perdonar y librar. Juntas forman un paradigma para la oración de súplica por medio de la cual podemos conjugar los tres verbos y hacer nuestra petición personal.

Dar

Si no estuviéramos tan familiarizados con la oración del Padre Nuestro, estaríamos asombrados ante la petición del pan diario. Si hubiera salido de los labios de cualquier otro y no de Jesús mismo, lo habríamos considerado como una intrusión del materialismo en un ámbito refinado de oración. Pero aquí está, incrustada en la mitad de la más grande de las oraciones: «Danos el pan nuestro de cada día».

Cuando pensamos en esto por un momento, nos damos cuenta que esta oración es completamente consistente con el patrón de vida de Jesús, pues Él se interesó por estas trivialidades de la humanidad. Él proveyó vino para quienes estaban celebrando, comida para los hambrientos, descanso para los desfallecidos (Juan 2.1-12; 6.1-14; Marcos 6.31). Él fue al encuentro de los «más pequeños»: el pobre, el enfermo el desvalido. Por eso es completa a fin de llamarnos a la oración por el pan diario.

Al hacer esto, Jesús ha transfigurado las trivialidades de la vida diaria. Traten de imaginar cómo sería nuestra experiencia de oración si Él nos hubiera prohibido orar por las cosas pequeñas. ¿Qué sucedería si las únicas cosas de las que se nos permitiera hablar en la oración fueran asuntos de peso, cosas importantes, cuestiones profundas? Estaríamos huérfanos en este mundo, fría y terriblemente solos. Pero justamente lo contrario es lo que sucede: Él nos acoge con nuestras mil y una trivialidades, pues cada una de ellas son importantes para Él.

Oramos por el pan diario al llevar a Dios aquellas pequeñeces que conforman el grueso de nuestros días. ¿No podemos encontrar quién cuide a nuestros hijos mientras que estamos en el trabajo? Bueno, pues entonces oramos para encontrar a alguien. ¿Necesitamos un poco de espacio para pensar en nuestras cosas? Entonces oramos por un poco de soledad y descanso diarios. ¿Nos hace falta un par de guantes o un abrigo porque el invierno es crudo? Pedimos por ropa, día tras día. ¿Estamos batallando con una relación de trabajo o de familia? Pues pedimos paciencia, sabiduría y compasión, diariamente y a cada hora. Así es como oramos por el pan diario.

Perdonar

Constantemente me sorprendo que la súplica «dar» preceda a

la súplica «perdonar», y no al contrario. Es como si la bondad recibida de Dios, nos permitiera ver la enorme deuda que tenemos y nos hiciera exclamar: «Perdónanos nuestras deudas». Las deudas son enormes, sin duda. No son sólo las cosas que hacemos, pues ya con eso sería bastante. También son aquellas cosas que no hacemos. Cometemos pecados de comisión y pecados de omisión. Nuestra montaña de ofensas crece desmesuradamente: su peso amenaza con estrellar nuestra vida.

Es precisamente cuando estamos jadeando por respirar que Jesús nos invita a orar: «Perdónanos nuestras deudas». Nos enseña de esta manera porque sabe cuánto ama Dios el perdonar. Es una de las cosas que anhela hacer, se duele por hacer y se apresura a hacer. En el centro del corazón del universo está el deseo de Dios de dar y perdonar.

Pero en esta súplica nos encontramos con la perplejidad. Se nos ha enseñado a orar: «perdónanos nuestras deudas, así como también nosotros perdonamos a nuestros deudores». Es una petición condicionada. Somos perdonados conforme perdonamos. Y, como para intensificar el problema, esta es en la única petición que Jesús se siente llamado a ampliar: «Porque si perdonáis a los hombres sus ofensas, os perdonará también a vosotros vuestro Padre celestial; mas si no perdonáis a los hombres sus ofensas, tampoco vuestro Padre os perdonará vuestras ofensas» (Mateo 6.14-15). ¿Por qué es así? No es que Dios nos dé de mala gana su perdón, ni es que sea tan difícil de obtener el perdón de Dios de manera que tengamos que demostrarle primero la buena fe que tenemos al perdonar primero a otros. No, definitivamente no ese eso. Es simplemente que por la misma naturaleza del orden creado debemos primero dar a fin de poder recibir. Yo no puedo, por ejemplo, recibir amor si antes no doy amor. La gente tal vez tratará de ofrecerme amor, pero si el resentimiento y el deseo de venganza invaden mi corazón, sus ofrecimientos se escurrirán de mi como el agua sobre la espalda de un pato. Si tengo cerrados los puños de mis manos y mis brazos cruzados, difícilmente podré sostener algo.

Pero una vez que doy amor, soy candidato para recibir

amor. Una vez que abro mis manos, puedo recibir. Como decía San Agustín, «Dios da en donde encuentra manos vacías».[8] De igual manera es con el perdón. Mientras la única voz que se escuche entre nosotros sea de venganza, no podrá haber reconciliación. Si nuestros corazones son tan estrechos para ver sólo como otros nos han herido y ofendido, no podremos ver que hemos ofendido a Dios y por lo tanto no veremos la necesidad de buscar perdón. Si siempre nos pasamos calculando en nuestros corazones cuántas veces han sido violados nuestros derechos por este y aquel, por la misma naturaleza de estas cosas, no seremos capaces de orar esta oración.

En los asuntos de la vida humana hay un círculo vicioso de revancha: tú heriste a mi buey, yo voy a herir a tu buey; si tú me haces daño, yo también te haré daño. El dar perdón es esencial porque rompe la ley de la retribución. Somos ofendidos, pero, en lugar de ofender a cambio, perdonamos. (Entiendan que somos capaces de hacer esto gracias al supremo acto de perdón del Gólgota, el cual de una vez y para siempre rompió el círculo de venganza. Cuando hacemos esto, cuando perdonamos, esto desata una lluvia de gracia perdonadora desde los cielos y entre los seres humanos.

Si perdonar es tan importante, necesitamos hacer una pregunta: ¿Qué es perdonar? Hay mucha confusión respecto a esto hoy en día, y por eso necesitamos primero entender lo que no es el perdón.

Perdonar no significa que vamos a dejar de sentir dolor. Las heridas son profundas, y a lo mejor duelan por mucho tiempo. Sólo porque seguimos sintiendo la experiencia emocional del dolor no significa que hemos fallado en perdonar.

Perdonar no significa que vamos a olvidar. Eso sería violentar nuestras facultades racionales. Helmut Thielicke, un ministro alemán que resistió los días de terror del Tercer Reich

---

8. Según se cita en C. S. Lewis, *Letters to an American Lady* [Cartas a una dama americana] ed. Clyde S. Kilby, Hodder & Stoughton, London, 1969, p. 73.

nazi, dice: «Uno jamás debe pronunciar las palabras «perdón» y «olvido» en un mismo respiro».⁹ No, es seguro que habremos de recordar, pero en el perdón dejamos de usar la memoria en contra de otros.

Perdonar no es pretender que la ofensa no nos importa. Nos importó, y nos importa, y no tiene caso pretender lo contrario. La ofensa es real, pero cuando perdonamos, la ofensa deja de controlar nuestro comportamiento.

Perdonar no significa actuar como si las cosas fueran igual que antes de la ofensa. Debemos enfrentar el hecho de que las cosas jamás volverán a ser iguales. Por la gracia de Dios pueden llegar a ser mil veces mejores, pero jamás serán iguales.

¿Qué es entonces el perdón? Es un milagro de gracia por el cual la ofensa ya no nos logra separar. Si un esposo ignora a su esposa, valorando los negocios y todas las demás cosas por encima de ella, ha pecado contra ella. La ofensa es real y la herida es real. La confianza sagrada se ha roto. Es cierto cuando decimos que algo se ha interpuesto entre ellos. Ella jamás olvidará esta violación de respeto. Quizá en sus años de vejez sentirá un viento frío al recordar ese descuido.

Pero perdonar significa que esta ofensa real y horrible no nos separará. Perdonar significa que ya no vamos a usar la ofensa para marcar separación entre nosotros, ni para herir o injuriar el uno al otro. Perdonar significa que el poder del amor que nos mantiene unidos es mayor que el poder de la ofensa que nos separa. Eso es perdonar. Al perdonar liberamos a nuestros ofensores, de manera que dejan de estar atados a nosotros. En un sentido bastante cierto, estamos librándolos para recibir la gracia de Dios. Y estamos además invitando a nuestros ofensores a volver al círculo de compañerismo.

Una palabra final respecto a la petición en sí: Dios se ha comprometido a perdonarnos cuando perdonamos. Quizá se han sentido profundamente cargados de culpa cuando ofenden al cielo. No les es fácil y están inseguros sobre el perdón de

---

9. Helmut Thielicke, *Our Heavenly Father: Sermons on the Lord's Prayer* [Nuestro Padre celestial: sermones sobre la oración del Padre Nuestro], Harper & Brothers, New York, 1960, p. 110.

Dios. Y claman por alguna evidencia que les pueda dar paz. Bueno, esta es la seguridad que nos da la suprema autoridad. Jesucristo, el Hijo eterno, nos garantiza la absolución: «Porque si perdonáis a los hombres sus ofensas, os perdonará también a vosotros vuestro Padre celestial» (Mateo 6.14).

Librar

La tercera súplica es quizá la más importante de todas. Contiene una negativa (no nos metas en tentación) y una positiva (mas líbranos del mal).

La primera parte de la petición ha inquietado a muchos. ¿Cómo puede Dios tentarnos o llevarnos a la tentación? La palabra en griego significa «pruebas» o «circunstancias de prueba», y la única vez que Dios nos prueba es cuando hay algo en nuestros corazones que necesita ser revelado. Por ejemplo, Judas era un hombre que tenía dificultades con el dinero, razón por la que Jesús lo hizo el tesorero del grupo de sus apóstoles. Con el tiempo, lo que estaba en el corazón de Judas salió a la luz.

Por lo tanto la oración «no nos metas en tentación» significa esto: «Señor, que no haya nada en mí que te obligue a ponerme a prueba a fin de revelar lo que está en mi corazón». Queremos progresar en el plano de la transformación sin tener pecados escondidos de modo que Dios no se vea obligado a ponernos a prueba.

No debemos pensar aquí en las tentaciones de la niñez, lo que Martín Lutero llamaba «pecados infantiles».[10] No, es por los pecados adultos por los que debemos preocuparnos. Nosotros, igual que Jesús en el desierto, seremos tentados con el poder y la influencia, y la oportunidad de ayudar a otros sin referirnos a Dios. Cuánto bien podríamos lograr si tan solo tuviéramos esas cosas, quizás pensemos. Esos deseos en nuestro corazón son la semilla de la destrucción. En la oración del Padre Nuestro le pedimos a Dios que quite eso de nuestros corazones, de tal modo que nunca tenga que ponernos a prueba.

Ahora, con respecto a la petición «líbranos del mal»: por

10. Según se cita en ibid. p. 119.

mucho que esto nos guste, contrario a lo que pensamos, en el texto original es bastante claro que Jesús nos está urgiendo a orar por rescate no por el mal en sentido genérico, sino del maligno, llamado Satanás. Yo sé que esto no encaja bien en nuestra visión moderna y postmoderna de la realidad, pero está ahí de todas maneras.

Helmut Thielicke predicó sobre este pasaje justo después que los Aliados ocuparon la ciudad de Stuttgart, donde vivía, casi al final de la Segunda Guerra Mundial. Comentando en relación al «propiamente espiritualizado "concepto del mal"» moderno escribió lo siguiente:

> Queridos amigos, en nuestro tiempo hemos tenido demasiado contacto con los poderes demoníacos;
>
> hemos sentido y visto como hombres y movimientos completos han sido corrompidos y controlados por poderes misteriosos y abismales, que los han guiado a donde no habían pensado ir;
>
> hemos observado todos también cómo un espíritu extraño puede poseer a la gente y cambiar la misma sustancia de los hombres que antes eran personas bastante decentes y razonables, llevándolas a la brutalidad, al delirio de poder, y a un enojo del cual nunca antes se habían mostrado capaces;
>
> año tras año hemos visto una creciente atmósfera viciada que se asienta sobre nuestro mundo y sentimos cuán real y casi tangibles están los malos espíritus en el aire, viendo y pasando una copa invisible de veneno de nación a nación para entregarlos a la confusión.[11]

Y en las décadas de intervención, ¿no hemos visto bastante este terror como para decir sin avergonzarnos la frase de Martín Lutero: «El implacable príncipe de las tinieblas»? Tal vez también recuerden que Lutero continúa diciendo: «Tem-

---

11. Ibid., p. 133.

blamos no por él/ su odio podemos soportar,/ pues su ruina es segura:/ una pequeña palabra lo vencerá».[12] Este es el resultado de la oración de liberación.

El profesor Herbert Farmer de Cambridge nos recuerda que «si la oración es el corazón de la religión, entonces la súplica es el corazón de la oración».[13] Sin la oración de súplica tenemos una vida de oración truncada. Permítanme recordarles una vez más cuánto se deleita Dios en nuestras peticiones, buscando una excusa para darnos.

◆

Querido Padre, no quiero tratarte como si fueras Santa Claus o Papá Noel, pero necesito pedirte varias cosas. Por favor, dame alimento para que pueda comer hoy. No te pido para mañana, sino te pido para hoy. Por favor, perdóname por las infinitas ofensas que he cometido contra tus bondades el día de hoy... y en esta misma hora. A veces ni siquiera estoy consciente de todas ellas. Vivo demasiado distraído. Y eso ya es un pecado contra el cielo. Lo lamento. Aumenta mi atención.

Y si en mi ignorancia pido por cosas que son verdaderamente destructivas, por favor, no me las des, no me metas en tentación. Protégeme del maligno.

En Jesús te lo pido.

—Amén.

---

12. *Himnos de la familia de Dios*, Himno 118.
13. H. H. Farmer, *The Word and God* [El mundo y Dios] Nisbet, London, 1935, p. 129.

17

Oración intercesora

La oración intercesora es el baño purificador en el que la persona y la comunidad deben entrar diariamente.

—Dietrich Bonhoeffer

Si en verdad amamos a la gente, debemos desear para ellas más de lo que está en nuestro poder para darles, y esto nos ha de guiar a la oración. La intercesión es una forma de amar a otros. Cuando nos movemos de la petición a la intercesión estamos cambiando el centro de gravedad de nuestras necesidades a las necesidades y preocupaciones de los demás. La oración intercesora es oración descentralizada del yo, es más, es oración de autoentrega. En el constante trabajo del Reino de Dios no hay nada más importante que la oración intercesora. Hoy en día la gente necesita con desesperación la ayuda que podemos darles. Los matrimonios se desmoronan. Los niños son destruidos. Los individuos viven en la desesperación, sin futuro ni propósito. Y nosotros podemos hacer la diferencia... si aprendemos a orar en favor de ellos.

La oración intercesora es ministerio sacerdotal, y una de las enseñanzas más retadoras del Nuevo Testamento es el sacerdocio de todos los creyentes. Como sacerdotes, escogidos y ungidos por Dios, tenemos el honor de ir frente al Altísimo en favor de otros. Esto no es opcional; es una obligación santa —y un precioso privilegio— de todos aquellos que han tomado el yugo de Cristo.

Un modelo magnífico

Moisés fue uno de los grandes intercesores del mundo, y un pequeño incidente de su vida nos provee de un magnífico modelo para nuestro continuo trabajo de intercesión. En esa ocasión los amalecitas se habían levantado en guerra contra los hijos de Israel (Éxodo 17.8-13). La estrategia militar de Moisés fue extraña y poderosa. Le ordenó a Josué que guiara al ejército hasta el valle para enfrentar la batalla. Entonces Moisés subió hasta la cumbre de la montaña para ver la batalla acompañado de sus dos tenientes, Aarón y Hur. Mientras que Josué lidereaba en el combate físico, Moisés lo haría en combate espiritual, levantando manos de oración sobre el conflicto. Evidentemente Moisés tuvo la tarea más pesada, pues se cansó. Aarón y Hur tuvieron que ayudarlo para sostener sus manos en alto hasta que se puso el sol.

En las crónicas militares Josué fue el general que ganó la victoria del día. Él fue la persona que estuvo al frente y en lo duro del conflicto. Pero ustedes y yo sabemos el resto de la historia. Atrás de la escena, la batalla de la intercesión fue ganada por Moisés, Aarón y Hur. Cada labor realizada fue importante para la victoria. Josué tuvo que guiar el ataque. Moisés tuvo que interceder a favor de los hijos de Israel. Aarón y Hur necesitaron asistir a Moisés conforme se sentía cansado.

Lo que Moisés, Aarón y Hur hicieron ese día es el trabajo al que estamos llamados. No estamos llamados a ser líderes públicos, pero hemos de comprometernos en la oración intercesora. Y como P. T. Forsyth nos recuerda: «Cuanto más bajamos al valle de la decisión más alto debemos ascender... en la montaña de la oración, y debemos sostener las manos de aquellos cuya preocupación principal es prevalecer con Dios».[1]

---

1. Forsyth, *El alma de la oración*, p. 53.

El intercesor

No hemos sido abandonados en este trabajo de intercesión. Nuestras pequeñas oraciones de intercesión son respaldadas y reforzadas por el eterno Intercesor. Pablo asegura que «...Cristo es el que murió; más aun el que también resucitó, el que además está a la diestra de Dios, el que también intercede por nosotros» (Romanos 8.34). Y como para enfatizar la verdad, el escritor a los Hebreos declara a Jesús como eterno sacerdote en el orden de Melquisedec quien está «...viviendo siempre para interceder...» (Hebreos 7.25).

En el discurso del Aposento Alto registrado en el Evangelio de Juan, Jesús les deja claro a los discípulos que su partida al Padre los habrá de sumergir en una nueva dimensión de oración. Le explica a su grupo sorprendido: que Él es en el Padre y el Padre en Él, que va al Padre para prepararles lugar, que podrán hacer cosas mayores porque Él va al Padre, y que no serán dejados huérfanos porque el Espíritu de Verdad vendrá y los guiará, que tienen que permanecer en Él como los pámpanos permanecen en la vid, y que Él hará cualquier cosa que pidan en su nombre, y muchas cosas más (Juan 13-17).

¿Qué hace que la partida de Jesús al Padre cambie radicalmente la ecuación? ¿Por qué habrá tan especial diferencia en su —y en nuestra— experiencia de oración? Esta es la nueva dimensión: Jesús está adoptando su trabajo de Intercesor ante el trono de Dios, y como resultado, estamos capacitados para orar por otros con una nueva y completa autoridad.

Lo que estoy tratando de decir es que nuestro ministerio de intercesión se hace posible únicamente y gracias al continuo ministerio de intercesión de Cristo. Es una verdad maravillosa saber que somos salvos sólo por la fe, que no hay nada que podamos hacer para hacernos aceptos delante de Dios. De igual modo, oramos sólo por fe: Jesucristo nuestro eterno Intercesor es responsable de nuestra vida de oración. «A menos que Él interceda», escribe Ambrosio de Milán, «no hay comunicación con Dios ni para nosotros ni para los santos».[2]

---

2. Ambrosio de Milán, *On Isaac or the Soul* [Sobre Isaac o del alma], viii,

Por nuestros propios méritos no tenemos entrada a la corte celestial. Sería como hormigas hablando a los humanos. Necesitamos un intérprete, un intermediario, un mensajero. Esto es lo que Jesús hace por nosotros en su papel de eterno Intercesor: «... Hay un solo Dios y un solo mediador entre Dios y los hombres, Jesucristo hombre» (1 Timoteo 2.5). Él abre la puerta y nos concede acceso a los cielos. Y aun más: Él endereza y limpia nuestras débiles y desviadas intercesiones y las hace aceptables ante nuestro santo Dios. Y por si eso fuera poco, además: sus oraciones sustentan nuestros deseos de orar, urgiéndonos a seguir y dándonos esperanza de que somos escuchados. La visión de Jesús en su intercesión celestial nos da fuerzas para orar en su nombre.

En el nombre de Jesús

Ahora que ha surgido el tema de orar en el nombre de Jesús, quiero hacer algunos comentarios al respecto. Se nos insta repetidamente en los Evangelios y en otras partes más a orar de esta manera. Y se nos promete resultados maravillosos al hacer esto. «Hasta ahora nada habéis pedido en mi nombre; pedid, y recibiréis, para que vuestro gozo sea cumplido» (Juan 16.24).

Yo sé que esta noción más bien resulta rústica e intolerante para algunos. Tal vez se estén preguntando: «¿No sería posible ser un poco más asequibles y aceptar todas las oraciones sinceras en nombre de quien fuera y de cualquier autoridad?» Bueno, antes que todo, no es asunto mío o suyo aceptar o rechazar la oración de alguien. Eso es algo que gracias a Dios le corresponde sólo a Él. Mi opinión es que Dios al aceptar las oraciones va mucho más allá que el que tenga entre nosotros la mente más abierta. (Con frecuencia somos terriblemente estrechos en nuestra mente abierta.) A nosotros que somos gente del Camino, sin embargo, se nos ha pedido orar en virtud

---

75 J. P. Migne, *Patrología Latina* 14, p. 557. Para más información véase Bloesch, *La lucha de la oración*, pp. 35, 48.

por mucho tiempo lo que el otro o la otra piensa o siente? Conocemos, como somos conocidos. Esta es la forma de orar en el nombre de Jesús.⁴

Persistencia que vence

Cuando comenzamos a orar por otros, descubrimos que es fácil decepcionarnos con los resultados que parecieran ser frustrantemente lentos y disparejos. Esto es porque estamos entrando a la extraña mezcla de la influencia divina y la autonomía humana. Dios no nos obliga, de manera que la influencia divina siempre permite un camino de escape. Nadie es forzado jamás a una obediencia estilo robot.

Este aspecto del carácter de Dios —el respeto, la cortesía, la paciencia— nos es difícil de aceptar, porque nosotros actuamos de manera diferente. Algunas personas nos frustran tanto que a veces quisiéramos poder abrirles la cabeza y cambiarles un poco su forma de pensar. Este es nuestro estilo, pero no el de Dios. Sus caminos son más altos que los nuestros. Son como la lluvia y la nieve que suavemente caen sobre la tierra, desapareciendo en el suelo conforme lo nutren. Cuando es el tiempo preciso, brota nueva vida. No hay manipulación, ni control; sólo libertad y liberación perfectas. Este es el estilo de Dios (Isaías 55.8-11).

Nos es difícil aceptar este proceso, y fácilmente podemos decepcionarnos. Creo que Jesús sabía bien esto, por eso es que dio más de una enseñanza en cuanto a la necesidad de persistir: lo que hoy llamamos las parábolas de la inoportunidad. Hasta especificó la razón por la cual decía esas historias, para que no olvidemos «orar siempre... y no desmayar» (Lucas 18.1).

Estas parábolas han sido de especial bendición para mí,

---

4. El lector agudo se habrá dado cuenta ya que no he incluido un capítulo sobre la oración de dirección. Ahora saben el porqué. Pues la mayor parte de la fascinación moderna de «¿Cómo descubrir la voluntad de Dios?» falla en ver que según conocemos a Dios, conocemos su voluntad. Hay quienes desafortunadamente están buscando técnicas en lugar de intimidad.

pues fácilmente me descorazono. Quizás sepan a lo que me refiero. Oramos una o dos veces, y cuando parece que nada se mueve, le damos por otro lado, o caemos en la autocompasión, o de plano dejamos de orar. Nuestro método de solución-rápida es un poco la idea del interruptor de luz. Si la luz no se enciende inmediatamente decimos: «Bueno, de todos modos no creo en la electricidad».

Pero Jesús nos da un punto panorámico completamente diferente desde el cual podemos ver nuestro trabajo de oración. La oración, nos dice, es un poco como una viuda desamparada que se negó aceptar su desamparo y por el contrario se puso firme ante la injusticia, y su persistencia ganó lo que deseaba (Lucas 18.1-8). Es un tanto como forzar a un vecino a ayudarnos a dar de comer a un extraño, aunque hacerlo resulte muy inconveniente porque de otra forma todo el pueblo será culpado de no atender a los extraños que se encuentran en medio de él (Lucas 11.5-13). En cada caso el punto de la enseñanza es la persistencia. Nos mantenemos pidiendo, buscando y tocando la puerta.

Hay una palabra religiosa para lo que acabo de describir: rogativa. Rogativa significa pedir con insistencia, con intensidad, con perseverancia. Es una declaración de que estamos comprometidos seriamente con el negocio de la oración. Vamos a permanecer firmes y no darnos por vencidos. Juan Calvino escribe: «Debemos repetir la misma rogativa no sólo dos o tres veces, sino tan seguido como necesitemos, cien o mil veces... No debemos cansarnos en esperar la ayuda de Dios».[5]

Esta es una enseñanza importante que hay que escuchar, pues vivimos en una generación que evita los compromisos. Una de las viejas virtudes cardinales era la fortaleza, pero ¿en dónde encontramos hoy en día tal coraje y poder de permanecer? Debemos admitir que se encuentra en pequeñas dosis dondequiera que miramos. Jesús, sin embargo, hace el fundamento para una verdadera efectividad de la oración intercesora.

¿Tienen, tenemos esta paciente determinación en nuestras

---

5. Juan Calvino, *Sermons on the Epistle to the Ephesians* [Sermones en la Epístola a los Efesios], Banner of Truth Trust, Edinburgh, 1975, p. 683.

oraciones por otros? Qué fácilmente caemos. En el código legal levítico el fuego en el altar debería mantenerse perpetuamente; nunca se apagaba (Levítico 6.13). A medida que Dios nos da permanencia y fortaleza en nuestra espiritualidad, debemos hoy en día aprender a arder en la llama eterna de la oración en el altar de la devoción.

Oración intercesora, organizada y comunitaria

La intercesión se hace individualmente; y también corporativamente. Jesús promete estar presente en gran poder dondequiera que la comunidad de fe esté verdaderamente reunida en su nombre (Mateo 18.20). Cuando se encuentra suficiente fe, esperanza y amor en cualquier comunidad, las bendiciones se multiplican, pues entonces es posible la oración intercesora organizada y comunitaria.

Tomando al profeta Isaías, Jesús declara: «Mi casa será llamada casa de oración» (Isaías 56.7; Lucas 19.46). Me gustaría ver nuestras iglesias convertidas en casas de oración. Seguro que a ustedes también. Sin embargo, a menudo se usan para todo y para nada excepto para la oración. Veo esto con tristeza, pues estoy seguro que entristece el corazón de Dios. Es cierto, necesitamos tener nuestras sesiones de negocios, reuniones de comisiones, estudios bíblicos, reunión de grupos y servicios de adoración, pero si el fuego no está ardiendo en el centro, esas cosas no son más que cenizas en nuestras manos.

En el siglo diecisiete Jonatán Edwards escribió un pequeño libro con un título enorme: *Un humilde intento por promover el acuerdo explícito y la unión visible de todo el pueblo de Dios en oración extraordinaria para el avivamiento de la religión y el avance del reino de Cristo en la tierra, de acuerdo a las promesas de la Escritura y las profecías de los últimos tiempos.* Edwards entendía esto bastante bien. Debemos tener «acuerdo explícito» y «unión visible» para esta clase de oración para ir adelante. No es una combinación fácil de lograr, pero cuando se da, decir que se da la «oración extraordinaria» es poco.

Recientemente uno de mis estudiantes, Jung-Oh Suh —un pastor coreano en su estudio sabático —supo de mi investigación sobre la oración y me trajo un artículo del periódico (con su excelente traducción, pues estaba en coreano) que describía la historia de la iglesia presbiteriana Myong-Song, en la parte suroeste de Seúl. Las iglesias coreanas son bien conocidas por sus reuniones matutinas de oración, pero aun así esta historia es inusual. Se trata de un grupo que comenzó más o menos hace diez años con cuarenta personas. Hoy son doce mil personas las que se reúnen cada mañana en las tres reuniones de oración: a las 4 a.m., 5 a.m. y 6 a.m. Jung-Oh me explicó que tiene que cerrar las puertas a las 4 a.m. para comenzar el servicio. Si la gente llega un poco tarde, deben esperar hasta el próximo servicio. Luego me dijo: «Este es un problema en mi país porque se pone frío en el invierno. La gente lleva termos con café o té para mantenerse calientes mientras espera el próximo servicio».[6] Esto es lo que se llama oración intercesora organizada y comunitaria.

Hay indicadores que revelan que según nos acercamos al siglo veintiuno el movimiento más grande de oración del cual se tenga memoria está ya en camino. En escala menor, pero significativa, se puede repetir la historia de la iglesia presbiteriana Myong-Song muchas veces más. Conozco una congregación que tiene cuarenta reuniones de oración por semana involucrando a un total de mil personas. Estoy familiarizado con iglesias en las que entre un 15 y un 24 por ciento de su congregación está comprometida en oración intercesora organizada y comunitaria durante la semana. Me he reunido con líderes de oración nacionales y ninguno de ellos ha visto nada igual a lo que está comenzando a ocurrir. Es muy pronto para decir cuán significativo será este avivamiento hacia la oración, pero los signos son alentadores.

El deseo de Dios es atraer familias e individuos a la fe salvadora. Dios desea sacar a la gente de las adicciones a la droga, sexo, dinero y posición. Dios desea liberar a la gente

---

6. [*El Tiempo Presbiteriano*], Marzo 20, 1990. Este es un periódico publicado por la Iglesia Nacional Presbiteriana Coreana. Estoy en deuda con Jung-Oh Suh por la traducción del artículo, *Iglesia Presbiteriana Myong-Song, construida por la oración*, pp. 1, 8-9.

del racismo, sexismo, nacionalismo y consumismo. Es el deseo de Dios cosechar ciudades, traer a comunidades enteras a la fidelidad del evangelio. La oración intercesora organizada y comunitaria es un medio crucial para el cumplimiento de estos anhelos del corazón de Dios.

Por el bien de otros

Si forman parte de una comunidad en la que la oración comunitaria es un asunto serio de la iglesia, espero que se están regocijando en este rico don de Dios. No todos son tan afortunados. Muchos de nosotros nos encontramos en situaciones en las que los líderes cristianos simplemente no guían hacia este ámbito, pero eso no debe frenar nuestro trabajo de intercesión. Somos responsables ante Dios de orar por aquellos que Dios trae a nuestro círculo cercano. Junto con Samuel decimos, «... lejos sea de mí que peque contra Jehová, cesando de rogar por vosotros» (1 Samuel 12.23). Hacemos esto individualmente y en pequeños grupos de dos o tres. Quizás sean útiles algunas instrucciones para situaciones como estas.

Muchas son las formas de hacer el trabajo de intercesión como la diversidad de personas. Hay quienes gustan tener una lista de gente por la que están comprometidos a orar regularmente. Una vez visité a una dama muy santa, confinada a estar en cama. Me mostró su «álbum de familia» con algo más de doscientas fotografías de misioneros y otras personas por quienes ella estaba pendiente y sostenía en oración frente al trono celestial. Me explicó que cada semana, utilizaba el álbum: revisaba sus páginas y oraba sobre las fotografías. Era adolescente en esa época, pero supe que el lugar que pisaba, cerca a esa cama, era lugar santo. Otro método viene del gran predicador y orador Jorge Buttrick. Él recomienda que comencemos con oración por nuestros enemigos: «La primera intercesión es, "bendice a este y aquel a quien insensatamente veo como un enemigo. Bendice a tal y tal a quienes he juzgado mal. Manténlos en tu favor. Borra mi amargura"». Después nos insta a ir a los líderes de «estado, en medicina, educación, arte, y religión; los necesitados del mundo, nuestros amigos del trabajo o de juego y nuestros amados».[7] El gran valor del consejo de Buttrick es que nos mantiene moviéndonos más allá de nuestras preocupaciones provinciales y nos lleva al mundo confundido y necesitado.

Este es mi propio método. Después de orar por mi familia inmediata, espero con tranquilidad hasta que individuos o situaciones llegan espontáneamente a mi mente. Entonces los ofrezco a Dios, y escucho si me llega algún discernimiento en particular que guíe el contenido de mi oración. Luego digo lo que parece más apropiado en la completa confianza de que Dios escucha y responde. Después de la intercesión permanezco quieto un rato, invitando al Espíritu para que ore a través de mí «con imágenes muy profundas como para ser puestas en palabras». Me quedo con cualquier individuo o situación hasta que me siento liberado de la preocupación de la oración. Durante ese tiempo es posible que tome algunas notas en mi pequeño diario, según sienta que el Espíritu me da instrucciones. Estas notas con frecuencia son extremadamente útiles. Con el correr del tiempo surge un patrón que me da la clave de cual es la necesidad de la persona. Esto luego me sirve como guía para futuras intercesiones.

Cuando es posible y resulta apropiado ayuda a ir directo a la persona por quien estamos orando. Este fue el patrón normal, aunque no exclusivo, de Jesús. Una simple pregunta como: ¿Por qué te gustaría orar? puede a veces ser tremendamente reveladora. Recuerden, la oración es una forma de amar a otros, como la cortesía, la gracia y el respeto.

Una advertencia: ninguno de nosotros tiene que llevar en sus hombros la carga de orar por todos y por todas las cosas. Somos seres humanos finitos, y es un acto de humildad reconocer nuestras limitaciones. Con frecuencia la gente se acerca a nosotros con un ligero «ora por mí», y no tienen ni idea de lo que nos están pidiendo. En tales casos debemos tomar el asunto bajo consejo y esperar hasta que haya una señal de lo alto. Dios nos habrá de hacer claro quién y qué deben ser

---

7. Buttrick, *Oración*, p. 263.

nuestros motivos de oración y las otras situaciones que debemos dejarle a Él.

Quizás la situación que viven sea lo opuesto. Lejos de estar sobrecargados, tal vez les resulte difícil entusiasmarse en orar por otros. Muy simple: no tienen deseo. ¿Qué pueden hacer? Pueden haber muchas causas para tal carencia, pero les sugiero que comiencen por orar porque su amor por otros aumente. Conforme Dios aumenta tal capacidad de interés, comenzarán a trabajar por el bien de sus vecinos, amigos y aún sus enemigos. Al hacer esto se darán cuenta que pronto alcanzarán el fin de la soga. Desearán que ellos experimenten y reciban cosas que ustedes no pueden darles. Esto les llevará a orar. «La oración», escribe Agustín, «es para interceder por el bienestar de los demás ante Dios».[8] Por medio de la oración intercesora Dios nos extiende a cada uno de nosotros una invitación personal y grabada a mano para que nos involucremos inmediatamente en laborar por el bienestar de los demás. En los capítulos siguientes fijaremos nuestra atención en varias formas específicas de intercesión. Se espera que cada una de ellas juegue una parte para ayudarnos a aceptar esta invitación divina de dar libremente así como libremente recibimos.

◆

Bondadoso Espíritu Santo, gran parte de mi vida parece estar girando en torno a mis intereses y bienestar. Me gustaría vivir tan solo un día en el que todas las cosas que hiciera beneficiaran a alguien más además de mí. Quizás la oración por otros es un punto de partida. Ayúdame a hacerlo sin necesidad de esperar recompensa o alabanza.
En el nombre de Jesús.
—Amén.

---

[8]. Según se cita en Bloesch, *La lucha de la oración*, p. 87.

18

Oración sanadora

En aquellos días fueron manifestadas cosas grandes y maravillosas por el poder celestial; porque el Señor alzó su brazo poderoso, y manifestó su poder, para el asombro de muchos, la virtud sanadora por la cual muchos fueron liberados de grandes males.

—Jorge Fox

La oración sanadora es parte de la vida cristiana normal. No debiera ser elevada por encima de los demás ministerios en la comunidad de fe, ni tampoco debe ser sobre estimada; en todo caso, debe mantenerse en su debido equilibrio. Simplemente es un aspecto normal de lo que significa vivir bajo el Reino de Dios.

Esto no debe sorprendernos, pues es un reconocimiento claro de la naturaleza de nuestra fe encarnada. Dios se preocupa tanto por el cuerpo como por el alma, así como por las emociones y el espíritu. La redención que tenemos en Jesús es total, abarca cada aspecto de la persona: alma, voluntad, mente, emociones, espíritu.

Variedad infinita

Con gozo Dios emplea una variedad infinita de medios para dar salud y bienestar a su pueblo. Estamos agradecido por los amigos de Dios, los médicos, quienes con su destreza y compasión ayudan a nuestros cuerpos a luchar contra los males y enfermedades. Nos alegramos del avance de la siquiatría y sicología modernas que descubren nuevas formas de promover la salud de la mente profunda. También celebramos el creciente ejército de mujeres, hombres y niños que aprenden a traer el poder sanador de Cristo a otros para la gloria de Dios y el bien de todos los comprometidos.

De igual modo podemos estar agradecidos por los esfuerzos cooperativos de las muchas ramas de sanidad. Después de todo, la distinción entre sacerdote, sicólogo y médico es de reciente origen. En la antiguedad, los médicos del cuerpo, los de la mente y los del espíritu eran la misma persona. Los antiguos hebreos, en particular, veían a la persona como unidad y para ellos era impensable ministrar al cuerpo sin ministrar al espíritu o viceversa. El Pentateuco contiene estipulaciones detalladas respecto a las visitas al sacerdote siempre que había sospecha de enfermedad (Levítico 13 y siguientes). Jesús usó las reconocidas técnicas médicas del siglo primero en su ministerio (Marcos 7.33; Juan 9.6; y otros más). Aun en muchas culturas «primitivas» hoy en día el doctor y el sacerdote son una y la misma persona. Aplaudimos con entusiasmo el haber descartado la tendencia herética de fragmentar y dividir a los seres humanos.

Habrá ocasiones cuando Dios nos pida depender sólo de la oración para recibir sanidad, pero es la excepción, no la regla. El negarse a usar medios médicos para promover la salud puede ser un gesto de fe, pero con mayor frecuencia es un gesto de orgullo espiritual.

Es igualmente posible errar en la dirección opuesta. Muchos confían en los medios médicos exclusivamente y se vuelven a la oración sólo cuando toda la tecnología médica disponible ha fallado. Esto sólo deja ver la base materialista de mucho de nuestro pensamiento. Normalmente la ayuda de la oración y la ayuda de la medicina debiera buscarse al mismo tiempo y con igual vigor, puesto que ambas son regalos de Dios.

Pequeños comienzos

Mi interés inicial en la oración sanadora comenzó a causa de mi preocupación por la salud emocional, no física. En ese momento, trabajaba en un centro de consejo familiar, y estaba perfectamente consciente de mi aparente inhabilidad de traer poder sanador de Cristo para resolver las enfermedades emocionales y mentales. El único éxito que tenía era completamente explicable por técnicas humanas de manipulación sicológica. Aunque nunca sentí ninguna necesidad de rechazar estas herramientas profesionales, llegué a creer que la oración de sanidad podía incrementar enormemente el bien que estaba siendo logrado.

Mi primera experiencia fue con un hombre que había vivido en constante miedo y amargura durante veintiocho años. A veces se levantaba en la noche, gritando y bañado en sudor frío. Vivía en continua depresión, tanto así que su esposa dijo que no se había reído en muchos años.

Me contó la historia de lo que había pasado en esos años antes de tener esa profunda tristeza que llevaba a cuestas. Estuvo en Italia durante la Segunda Guerra Mundial, a cargo de una misión de treinta y tres hombres. Fueron atrapados por el fuego enemigo. Con gran tristeza reflejada en sus ojos, relató cómo había orado desesperadamente por que Dios los librara de aquella situación. No sucedió. Tuvo que enviar a sus hombres, de dos en dos, y ver cómo los mataban. Finalmente, en las primeras horas del día, le fue posible escapar con seis hombres, cuatro de ellos seriamente heridos. Él sólo tenía una herida leve. Me dijo que esa experiencia lo volvió ateo. Ciertamente su corazón estaba lleno de ira, amargura y culpa.

—¿No sabe que Jesucristo, el Hijo de Dios que vive en la eternidad ahora, puede penetrar en ese recuerdo viejo y doloroso y sanarlo para que no tenga más control sobre usted?» —le dije. Él no sabía que esto era posible.

Le pregunté si le importaría si oraba por él, sin tener en cuenta que fuera ateo; yo tendría fe por él. Me dio su consentimiento. Sentado a un lado suyo con mi mano en su hombro, invité al Señor Jesús a que cruzara esos veintiocho años y caminara ese día con este buen hombre. «Por favor, Señor», le pedí, «quita el dolor, el odio y la tristeza y libéralo». Casi antes de terminar pedí por un sueño placentero para este hombre, como evidencia de su sanidad, pues no había dormido bien durante todos estos años. «Amén».

A la semana siguiente vino a verme con una chispa en sus ojos y un rostro radiante que nunca antes le había visto.

—Todas estas noches he dormido profundamente, y cada mañana me he despertado con un himno en mi mente. Y estoy feliz... feliz por primera vez en veintiocho años.

Su esposa confirmo que era cierto. Esto fue hace muchos años, y lo maravilloso de esto es que a pesar de que este hombre ha tenido las subidas y bajadas normales de la vida durante este tiempo, la vieja tristeza no ha vuelto nunca. Fue total e instantáneamente sanado.[1]

A veces, esto me lleva a la ineludible conclusión de que el ministerio de sanidad de Jesús concierne a la persona integral, y mi prejuicio en contra de la sanidad física comienza a tambalearse. Pero mis primeras experiencias de oración por los enfermos fueron rotundos fracasos. Primero oré por un paciente de cáncer: murió. Luego oré por una señora enferma de artritis: siguió estando enferma.

Creo que tenía varias cosas que aprender. «Enséñame», oré. En pocos días la respuesta llegó por medio de una anciana que no me conocía ni sabía mi petición. Ella nos dijo a un grupo: «Cuando están aprendiendo a orar por sanidad, no comiencen por los casos más difíciles... como *cáncer o artritis*. En todo caso comiencen por los más simples».

Casi me caigo de mi asiento. Este principio de progreso era absolutamente fundamental.

Lo usaba casi en todos los demás campos, pero de algún modo había fallado al aplicarlo a la vida espiritual. Esa en-

---

[1]. A diferencia de otros incidentes de este libro, no me es posible confirmar esta historia en términos de el estado emocional actual de este señor. Varios años después de este incidente perdimos contacto, y no lo he visto desde entonces. Sin embargo, estaba perfectamente normal en el tiempo en que lo conocí, y él y su esposa vinieron a visitarnos una vez cuando nos mudamos a otro estado.

señanza elemental me abrió todo un mundo nuevo. Comencé a orar por cosas pequeñas como dolor de oídos, de cabeza y resfriados; cualquier cosa que surgiera entre mi familia y amistades. Y lentamente, paso por paso, comencé a descubrir los caminos de la oración sanadora.

Desde entonces he aprendido muchas cosas. Si bien hay algunas por las que oro que no han sido sanadas, muchas otras los son, especialmente cuando estoy orando en grupo o en una comunidad amorosa.

La pregunta sorprendente

Pero, ¿por qué no se curan todos los que reciben oración? La simple observación nos muestra que Jesús es el único de quien se puede decir, «sanaba a todos» (Mateo 12.15). Ciertamente no todas las personas por las que oro se sanan. Me imagino que ustedes experimentan lo mismo. Y a veces la falta de sanidad puede llevar a una trágica dimensión que precipita una crisis genuina de fe. ¿Por qué algunos no sanan?

La respuesta más directa a esta sorprendente pregunta es «no lo sé». Desearía —desesperadamente— que cada persona que busca la oración sanadora fuera completa e instantáneamente curada. Pero eso sólo no sucede de esa manera. Algunos son curados, y damos gracias a Dios por ello. Muchos otros evidencian mejoría substancial, aunque no sanidad total. Pero otros no muestran ningún cambio. Es más, sé de personas que tienen ministerios de sanidad efectivos, pero padecen de alguna enfermedad física persistente.

En cierto sentido la oración sanadora es tan sencilla como un niño que pide ayuda a su padre. En otro sentido es increíblemente compleja pues involucra la intrincada interacción entre lo humano y lo Divino, entre la mente y el cuerpo, entre el alma y el espíritu, entre lo demoníaco y lo angélico. Según nos recuerda Kenneth Swanson: «Todos vivimos en un mundo caído, donde la enfermedad, el sufrimiento, y el dolor son parte de las fibras de la existencia».[2]

---

2. Swanson, *Oración no común*, p. 185.

Algunas veces hacemos un diagnóstico débil del problema y oramos, por ejemplo, por sanidad física cuando la necesidad real es la sanidad emocional. A veces descuidamos los medios naturales de salud tales como dietas, ejercicios y descanso. Otras nos resistimos a ver la medicina como una de las formas de salud de Dios. Algunas más no oramos específicamente lo suficiente o no llegamos a la raíz del problema. A veces no somos conducidos adecuadamente por el flujo del amor y poder de Dios, la fe y la compasión en nosotros no está lo suficientemente desarrollada. A veces hay pecado en nuestras vidas que estorba el trabajo de Dios. Podría seguir, pues las razones por las que la salud no se da son un laberinto, pero cualquiera que sea la razón, el triste hecho es que a veces estamos cara a cara con alguien por quien hemos orado, y sigue enfermo.

¿Qué debemos hacer? Bueno, en primer lugar, déjenme decirles qué es lo que *no* debemos hacer. Bajo ninguna circunstancia debemos decirles que es por su culpa: que les falta fe, o que deben tener algún pecado que estorba la oración, o cosas por el estilo. Esto sólo redoblará la carga que ya están llevando. Ha sido muy doloroso para ellos buscarnos. Si tenemos que culpar a alguien, culpémonos quienes oramos, quizás es *nuestra* falta de fe o *nuestro* pecado lo que está estorbando el flujo de la gracia y misericordia de Dios.

En realidad, la cuestión de la culpa no es sólo el problema. Cuando los discípulos se enredaron en el juego de la culpa «Rabí, ¿quién pecó, este hombre o sus padres, para que naciera ciego?» Jesús disipó sus especulaciones como irrelevantes (Juan 9.1-12). El hecho es que estamos aprendiendo sobre la oración que sana, y hay muchas cosas que no entendemos. Con frecuencia debemos permanecer bajo los imponderables misterios de lo divino. En ocasiones, los discípulos de Jesús también fallaron en sus intentos de oración sanadora (véase, por ejemplo, Marcos 9.14-29).

La única cosa que tenemos que hacer es mostrar compasión. ¡Siempre! Los escritores de los Evangelios mencionan con frecuencia que Jesús estaba siempre «lleno de compasión» por la gente. En una de las historias un leproso se dirigió a Jesús, rogando por sanidad. Cuando Jesús miró al leproso, fue movido a compasión. Las raíces hebreas y arameas de la palabra compasión son *partes internas*, lo que las versiones antiguas traducen como *entrañas de misericordia*. Viene de la misma fuente que la palabra «matriz», así que podemos hablar del corazón como matriz de Jesús el cual dio misericordiosa sanidad al leproso. Jesús pudo haberse mantenido a distancia y ordenar al hombre que estuviera bien, pero en cambio, lo tocó. El toque de compasión de Jesús sería comparable a tocar a una persona con SIDA, para parar con nuestra mano descubierta una herida sangrante, poniendo en peligro nuestra vida. Esta es la compasión de Jesús.

La imposición de manos

Ya que he mencionado el toque de compasión, este debe ser el momento oportuno para discutir sobre la imposición de manos. Esta es una enseñanza que se encuentra a través de la Biblia, y es un ministerio válido ordenado por Dios para el beneficio de la comunidad de fe. No es un ritual vacío sino un claro entendimiento de la ley de contacto y transmisión. Es un de los medios por los cuales Dios nos imparte lo que necesitamos o deseamos, o lo que Dios en su infinita sabiduría sabe qué es mejor para nosotros. Es uno de los asuntos elementales del evangelio sin los cuales no podríamos madurar (Hebreos 6.1-6).

La imposición de manos se usa en la Escritura en un buen número de ocasiones, tales como la bendición de la tribu, el bautismo en Santo Espíritu, y la distribución de los dones espirituales,[3] pero uno de sus usos más preeminente es en la

3. Además de la sanidad, algunos de los usos más comunes de la imposición de manos son los siguientes: i) Bendición. Esta era una forma de bendición común entre las tribus. En Génesis 48.14-16 Jacob impone sus manos sobre la cabeza de Efraín y Manasés diciendo: «el ángel que me ha guardado de todo mal bendiga a estos niños». Cuando la gente traía niños a Jesús, era para que Él pusiera sus manos sobre ellos y los bendijera (Marcos 10.13-16). ii) Bautismo en el Espíritu Santo. De acuerdo a Hechos hay tres formas principales en las que el bautismo del Espíritu Santo se puede recibir: a través de la obediencia de fe (Hechos 1.4-5; 5.32), a través del ministerio de la Palabra (Hechos 10.44-46; 11.15) y a

oración sanadora. Jesús impuso las manos en los enfermos de Nazaret y los sanó (Marcos 6.5). Impuso sus manos sobre el hombre ciego de Betsaida dos veces antes de que recuperara del todo la vista (Marcos 8.22-25). En la Isla de Malta el apóstol Pablo impuso las manos sobre unos enfermos y fueron sanados (Hechos 28.7-10). En la versión larga de Marcos, al final, se insta a los creyente a que practiquen este ministerio (Marcos 16.18).

La imposición de manos no sana al enfermo: es Cristo quien sana al enfermo. La imposición de manos es un simple acto de obediencia que acelera nuestra fe y le da a Dios la oportunidad de impartir sanidad. Con frecuencia la gente añade otros medios, como aceite para la unción, siguiendo el consejo de Santiago 5.14. Igual que muchos he descubierto que, cuando oro por la gente imponiéndoles las manos, a veces detecto un fluir suave de energía. Me he dado cuenta que no puedo hacer que el fluido celestial suceda, pero puedo detenerlo. Si me resisto o rehuso ser un conducto abierto para que el poder de Dios llegue a la persona, se paralizará. Además, un espíritu de odio o resentimiento detiene el flujo de la vida

través de la imposición de las manos. En Hechos 8.5-17 los creyentes samaritanos recibieron el Espíritu Santo a través de la imposición de las manos de Pedro y Juan. En Hechos 9.17 Pablo recibió el Espíritu Santo a través de la imposición de manos de Ananías. En Hechos 19.1-6 los discípulos en Éfeso recibieron el Espíritu Santo a través de la imposición de manos del apóstol Pablo. iii) Dones espirituales. Los dones espirituales son dados por el acto soberano de Dios (1 Reyes 3.5-12; 1 Corintios 12.7-11). También se reciben a través de la imposición de manos. Pablo posó sus manos en los discípulos en Éfeso, y ellos recibieron el don de profecía (Hechos 19.6). El joven líder Timoteo fue exhortado a continuar el uso efectivo de los dones que le habían sido dados a través de la imposición de manos (1 Timoteo 4.14; 2 Timoteo 1.6). iv) Ministerio especial. Josué recibió una porción especial de sabiduría por la imposición de manos de Moisés (Deuteronomio 34.9). También se impusieron las manos sobre los levitas para dedicarlos en el ejercicio de su oficio (Números 8.10-26). Los apóstoles impusieron sus manos sobre los primeros diáconos a fin de que se ocuparan de la diaria distribución de comida con sabiduría y equidad (Hechos 6.6). Se impusieron las manos sobre Bernabé y Saulo para comisionarlos en su misión (Hechos 13.3).

inmediatamente. Es también un impedimento que la persona que está siendo ministrada no quiera perdonar.

El sentido común y el respeto por la integridad de otros —es obvio— nos mantendrá alejados de comprometernos en este trabajo con ligereza y descuido. Simplemente no vamos por ahí posando nuestras manos según se nos ocurra. Pablo previene acerca de imponer las manos a la gente en forma indiscriminada porque puede traer consecuencias para las cuales no se está preparado (1 Timoteo 5.22).[4]

Debo decir también que mientras los adultos luchamos con esta idea de imponer las manos, los niños no tienen ninguna dificultad en hacerlo. Una vez me llamaron a un hogar para orar por una bebé que estaba seriamente enferma. Su hermano mayor de cuatro años estaba en el cuarto, entonces le dije que necesitaba su ayuda para orar por su hermanita. Le encantó ayudar y yo me deleité en tenerlo conmigo, pues sé que con frecuencia los niños pueden orar con efectividad fuera de lo común. Él se subió a una silla junto a mí. «Juguemos un pequeño juego», le sugerí. «Puesto que sabemos que Jesús está siempre con nosotros, supongamos que Él está sentado en aquella silla. Espera con paciencia que centremos nuestra atención en Él. Cuando lo vemos, y vemos amor en sus ojos, comenzamos a pensar más en su amor que en lo enferma que está Julie. Él nos sonríe, se levanta y se nos acerca. Cuando eso suceda, nosotros ponemos nuestras manos sobre Julie, y mientras lo hacemos, Jesús pone sus manos justo encima de las nuestras. Él libera su luz sanadora directo en tu pequeña hermana como un montón de soldados que van a luchar en contra de los gérmenes malos hasta que los venzan. ¡Está

---

4. Es posible que Pablo tenía en mente aquí un comisionar y encomendar a los líderes similar a lo que sería nuestro concepto de ordenación. Si es así, la preocupación sería no traer gente a la experiencia del liderazgo antes de que estuvieran listos, es decir, para que el ejercicio del poder y la autoridad no fuera a llevarlos al orgullo y a otros varios abusos. En el caso de la oración sanadora pareciera que la imposición de manos se hacía con frecuencia. El sentido común santificado nos enseñará en cada caso lo que sea apropiado.

claro!» El niño afirmó con su cabeza seriamente. Oramos juntos tal y como se lo había descrito, y después le agradecimos a Dios porque así habría de ser. Amén. Mientras que orábamos, sentí que mi pequeño acompañante de oración había ejercitado una fe inusitada.

A la mañana siguiente Julie estaba perfectamente bien. No puedo demostrarles que nuestro pequeño juego de oración sanara a Julie. Todo lo que sé es que Julie fue sanada, y eso es todo lo que necesitaba saber.

Pasos sencillos

Dudo mucho que quien lea estas palabras tendrá alguna vez un ministerio de sanidad en un enorme auditorio frente a miles de personas. Pero es seguro que tendremos numerosas oportunidades, en el curso de nuestra rutina diaria, para traer la luz sanadora de Cristo a quienes nos rodean. Por lo tanto me gustaría proveerles con un método sencillo para la oración sanadora que espero les será de ayuda en situaciones ordinarias. Son cuatro pasos sencillos.

Primero, escuchamos. Este es el paso de discernimiento. Escuchamos a la gente, y escuchamos a Dios. A veces la gente expresa sus necesidades más profundas en forma casual y sencilla. Pero si estamos escuchamos, realmente escuchando, hay con frecuencia algo dentro de nosotros, un «sí» interior que es una invitación divina a orar. De manera que preguntamos con sutileza si les gustaría que orásemos por esa situación. En casi veinte años de orar de esta manera por la gente, sólo una persona me rechazó. He hecho esto en aeropuertos, tiendas y lugares conglomerados. Es la cosa más natural del mundo mostrar amor y preocupación de esta manera.

También escuchamos a Dios, le pedimos que nos muestre la clave del problema. A veces esto viene por revelación directa, otras por escuchar las palabras bajo las palabras, y también por una combinación de las dos. Un amigo escuchaba a una mujer bien vestida contarle, en un monólogo rápido, una triste anécdota de enfermedad emocional, tratamiento siquiátrico y hospitales mentales. Durante ese tiempo se movía dentro de él el consejero: «Dile que sus pecados le han sido perdonados». Pero ella no parecía detenerse lo suficiente ni siquiera para respirar. Al fin él le dijo: «Señora, sus pecados le son perdonados». Ella siguió con su historia de enfermedades y de su estancia en el hospital. De nuevo él le dijo: «Señora, sus pecados le son perdonados», y ella otra vez siguió en su monólogo. Por último él la detuvo por los hombros, la miró directamente a los ojos y le dijo: «Míreme. Le estoy tratando de decir que sus pecados le son perdonados».

La mujer se paró a mitad de una frase como si le hubieran quitado el aliento.

—¿Qué dijo? —preguntó.

—Sus pecados le son perdonados —le respondió.

Las lágrimas se le vinieron a los ojos.

—¿Están perdonados?

Mi amigo le respondió simple y amorosamente:

—Sí, están perdonados.

El dique se rompió, y las lágrimas inundaron sus ojos. Se volvió hacia su esposo y le anunció a través de sus lágrimas: «Mis pecados están perdonados». Era lo que estaba necesitando y la clave para su completa sanidad. Esta buena mujer había necesitado constante consejería, es cierto, pero en la docena de años que siguió a ese encuentro, no ha tenido que regresar al hospital mental y ha estado actuando en forma relativamente normal. Escuchamos.

Segundo, preguntamos. Este es el paso de fe. Según la claridad que tenemos sobre qué es lo que se necesita, invitamos a la sanidad de Dios. Hablamos de manera definida, con declaraciones directas de lo que es. No debilitamos nuestra petición con dudas o con peros. Hablamos con la firmeza de Martín Lutero cuando oró por su amigo enfermo Melanchton: «Clamo al Todopoderoso con gran vigor... citando de las Escrituras todas las promesas que puedo recordar, de que las oraciones deben ser concedidas, y pido que me oración me sea concedida, si se me ha pedido poner mi fe en esas promesas».[5]

---

5. Según se cita en Bengt R. Hoffman, *Luther and the Mystics* [Lutero y los

Una vez visité a un chico, a quien le llamaré Paco, que estaba hospitalizado, sufriendo una afección de un ojo. En cada visita nos conocíamos mejor, pero su vista continuaba degenerándose. Los padres de Paco me dijeron que los médicos esperaban lo peor. Entonces un día fui al hospital y encontré el cuarto en sombras. La luz estaba apagada. Paco no podía reconocerme, aunque sabía por las sombras que había alguien en el cuarto.

Me quedé allí, tratando de decidir cómo aconsejar a Paco, y por un instante tuve la demoníaca noción de que tal vez la ceguera era la voluntad de Dios para él. Pero de inmediato algo se elevó en mí, y me dije: «No. No es tiempo para aconsejar resignación por su enfermedad. Todavía tenemos que luchar contra esta cosa». Le dije a Paco con calma: «Los dos sabemos que tus ojos no están mejorando, pero de algún modo yo creo que debemos pedirle a Dios su ayuda. ¿Me dejarías poner mis manos sobre tus ojos e invitar la luz sanadora de Jesús para que venga sobre ti? No te puedo prometer que algo sucederá, pero estoy seguro que no te hará ningún daño». Paco estuvo de acuerdo rápidamente, y juntos pedimos por lo que hasta ese momento no me había atrevido a pedir.

A la semana siguiente cuando fui a ver a Paco: entraba un sol resplandeciente por la ventana, y Paco, vestido y con sus cosas en la mano estaba listo para salir del hospital. Sus padres me dijeron que maravillosamente el deterioro había sido revertido de alguna manera, y la vista de Paco era ahora casi normal. No sé qué clase de tratamiento le dieron los doctores, pero estoy contento de sus esfuerzos. También estoy contento de que una tarde oscura Paco y yo nos hayamos atrevido a pedir por su vista. Pedimos.

Tercero, creemos. Este es el paso de la seguridad. Creemos con toda nuestra persona: cuerpo, mente y espíritu. A veces debemos confesar con el padre del muchacho endemoniado: «Creo; ayuda mi incredulidad» (Marcos 9.24). Pero sin importar si nos sentimos fuertes o débiles, recordamos que nuestra

místicos], Augsburg, Minneapolis, 1976, p. 196.

seguridad no está basada en nuestra capacidad para conjurar sentimientos especiales. Al contrario, está basada sobre la segura confianza de nuestra fe en Dios. Nos enfocamos en su verdad y especialmente en su eterno amor. Francis MacNutt escribe: «Personalmente yo prefiero concentrarme en el amor de Dios hecho visible en Jesús, del cual fluye su poder sanador».[6]

Era nuevo en la universidad y transcurría la segunda semana del semestre. Fui al salón de clases temprano para un curso de formación espiritual que estaba enseñando. Una estudiante —que llamaré María— ya estaba allí, de manera que nos conocimos. Más tarde estaba caminando por una parte del campus que no había visto antes y vi a un grupo en una esquina. Cuando me acerqué para ver qué sucedía, llegó una ambulancia, con la sirena sonando. Uno de los que estaban parados allí me dijo que una estudiante se había caído de una camioneta cuando daba la vuelta y su espalda se había estrellado contra el pavimento. Cuando levantaron a la estudiante para llevarla a la ambulancia, la reconocí. Era la muchacha que había conocido temprano en el salón de clases. Entonces supe que nuestro encuentro de esa mañana había sido para esta ocasión.

Rápidamente llegué a la ambulancia y expliqué al personal que era «pastor» de la muchacha. Hice esto para poder orar por ella en ese mismo momento y a corta distancia. Sostuve la mano de María mientras que los técnicos médicos trabajaban en su cuerpo. Ella estaba inconsciente y le brotaba sangre de un oído.

Los estudiantes amigos de María comenzaron a reunirse en la sala de emergencia del hospital. «Ustedes pueden ayudarme», les dije. Rápidamente les di un curso intensivo de oración sanadora. «El cerebro está sangrando e inflamado a causa del impacto del accidente», les expliqué. «Por eso nuestro esfuerzo inicial de oración debe enfocarse en ver los capilares heridos en el cerebro que comienzan a sanar y para que la inflamación del cerebro baje». Tomaron la tarea de orar muy seriamente y

---

6. Francis MacNutt, *Healing* [Sanidad], Ave Maria, Notre Dame, IN, 1974, p. 153.

algunos estuvieron en el hospital toda la noche. En verdad creyeron que su trabajo de oración podría actuar en el estado de María.

El doctor me pidió que llamara a los padres de María que vivían en Texas, a unas ocho horas por carretera. «Dígales que vengan tan pronto como les sea posible», me dijo. «Posiblemente habrá que operarla».

Los padres de María llegaron casi a medianoche, y los puse al tanto de su condición. «Sí, todavía está inconsciente, pero no la han llevado a cirugía aún. Quizás no tengan necesidad de hacerlo si se detiene la hemorragia y baja la inflamación a tiempo.» Luego les expliqué cómo estábamos orando por María y les di algunas sugerencias de cómo ellos también podrían ayudarnos a orar. Por lo general los padres no son útiles en el esfuerzo de oración por el miedo comprensible que tienen, pero los de María fueron excepcionales, y oraron con una fe fuera de lo común.

Fue un contraste absoluto con una reunión que había tenido esa tarde con algunas personas de la facultad que querían orar por María. Una oró: «Ponemos a María en tus manos; no hay nada más que podamos hacer». Entendí su sentimiento, pero estaba completamente equivocado, pues era mucho lo que podíamos hacer al llevar en oración a María para que la luz sanadora de Cristo viniera sobre ella.

Otro oró: «Señor, ayuda a María para que se alivie, si esa es tu voluntad». Eso fue suficiente para mí. Supe que mis colegas, aunque estaban bien intencionados, no creían que María sanaría, y sus oraciones obstruían su fe. Dejé el cuarto tan rápido como me fue posible y regresé con mis estudiantes al hospital. Ellos estaban llenos de fe, esperanza y amor.

Más tarde fui a casa para dormir un poco, y supe por los estudiantes lo que había pasado alrededor de las seis de la mañana. Los padres estaban en un motel cerca del hospital y decididos a orar como les había enseñado, pintando en su mente a María, que se despertaba de su estado de inconsciencia. En ese preciso momento un estudiante en la unidad de cuidados intensivos, vió que María abrió sus ojos y le sonrió. En una semana María fue dada de alta del hospital, completamente restablecida, debido en gran parte, creo, a la firme fe de aquellos estudiantes y padres. Creemos.

Cuarto, damos gracias. Este es el paso de la gratitud. La simple cortesía nos lleva a dar gracias por lo que hemos pedido que suceda. Nunca he sido capaz de orar en la forma en que algunos lo hacen, con la completa seguridad de un hecho cumplido. Lo que hago es algo más o menos como esto: «Gracias Jesús, que lo que hemos visto y lo que hemos dicho es como habrá de ser. Amén». ¿Qué es lo que hago? Con los ojos de la fe debo ver un poco más allá —algunas semanas más adelante o meses, o años, eso no importa— y darle gracias por lo que puede ser... lo que será, por la misericordia de Dios.

La gratitud en sí misma es con frecuencia muy poderosa. Un siquiatra en Inglaterra enseñaba sobre la historia de características heredadas en el árbol familiar y la necesidad de orar por sanidad para que las negativas no pasen de generación a generación. A la siguiente semana un miembro de la clase —una anciana entrada en los setenta— comenzó a ver su árbol familiar, pero fue incapaz de encontrar ningún problema por el cual orar. Su familia tenía una historia noble con muchos pastores y otros familiares que verdaderamente amaban y servían a Dios. No pudo encontrar ninguna herencia importante de enfermedad o de muerte trágica. Conforme leía su herencia, grandes oleadas de gratitud vinieron sobre ella, y comenzó a agradecer a Dios por su maravillosa herencia.

Esta mujer no había visto su propia situación como necesitada de oración sanadora. De niña había sido atacada por la polio y como resultado tenía una pierna más corta. Necesitaba un bastón para poder caminar. Pero esto era algo con lo que había vivido toda su vida; nunca soñó con orar por esto. Y se fue a dormir, alabando y agradeciendo a Dios por las mujeres y hombres que nunca había conocido pero con quienes ella estaba en gran deuda. A la siguiente mañana, cuando se levantó se dio cuenta de que su pierna estaba completamente curada: el resultado de un corazón agradecido. Damos gracias.

Escepticismo saludable y fe sana

Me gustaría tener más espacio para tratar otros asuntos, pues hay mucho más que aprender. Quizás estén escépticos acerca de la oración sanadora. No está del todo mal: hay gente en nuestros días que se podrían beneficiar de un poco de escepticismo saludable.

San Agustín era así. Dudaba de la validez de la oración sanadora, estableciendo en sus primeros escritos que los cristianos no debían buscar el continuo don de la salud.

Pero aproximadamente en 424 un hermano y una hermana fueron a su pueblo de Hipona, buscando sanidad de ataques convulsivos. A diario iban a la iglesia de Agustín para orar por sanidad. Nada sucedió hasta el segundo domingo antes de Semana Santa. El joven oraba entre la multitud de la iglesia. Agustín estaba todavía en el vestíbulo, listo para el procesional, cuando el joven cayó al piso como si estuviera muerto. La gente que estaba a su lado se atemorizó, pero al instante el joven se levantó y se quedó mirándolos, perfectamente normal y completamente curado.

Agustín invitó al joven esa noche a cenar en su casa, y hablaron largo rato. Lentamente el escepticismo de Agustín comenzó a tambalearse ante el testimonio de este joven. A final, el tercer domingo después de Semana Santa, Agustín le dijo al hermano y a la hermana que se pararan en el estrado del coro, donde toda la congregación pudiera verlos —uno estaba quieto y normal, la otra todavía temblando con convulsiones— mientras que él leía una declaración del joven. Después le dijo a la gente que se sentara y comenzó a predicar un sermón de sanidad. Sin embargo, Agustín fue interrumpido por los gritos de la congregación, pues la joven había caído al piso y había sido sanada instantáneamente. Ella se paró otra vez frente a la congregación y en las palabras de Agustín: «las alabanzas a Dios eran tan fuertes que mis oídos casi no podían resistir el ruido».[7]

---

7. San Agustín, *The City of God* [La ciudad de Dios], tr. Gerald G. Walsh y Daniel J. Honan, Padres de la Iglesia, New York, 1954, p. 450. Esta y otras muchas historias son contadas con detalle por Morton T. Kelsey en su libro, *Healing and Christianity: In Ancient Thought and Modern Times*

Todo esto sucedió mientras que Agustín estaba escribiendo su magna obra, *La ciudad de Dios*, de manera que dedicó una de las secciones finales a este milagro de sanidad ocurrido en su propia diócesis. Describe de qué manera preparó un proceso para registrar y autenticar los milagros pues:

> Una vez que me di cuenta cuántos milagros estaban ocurriendo en nuestros propios días... [vi] qué grave error sería permitir que la memoria de estas maravillas del poder divino se pierdan para la posteridad. Hace tan solo dos años que se ha llevado el registro aquí en Hipona, y ya, en este momento, tenemos cerca de setenta milagros confirmados.[8]

Espero que nosotros, igual que Agustín, seamos capaces de cambiar nuestro saludable escepticismo por la sana fe conforme presenciemos el humilde testimonio de aquellos que reciben el toque sanador de Dios.

◆

Mi señor y mi Dios, tengo un millar de argumentos en contra de la oración sanadora. Tú eres el argumento para ella... Tú ganas. Ayúdame a ser un conducto a través del cual tu amor sanador pueda fluir en otros.
En el nombre de Jesús.

—*Amén*

[Sanidad y cristianismo: en antiguo pensamiento y tiempos modernos], Harper & Row, New York, 1973.
8. *Ciudad de Dios*, Libro XXII. 8, p. 445.

19

Oración de sufrimiento

Es la oración de agonía la cual salva al mundo.

—Santa María de Jesús

Estamos ante un tema que no es del todo popular. Dudaría en mencionarlo, sino fuera por mi convicción de que ustedes están tomando en serio la vida y trabajo de la oración. Estoy hablando, por supuesto, de la oración de sufrimiento.

Si en todo el panteón de oraciones hay alguna forma que es totalmente centrada en el otro, hemos llegado ahora a ella. En la oración de sufrimiento dejamos atrás nuestras propias necesidades y deseos, aun hasta nuestra transformación y unión con Dios. Aquí dejamos en manos de Dios las diversas dificultades y pruebas que estamos enfrentando, pidiéndole que las use de manera redentora. También tomamos voluntariamente en nosotros mismos la pena y el dolor de otros a fin de liberarlos. En nuestros sufrimientos quienes sufren llegan a ver el rostro del Dios sufriente.

Imagen sin igual

No hay más grande imagen de este sufriente amor que redime que Jesús clavado en el árbol del Gólgota, exclamando las palabras de absolución: «Padre, perdónalos; porque no saben lo que hacen» (Lucas 23.34). Este es el irrepetible, supremo acto de redención, y en este no podíamos de ninguna forma ser compañeros de Cristo. Él tenía que caminar la senda solo.

Pero Él nos ha invitado a sentir sus sufrimientos y a participar con Él en la redención del mundo. Pablo lo entendió así. «Ahora me gozo en lo que padezco por vosotros», escribe el gran apóstol, «... y cumplo en mi carne lo que falta de las aflicciones de Cristo por su cuerpo, que es la iglesia» (Colosenses 1.24).[1]

El apóstol Pablo por medio de sus sufrimientos está contribuyendo al total de estas aflicciones escatológicas. Así, al ayudar a completar la medida predeterminada de aflicciones, Pablo está haciendo que la plena consumación de la era venidera esté todavía más cercana. La idea de Pablo no es que algo haga falta en el sufrimiento de Cristo, como si hubiera alguna deficiencia en su sacrificio vicario por la salvación del mundo. Lejos estemos de ello. Es más bien que somos invitados a ser compañeros con Cristo a través de «la participación de sus padecimientos» (Filipenses 3.10).

---

1. La frase «lo que falta de las aflicciones de Cristo» ha causado importante debate. Porque la presencia del artículo definido en griego *las* aflicciones de Cristo» es posible que se refiera a una entidad bien conocida o definida tal como el concepto judío apocalíptico de los dolores de parto del Mesías que nos guiarán en la era venidera. Si este es el caso (y hay eruditos que se inclinan en esta dirección) entonces la idea es como sigue: con la muerte y resurrección de Cristo la era venidera ha sido inaugurada. La era presente de maldad continúa y así los cristianos viven en la superposición de dos eones. El padecimiento del Mesías, las aflicciones de Cristo han comenzado ya, y cuando su tiempo haya sido cumplido, la era venidera habrá sido consumada, y esta era presente de maldad habrá terminado. Todos los cristianos participan en estos sufrimientos y a través de ellos entran en el Reino de Dios (Hechos 14.22; 1 Tesalonisenses 3.3-7).

Sufrimiento redentor

Pero antes de que pienses que te estoy llevando a algún tipo extraño de masoquismo religioso, volvamos un poco y veamos si podemos tener clara la imagen de lo que decimos. Hablo de una forma de sufrimiento, eso es cierto, pero es un sufrimiento redentor. Estamos todos advertidos con la diversidad negativa no redentora: sufrimiento que es expresamente cruel y carente de sentido. Debemos luchar contra este sufrimiento con todas nuestras fuerzas pues siempre es opuesto a la vida en el reino de Dios.

Pero hay un tipo de sufrimiento que tiene propósito y sentido. Es el tipo que enriquece las vidas de otros y trae salud al mundo. En un nivel puramente humano entendemos este sufrimiento instintivamente en relación a nuestros hijos. Estamos contentos de privarnos de muchas cosas con tal de darles una mejor oportunidad en la vida a ellos. (A propósito, esta es una de las razones por las cuales la rebelión de los adolescentes nos es tan difícil: tememos que todos nuestros sacrificios serán en vano.)

Nos es difícil comprender la idea de sufrimiento redentor porque toda nuestra cultura milita en contra de cualquier forma de incomodidad o inconveniencia. Es la misma razón por la cual se nos hace difícil reconciliar las palabras de Jesús sobre cargar nuestra cruz con la promesa de vida abundante. Pero la vida entera de Jesús nos muestra la compatibilidad de gracia y sufrimiento. Y Pablo, cuyos sufrimientos fueron muchos y bien documentados, declaró: «Pues tengo por cierto que las aflicciones del tiempo presente no son comparables con la gloria venidera que en nosotros ha de manifestarse» (Romanos 8.18). El Papa Paulo VI escribe: «Los cristianos pueden tener al mismo tiempo dos experiencias diferentes y opuestas —tristeza y gozo— que se complementan».[2]

En el sufrimiento redentor permanecemos con la gente en su pecado y en su aflicción. No puede haber pureza estéril ni

---

2. Papa Paulo VI, «El papel del sufrimiento en la vida de la iglesia», *The Pope Speaks* [Los Papas hablan], vol. 19, no. 2, Junio 26, 1974, p. 170.

a distancia. Sus sufrimientos son un asunto sucio y debemos estar preparados para meternos en medio de ese pantano. Estamos «crucificados» no solo *para* otros sino *con* otros. Oramos en el sufrimiento, y al hacerlo, somos transformados. Nuestros corazones se ensanchan para recibir y aceptar a la gente. El lenguaje de «ellos» y «de ellos» se convierte en «nosotros» y «nuestro». Todas las supuestas superioridades —sean intelectuales, culturales o espirituales— simplemente se desvanecen. Estamos juntos bajo la cruz.

Gozo, no miseria, es la energía que nos compele bajo el sufrimiento de redención. No es que amemos el dolor o estemos tratando de hacernos los mártires. Esto no es miseria por la miseria en sí. Es que Dios nos está usando para el mayor bien de todos, que resulta una noción más bien extraña cuando nos detenemos a pensar en ella. Por eso es que se puede decir de Jesús que «... por el gozo puesto delante de Él sufrió la cruz» (Hebreos 12.2). Es por eso que hoy en día podemos hacer eco a las palabras de Pedro: «... gozaos por cuanto sois participantes de los padecimientos de Cristo, para que también en la revelación de su gloria os gocéis con gran alegría» (1 Pedro 4.13).

Encontrar valor

Los valores de la oración de sufrimiento son enormes. Para comenzar nos salva del triunfalismo superficial. Tal vez hayan tenido la experiencia de escuchar a alguien hablar sobre la fe, la confianza y la victoria. En un sentido, son palabras correctas y las historias parecen buenas, pero hay algo que no encaja del todo. El problema es que escuchan a alguien que vive en el lado suave de la fe, que no ha sido bautizado en el sacramento del sufrimiento. Agustín escribe intrincadamente: «Qué profundo en lo profundo están aquellos que no gritan de lo profundo».[3]

Pero nosotros tenemos un salvador que fue «... varón de

---

3. *St. Agustine: Sermons on the Liturgical Season* [San Agustín: Sermones del Año Litúrgico], tr. Hermana Mary Sarah Muldowney, Padres de la Iglesia, New York, 1959, p. 86.

dolores, y experimentado en quebrantos...» (Isaías 53.3). Jesús, se nos ha dicho que ofreció «... ruegos y súplicas con gran clamor y lágrimas...» (Hebreos 5.7). Les pregunto: ¿es el siervo mejor que su Maestro? Hay una victoria que se vence en Cristo, pero hay que pasar *a través* del sufrimiento, no a un lado. La nota triunfal del apóstol Pablo no es triunfalismo. Su «somos más que vencedores» viene del otro lado de la dureza, sufrimiento, persecución, hambre, desnudez, peligro y espada (Romanos 8.35b-39).

Las agudas palabras de William Penn suenan a verdadera vida: «No Cruz, no Corona». Para los discípulos de Jesús el sufrimiento venía simplemente con el territorio. Tomás Kelly nos dice: «Dios, del mismo patrón de su corazón, ha plantado la cruz a lo largo del camino de la santa obediencia».[4]

Pero he aquí la maravilla: el sufrimiento no es en vano. Dios lo toma y lo usa para algo hermoso, en algo más allá de lo que nos podemos imaginar. Por el momento sólo podemos tener destellos de aquí y de allá, la luz reflejada por la luna. Pero llegará un día cuando la ceguera será quitada y las escamas caerán de los ojos y entonces veremos la gloria en nuestro sufrimiento que arderá como el sol del medio día. Jesús nos dice con franqueza, «... En el mundo tendréis aflicción...» Pero continúa para agregar, «pero confiad; Yo he vencido al mundo» (Juan 16.33).

Otro valor: nuestros corazones se ensanchan y sensibilizan por el sufrimiento. Llegamos a ser «sanadores de heridas», como Henri Nouwen nos ha enseñado a decir. La respuesta de que se han ido para siempre, en un abrir y cerrar de ojos, hace todo mejor. Soportamos la agonía que nos prepara para entrar en la angustia de otros. «Cuanto más amorosos son nuestros corazones», escribe Glenn Hinson, «más rápido llegará el sufrimiento».[5] Llegamos a reconocer el sufrimiento de nuestro tiempo en nuestro propio corazón, y ese llega a ser el punto de partida de nuestro ministerio.

---

4. Kelly, *Testamento*, p. 71.
5. Glenn Hinson, *The Contemplative View* [La visión contemplativa], en *Espiritualidad cristiana*, p. 179.

Una vez oré por una joven mujer cuyo padre era pastor. Había muchas cosas buenas acerca de este pastor, pero en esa ocasión el corazón de la hija estaba cargado con las cosas negativas: la infinidad de veces que él tenía que salir por causa de las demandas del ministerio; el presupuesto ajustado, que significaba menos juguetes, pocos días festivos, no cosas especiales; los intrusos e impertinente miembros de la iglesia que hallaban faltas en todo y en nada. Sé que estas son pérdidas de la variedad del jardín, pero eso no significa que duelan menos.

Me pregunto si ella me estaba contando una historia que mis propios hijos podrán decir algún día, pues era un pastor joven en aquel entonces, y también para mi las horas eran largas, el dinero corto y los feligreses quisquillosos.

Después que terminó su historia, me paré detrás de ella, y suavemente puse mis manos sobre su cabeza en la forma ritual de la imposición de manos. Quería orar por la sanidad de esa niña que todavía estaba en esa mujer, la niña que había sufrido con todas estas pérdidas. Pero sólo pude hablar algunas palabras, pues sentí una profunda tristeza que se desbordaba dentro de mí por su dolor emocional. Oré por perdón para el padre que no sabía lo que había hecho. Pero ya no pude seguir hablando, pues me invadió un fuerte quebrantamiento, y calladamente sollocé en por ella. No suelo emocionarme con facilidad, así que podrán entender que lo que estaba sucediendo era inusual, para no extenderme más. Ahí estaba, parado atrás de ella con grandes lágrimas cayendo hasta el suelo a medida que entraba en su dolor, arrepentido por su padre y buscando sanidad para el interior de su pequeña. Evidentemente las lágrimas hicieron lo que las palabras no pudieron, pues ella se levantó sólidamente sana. Esta forma de oración la aprendemos solamente en la escuela del sufrimiento.

¿Debo seguir enumerando los valores del sufrimiento redentor, marcándolos como si fueran artículos en la lista de compras? Creo que no, puesto que todos son verdaderos —todos y cada uno de ellos— en realidad pueden llegar a ser como esas respuestas que nos sabemos al dedillo y usamos para protegernos del crudo nervio de la tristeza. No, creo que es mejor si dirigimos nuestra atención a la práctica de la oración de sufrimiento.

¿Qué hacemos?

Nuestra tarea —de ustedes y mía— sería mucho más fácil si estuviéramos, por ejemplo, analizando el problema del mal. Entonces podríamos debatir todas las teorías en una forma desprendida y apropiada. Nuestra pregunta, sin embargo, no es: «¿Por qué hay sufrimiento en el mundo? sino ¿Cómo me interno en el sufrimiento que hay en el mundo de forma tal que pueda ser para redención y sanidad?» Debemos hacer la pregunta de práctica.

¿Qué hacemos? Hacemos las cosas que hizo Moisés. Después de guiar a los hijos de Israel fuera de la esclavitud de Egipto, ellos le agradecieron rebelándose, haciendo un becerro de oro. Aun así, Moisés rehusó darse por vencido, diciendo: «... yo subiré ahora a Jehová; quizá le aplacaré acerca de vuestro pecado...» (Éxodo 32.30b). Y esto es en efecto lo que hace, se para con valentía entre Dios y el pueblo, arguyendo con Dios para que retire su mano de juicio. Escuchen las palabras que dijo Moisés: «Te ruego que perdones ahora su pecado, y si no, ráeme ahora de tu libro que has escrito» (Éxodo 32.31,32). ¡Qué oración! ¡Qué oración más atrevida, mediadora y sufrida! Es exactamente la clase de oración en la que se nos concede el privilegio de participar.

¿Qué hacemos? Hacemos lo que hizo Daniel. Daniel había vivido toda su adultez en la corte de Babilonia, pero lee en los escritos de Jeremías el profeta que los días de la devastación de Jerusalén se han cumplido. Esto lo lleva a hacer una de las más bellas oraciones nunca antes registradas en la Escritura, superada sólo por la oración de Jesús en el Aposento Alto. Es una oración de arrepentimiento: «Y oré a Jehová mi Dios e hice confesión diciendo...» (Daniel 9.4). Pero Daniel no está confesando sus pecados; está confesando los pecados de su pueblo, Israel. Y nótese que rehusa excluirse, o autojustificarse, en lugar de eso se identifica inmediatamente con los pecados del pueblo. Escuchen: «*hemos* pecado... y *hemos* cometido iniquidad... *hemos* sido rebeldes... *hemos* pecado delante de ti» (Daniel 9.5-19; cursivas añadidas). Y así continúa: Daniel permanece con su pueblo; Daniel arrepintiéndose en nombre de su pueblo; Daniel mediando entre Dios y su pueblo. Finalmente, cierra su oración exactamente con la perspectiva correcta: «no elevamos nuestros ruegos ante ti confiados en nuestras justicias, sino en tus muchas misericordias». ¡Qué oración! Esto es lo que tenemos que hacer.

Ha habido muchos que han orado y han vivido de esta manera. Piensen en José y su exilio. Piensen en María y su vigilia en el Calvario. Piensen en Esteban y su apedreamiento. Piensen en Pablo y sus tribulaciones. Piensen en la lista de aquellos sufridos gigantes de la fe en Hebreos 11 y su apropiado epitafio, «de los cuales el mundo no era digno... (Hebreos 11.38).

Reitero: no se trata del sufrimiento por el sufrimiento en sí. Aquí no hay deseos de martirizarle. Es un consciente cargar con los pecados y tristezas de otros para que sean sanados y les sea dada vida nueva. George MacDonald menciona: «El Hijo de Dios sufrió hasta la muerte, no para que el ser humano no sufra, sino para que su sufrimiento sea como el de Él».[6]

El lado pasivo y el lado activo

Hay una lado pasivo y uno activo de la oración de sufrimiento. El lado pasivo implica las muchas pruebas que se presentan en el transcurso de nuestra vida diaria. Esto puede ser meramente irritante o genuinamente trágico. A veces llegan a causa de la desobediencia o por llevar una vida equivocada y, cuando este es el caso, tenemos que cambiar nuestra forma de vida. Pero hay otras ocasiones en que nos encontramos atrapados en el torbellino de un mundo bueno que va mal: una economía en colapso que se come nuestros ahorros de una vida, un altercado personal en la oficina que adversamente afecta nuestra posición, un terrible accidente que cambia nuestra vida para siempre.

Cuando sufrimos estas cosas —de las que no somos responsables y sobre las que no tenemos control— tenemos que sobrellevarlas pacientemente, poniendo nuestra confianza en Dios. Muy pocos tenemos hoy día bastante capacidad para la

---

6. Según se cita en C. S. Lewis, *The Problem of Pain* [El problema del dolor], Macmillan, New York, 1961, p. vi.

desesperación y destitución, y la oración de sufrimiento incrementa esa capacidad. La desolación del alma a veces nos llega con este propósito. Jean-Nicholas Grou escribe: «Deja que tu sufrimiento sea llevado por Dios; sufre con sumisión y paciencia, y sufre en unión con Jesucristo y estarás ofrendando la más excelente oración».[7]

Podemos estar seguros de esto: Dios, que conoce todo y ve todo, hará todas las cosas rectas al final. Y aun mejores, Él secará cada lágrima. Mientras tanto en forma misteriosa toma nuestra tristeza y la usa para sanar al mundo.

Yo sé el peligro intrínseco en el consejo que te he dado. La gente puede cambiar esto en pasividad hacia la injusticia y el mal. No debemos hacer esto nunca. Estamos bajo las órdenes divinas para luchar en contra del mal en todas sus formas. La pasividad, sin embargo, rara vez es *nuestro* problema. Tendemos a luchar y batallar sobre cada inconveniente menor que surge en nuestro camino. Con la madurez espiritual llega la habilidad de discernir entre las pruebas que son parte normal de vivir bajo la cruz y las injusticias de un mundo malo que demanda corrección.

El lado activo del sufrimiento involucra aquellas ocasiones cuando tomamos voluntariamente por nuestra cuenta las penas y tristezas de otros con el propósito de liberarlos. Una mujer, a la que llamaré Ana, fue una vez donde mi esposa, Carolynn, en busca de oración y consejo. El problema externo de la depresión de Ana era fácil de reconocer. Al poco tiempo la causa interna salió a la superficie también: una repentina y trágica pérdida de su niño. Carolynn tiene el don de llevar cargas, y por eso cuando comenzó a orar, tomó vicariamente las penas de Ana. Profundos sollozos y aun llanto, invadieron a Carolynn mientras lamentaba la muerte del niño de Ana. Le pidió a Dios que tomara el dolor emocional de Ana y que lo redimiera a través de la cruz de Jesucristo. Después que hizo esto, los sollozos cesaron y fueron reemplazados por una firme paz.

Mas tarde, Carolynn recibió una carta de Ana, describiendo la nueva vida que le había sido infundida durante aquella

7. Grou, *¿Cómo orar?*, p. 83.

sesión de oración. La sanidad que Ana recibió ese día fue significativa si bien no total, pues las raíces de ese asunto están muy profundas y tienen muchas ramas. Ciertamente la depresión de Ana se ha ido lo suficiente de modo que ha podido comportarse normalmente una vez más. A través del sufrimiento redentor de Carolynn, Dios ha abierto un conducto sanador en el pasado de Ana de modo que pueda lamentarse por la pérdida de su niño.

Debo añadir un pequeño consejo a esta historia. No debemos seguir soportando las cargas de otros en nuestros hombros, sino que debemos liberarlas en los brazos del Padre. Sin esta liberación las cargas se harían demasiadas para nosotros, y nos invadiría la depresión. Además, no es necesario. Nuestra tarea en realidad es pequeña: sostener la agonía de otros el tiempo suficiente para que sean liberados de ellas. Después juntos podemos dejar todas las cosas en Dios.

Arrepentimiento en lugar de otros

La oración de sufrimiento se nos presenta en toda su desnudez cuando nos es dada la gracia de arrepentirnos en lugar de otros, especialmente por los enemigos, perdonarlos y liberarlos. Dietrich Bonhoeffer dice que cuando oramos por nuestros enemigos: «Tomamos su sufrimiento y pobreza, su culpa y perdición sobre nosotros y rogamos a Dios por ellos. Estamos haciendo vicariamente por ellos lo que ellos no pueden hacer por sí mismos».[8]

En el campo de concentración nazi de Ravensbruck —donde un estimado de 92.000 hombres, mujeres y niños fueron asesinados— se encontró una pieza de papel de envolver cerca del cuerpo muerto de un niño. En el papel estaba escrita esta oración:

Oh Señor, recuerda no sólo a los hombres y mujeres de

---

8. Dietrich Bonhoeffer, *The Cost of Discipleship* [El costo del discipulado], 2da ed, tr. R. H. Fuller, Macmillan, New York, 1963, p. 166.

buena voluntad, sino también de mala voluntad. Pero no sólo recuerda el sufrimiento que nos han impuesto; recuerda los frutos que hemos dado, gracias a este sufrimiento: nuestra camaradería, nuestra lealtad, nuestra humildad, el coraje, la generosidad, la grandeza de corazón que ha surgido de todo esto. Y cuando lleguen al juicio, deja que todos los frutos que hemos dado sean su perdón.[9]

Esta idea de arrepentirse en lugar de otros quizás les sea nueva. «¿No se supone que la gente se tiene que arrepentir por ella misma?» quizás se preguntarán. Están en lo cierto, por supuesto. Cada uno de nosotros se debe arrepentir con corazón contrito por nuestras ofensas a la Divina Misericordia. Pero —y aquí está la maravilla— nuestras oraciones de arrepentimiento en lugar de otras personas de algún modo parecen hacerles más fácil, más posible que se arrepientan por sí mismos. Cómo actúa esto, no lo sé. Pero de que actúa estoy convencido. No significa que cada persona por la que oremos sea transformada instantáneamente en una clase de santo. (Ni aun el mismo sacrificio de Jesús produce tal clase de resultados: resultado que no querríamos una vez que hemos entendido esto del todo.) No, es más como la liberación de pequeñas gotas de gracia y misericordia: gotas que tal vez se pueden sacudir pero que ciertamente no pueden ser ignoradas.

Lamentos de una fe en lucha

Ponerse entre Dios y el pueblo involucra una especie de lucha con Dios. Es parte del sufrimiento, un poquito como argüir con nuestro mejor amigo. Tertuliano lo llama «una clase de violencia santa contra Dios».[10] Como Jacob en la antigüedad, que luchó toda la noche con el ángel, rehusamos soltarlo hasta recibir una bendición, no para nosotros, sino para otros.

9. Rob Goldman, *Healing the World by Our Wounds* [Sanando al mundo por nuestras heridas], *The Other Side* [El Otro Lado], vol. 27, no. 6, Noviembre-Diciembre 1991, p. 24.
10. Según se cita en Bloesch, *Lucha de la oración*, p. 132.

Argüimos con Dios para que la justicia sea vencida por su misericordia. Es sólo por nuestra intimidad con Dios que podemos luchar con Él.

Esta intensa interacción no es contraria a Dios mismo, pues Donald Bloesch nos dice: «Aun Dios lucha consigo mismo, buscando reconciliar su santidad, que no puede tolerar el pecado, con su infinito amor por una raza humana pecadora».[11] Aun así, esta lucha es una imagen difícil de aceptar para nosotros. Preferimos más la imagen de la armonía pacífica. Nuestra dificultad se debe, en parte, a nuestra inhabilidad cultural para reconciliar la lucha con el amor. Aceptamos que una relación amorosa por su misma naturaleza debe ser pacífica y armoniosa, y aun así, en el plano humano, aquellas cosas que nos importan más son por las que luchamos más profundamente y argüimos con más pasión. La lucha es consistente con el amor, pues es una expresión de nuestro interés.

No es ira. No es queja. Es, según Martín Lutero lo expresa: «Una acción del espíritu violenta y continua según se eleva a Dios».[12] Nos estamos comprometiendo en un asunto serio. Nuestra oraciones son importantes, tienen efecto en Dios. Queremos que Dios sepa la seriedad de nuestro corazón. Golpeamos en las puertas del cielo porque queremos ser escuchados en lo alto. Agonizamos. Hablamos. Gritamos. Oramos con sollozos y lágrimas. Nuestras oraciones llegan a ser lamentos de una lucha de fe. Como Carlos Spurgeon nos recuerda: «La oración es capaz de vencer al cielo y doblar la omnipotencia con sus deseos».[13]

Ayunar es una expresión de nuestra lucha. Ayunar es la abstención voluntaria de una función normal por causa de una intensa actividad espiritual. Es un signo de seriedad e intensidad. Cuando ayunamos estamos renunciando intencionalmente al primer derecho dado a la familia humana en el Jardín: el

---

11. Ibid., p. 77.
12. Martín Lutero, *Lectures on Romans* [Lecturas sobre Romanos], ed. y tr. W. Pauch, Westminster, Philadelphia, Westminster 1961, p. 349.
13. Según se cita en Friedrich Heiler, *Prayer* [Oración], tr. y ed. Samuel McComb, Oxford University Press, New York, 1958, p. 279.

derecho a comer. Decimos no a la comida porque pretendemos por medio de otros recibir un mejor alimento. Estamos comprometidos a quebrar cada yugo y liberar a los cautivos. Nuestro ayuno es un signo de que nada nos detendrá en nuestra lucha en favor de los quebrantados y oprimidos.

En *Alabanza a la Disciplina* proveo instrucción detallada en la práctica del ayuno, y hay otros buenos libros para guiarlos. Quiero subrayar el ayuno como un medio de ayudarnos a sufrir gozosamente. Nos estamos privando por el bien de otros. Nuestro ayuno tiene peso con Dios y efecto en otros. El pastor Hsi de China estaba tan interesado por ver a su esposa libre de su profunda depresión y tormento mental que «convocó para un ayuno de tres días y noches en su casa, y se dio a la oración. Débil en el cuerpo, pero fuerte en la fe, se mantuvo en las promesas de Dios».[14] A raíz de esto su oración tuvo un éxito completo, al restaurarse totalmente la salud de su esposa. Con el tiempo ella llegó a ser una compañera importante en su reconocido ministerio.

Este no es ascetismo excesivo o enfermizo. No tiene nada que ver con los extremos de tortura ni masoquismo, que son una perversión del auténtico sacrificio. No tenemos placer en el dolor, no lo buscamos innecesariamente. Nuestro ayuno es parte de la lucha con Dios. Es parte de los dolores de parto que resistimos a fin de ver venir la nueva vida.

La lucha puede ser dolorosa, pero el resultado neto vale la lucha, pues como Soren Kierkegaard nos recuerda, ganamos, y también gana Dios: «El hombre recto pelea en oración con Dios y conquista: en eso conquista Dios».[15]

Sufrir con el cuerpo de Cristo

La Biblia nos dice que somos «el cuerpo de Cristo». Esta

---

14. Según se cita en Arthur Wallis, *God's Chosen Fast: A Spiritual Guide to Fasting* [El ayuno de los elegidos de Dios: una guía espiritual y práctica sobre el ayuno], Christian Literature Crusade, Fort Washington, PA, 1986, p. 67.
15. Soren Kierkegaard, *Edifying Discourses* [Discursos edificantes], vol. 4, tr. David Swenson y Lillian Swenson, Augsburg, Minneapolis, 1946, p. 113.

descripción de la comunidad de fe no es alguna metáfora romántica sino auténtica realidad. Jesucristo a través del Espíritu Santo continua viviendo con su Iglesia, y nuestros sufrimientos son sus sufrimientos. Juan Calvino escribe: «Puesto que Cristo ha sufrido *una vez* en su propia persona, ahora sufre *diariamente* en sus miembros.»[16] Y estos sufrimientos son redentores; realmente son usados por Dios para cambiar y transformar y llevar gente al camino de Cristo.

Como nuestros sufrimientos son suyos, así sus sufrimientos son nuestros.

De vez en cuando se nos da el privilegio de participar en los sufrimientos de Cristo por alguna necesidad esencial de su Cuerpo. Una vez un ministro en África se levantó a media noche llorando. Un extraño nombre la venía a la mente una y otra vez, un nombre que no conocía. Sintió que era una llamada a la oración, pero ¿por quién? ¿por qué? No lo sabía. Aun así oró en el Espíritu por ese nombre que no conocía, sufriendo intenso dolor al hacerlo. Después de varias horas de llevar esa carga, supo que su trabajo intercesor había sido cumplido. Al día siguiente el periódico tenía la triste noticia de una población cristiana cuyos habitantes habían sido masacrados durante la noche. La villa tenía el mismo nombre por el cual el ministro había estado llorando.[17] De alguna forma que no comprendemos, a este ministro se le concedió participar en el sufrimiento de la gente de la villa y así como en el de Cristo. Nuestro privilegio de orar tal vez no sea nunca tan notable, pero será igualmente importante.

---

16. Juan Calvino, *Commentaries on the Epistles to the Philippians, Colossians, and Thessalonians* [Comentarios a las Epístolas a los Filipenses, Colosenses y Tesalonicenses], tr. Juan Pringle, Eerdmans, Grand Rapids, MI, 1948, p. 164.
17. Esta historia se encuentra registrada en Paul Yonggi Cho, *Prayer: Key to Revival* [Oración: clave para el reavivamiento], Word, Dallas, TX, 1984, p. 86.

ORACIÓN DE SUFRIMIENTO

◆

Oh, Santo Espíritu de Dios, tan herido hoy. Ayúdame a permanecer con ellos en sufrimiento. No sé realmente cómo hacerlo. Mi tentación es ofrecer alguna oración rápida y despedirlos, en lugar de permanecer con ellos en la desolación del sufrimiento. Muéstrame la forma de entrar en su dolor.
En el nombre y por los méritos de Jesús.
—*Amén.*

20

Oración de autoridad

Dios ha instituido la oración para conferir a sus criaturas la dignidad de ser causantes.
—Blas Pascal

En la oración de autoridad estamos llamando por la voluntad del Padre sobre la tierra. Aquí no es tanto lo que hablamos *a* Dios sino lo que hablamos *por* Dios. No le pedimos a Dios que haga algo; al contrario, usamos la autoridad de Dios para mandar que algo se haga.

Hay oración personal y hay oración devocional, pero la clase de oración que tratamos es de categoría diferente. Muchas veces tenemos necesidades personales, entonces le pedimos a Dios y Él responde. Otras veces sentimos la cercanía de Dios y nos animamos por la compañía íntima. Pero también hay una oración que Dios usa para invadir el territorio enemigo y establecer su Reino. Esta es la clase de oración que tenemos bajo consideración aquí.

Cuando los hijos de Israel estaban de espaldas al Mar Rojo y los ejércitos de Faraón los seguían, la Biblia nos dice que «gritaron al Señor». Pero Dios le dijo a Moisés, «... por qué clamas a mí? Di a los hijos de Israel que marchen. Y tú alza tu vara, y extiende tu mano sobre el mar y divídelo...» (Éxodo 14.15-16a). En esta oportunidad la oración, como normalmente lo entendemos, no fue apropiada. En esencia Dios le estaba diciendo: «Deja de clamar a mí y comienza a ejercitar la autoridad que te he dado». Dios le estaba ordenando a Moisés que controlara la situación, que en efecto fue lo que hizo. Y esto es precisamente lo que hacemos en la oración de autoridad.

Correr el riesgo

En mi propia experiencia, me tropecé en mi camino con esta oración casi por accidente hace muchos años. Nuestro hijo mayor, Joel, cuando era bebé tenía con frecuencia infecciones en el oído, a pesar de nuestros cuidados. Era extremadamente doloroso, y a veces nos desvelábamos. Una de esas noches, cuando me tocó mi turno de levantarme, oré todas las oraciones que pude imaginar, pero parecía que nada sucedía. Eran cerca de las 4 a.m., había estado paseándolo, poniendo sus oídos contra mis hombros, esperanzado con que el dolor cesara lo suficiente como para que dejara el llanto descorazonador y pudiera dormir. Estaba cansado y frustrado.

De pronto me asaltó la idea de que debía hablar directamente al dolor. La idea me pareció un poco extraña, pero rápidamente me dirigí al dolor: «Gracias por dejarnos saber que hay una infección en los oídos de Joel. Le estamos proveyendo la mejor atención médica que podemos. Ya hemos recibido el mensaje, de manera que no necesitas seguir mandando la señal a sus oídos. En el nombre de Jesús, para ya». Instantáneamente los llantos y quejas de Joel cesaron; descansó su cabeza en mi hombro y se quedó dormido. Sucedió todo tan abruptamente y de manera tan completa que me sorprendió. Cuando nos levantamos a la mañana siguiente, la infección de su oído se había ido por completo. (Debo añadir que algunos meses después le fueron extraídas las amígdalas, pues el doctor creía que eran la fuente de sus constantes infecciones.)

La autoridad unida a la compasión

En realidad, casi desearía no tener que hablar sobre la oración de autoridad. Es un área que ha sido terriblemente maltratada y usada mal hoy en día. El viejo adagio que dice «el poder corrompe y el poder absoluto corrompe absolutamente» tiene mucho de verdad en este caso. Esta forma de oración puede ser extremadamente peligrosa, razón por la que esperé casi hasta el final de este libro para tratar el tema. Supongo que a esta altura ahora hayamos experimentado lo suficiente de la gracia transformadora de Dios que la vieja pasión que corre desbordada sobre las vidas de otros haya sido efectivamente vencida o al menos claramente identificada.

He descubierto que el exceso en la oración de autoridad aparece con frecuencia cuando la gente fracasa en el ejercicio tanto del poder de Cristo como de su compasión. Dostoevsky, en *Los hermanos Karamasov*, muestra bien este problema al describir a dos monjes, el padre Ferapont y el padre Zosima. En la novela el padre Ferapont es el asceta frío y rígido, pero tiene poder, verdadero poder espiritual. Todo el mundo tiembla cuando el padre Ferapont viene al cuarto. El padre Zosima, por el contrario, es la epítome del sacerdote compasivo, tierno y paternal. Todos aman al padre Zosima.[1]

En nuestra práctica de la oración de autoridad tenemos ahora una mejor oportunidad de ser bendecidos si combinamos el poder del padre Ferapont con la compasión del padre Zosima. Con demasiada frecuencia vemos el poder y la compasión como excluyéndose mutuamente, pero en Jesús estaban bellamente unidos. La autoridad necesita compasión para evitar que se vuelva destructiva. La compasión provee el ambiente en el cual la autoridad puede funcionar.

La protección del discernimiento y la prudencia

Pero la compasión por sí sola no es suficiente. También necesitamos el don espiritual del discernimiento y la virtud cardinal de la prudencia para proveer protección para el recto ejercicio de la oración de autoridad. El discernimiento es un carisma supernatural del Espíritu, y la prudencia ha sido

---

1. Fydor Dostoevsky, *The Brothers Karamazov* [Los hermanos Karamazov], ed. Ralph E. Matlaw, tr. Constance Garnett, W. W.Norton, New York, 1976. Algunos de los pasajes más relevantes están en los libros cuatro y seis.

universalmente reconocida como una virtud central para quienes buscan vivir rectamente. Las dos se equilibran y se mantienen el uno al otro un poco como el giroscopio, el corazón de un girocompás, que en la antigüedad era usado para mantener el curso de los barcos y los aviones. El discernimiento es como el eje de rotación del giroscopio y la prudencia es su complemento horizontal, la combinación de los cuales da libertad de movimiento dentro del contexto de equilibrio y dirección.

El discernimiento es la habilidad divina de ver que está sucediendo en realidad y saber qué se necesita hacer en cualquier situación. Como dice Juan Woolman: «Sentimos y entendemos el espíritu de la gente».[2] El carisma del Espíritu es crítico porque es necesario un diagnóstico preciso para un ministerio efectivo. Necesitamos, por ejemplo, ser capaces de discernir entre las multiples personalidades causadas por traumas emocionales y aquellas causadas por la actividad demoníaca. No debemos enamorarnos tanto del mundo espiritual que pensemos que todo trabajo y cada detalle de la vida es causado por la actividad supernatural, tampoco debemos dejarnos arrastrar por las presunciones naturalísticas de la sociedad moderna que fallemos en ver las marcas de lo transcendente.

La mejor forma de aprender acerca del don espiritual del discernimiento es estando cerca de aquellos que se mueven en ese ámbito. Búsquenlos: no es difícil distinguirlos, aunque rara vez llaman la atención sobre sí mismos. Ellos son a los que la gente acude cuando necesitan guía y dirección. Se hace comentarios acerca de esta gente, como «ella es bastante sabia»; «yo no sé cómo lo supo, pero me dijo exactamente lo que necesitaba escuchar»; «cada vez que la veo siento como si entendiera mejor las cosas». Cuando descubran a esta clase de gente, busquen la manera de estar cerca y aprendan de ellas.

«Prudencia», dice C. S. Lewis, «significa el sentido común práctico, tomándose el trabajo de pensar en lo que están haciendo y que habrás de sacar de ello».[3] Es una virtud que se

2. *The Journal and Major Essays of John Woolman* [El Diario y Ensayo principal de Juan Woolman], p. 112
3. C. S. Lewis, *Mere Christianity* [Mera cristiandad], Macmillan, New York,

encuentra poco hoy en día. Algunas personas, una vez que entienden la autoridad que tienen en Cristo, parecieran perder todo el buen sentido... y las buenas maneras. Se pasan ordenando que suceda esto y aquello de la manera más atroz y destructiva. Jesús nunca hizo eso. Él sabía cuándo hablar y cuándo callar. Estuvo siempre a la altura de la situación en la que se encontraba. Aun sus enseñanzas están llenas del sentido común, bueno y ordinario. Cuando nos dijo que no tirásemos las perlas a los cerdos, por ejemplo, no fue por rudo, sino porque Él sabía que los cerdos no podían digerir las perlas; no les hacen ningún bien (Mateo 7.6). También debemos tener el buen sentido de abstenernos de darle a la gente la verdad que no están preparados para recibir, pues no les habrá de hacer ningún bien. Este sentido común práctico influye en todo lo que Jesús dijo e hizo.

Con mayor frecuencia el discernimiento y la prudencia operan como mano en guante. Tengo un conocido a quien llamaré Derek que fue al hospital a visitar a un amigo que estaba próximo a morir. Cuando Derek iba en el elevador, pensó que debía decirle a la enfermedad que se fuera, pero cuando llegó al cuarto vio que su amigo estaba durmiendo. Entonces Derek hizo algo poco frecuente; se puso al extremo de la cama del hospital y oró la oración de guía: «Señor, ¿cómo quieres que ore?» De inmediato sintió al interior descartar el «decirle a la enfermedad que se fuera». Es más, no sintió la urgencia de orar. Lo mejor parecía sólo visitar a su amigo.

Entonces Derek se acercó a su amigo, lo tocó por el hombro para despertarlo, y le dijo: «Buenos días. Sólo vine para verte un ratito».

El amigo de Derek respondió débil y agradecido: «Oh, me alegro. Todo el mundo ha estado viniendo e imponiendo sus manos sobre mí y tratando de hacer que me sienta bien, y todo lo que quiero hacer es irme a la casa del cielo. Y estaba esperando que alguien viniera sólo a visitarme». Por eso es que debemos ser sabios y sensitivos de manera que demos la orden de fe *sólo* cuando es oportuno y bueno.

1943, p. 60.

La guía de nuestro líder

También debemos estar confiados en hablar las palabras de autoridad cuando *es* bueno y oportuno. Simplemente no podemos ir más allá del hecho de que Jesús oró de esta manera y exhortó a sus seguidores a hacer lo mismo. En un pasaje significativo Jesús dice: «Porque de cierto os digo que cualquiera que dijere a este monte: quítate y échate en el mar, y no dudare en su corazón, sino creyere que será hecho lo que dice, lo que diga le será hecho» (Marcos 11.23).

Fíjense que no está diciendo que hablemos a Dios acerca de la montaña; nos está diciendo que hablemos directamente a la montaña. Esta no es oración en el sentido que comúnmente pensamos, pero ciertamente es oración.

En una ocasión los discípulos de Jesús trataron de sanar a un niño que evidenciaba los signos de opresión demoníaca. Fracasaron miserablemente. Al final Jesús se hizo cargo de la situación. Se informó brevemente sobre la historia de la situación del niño, y después, cuando vio la fe del padre del niño, reprendió al espíritu demoníaco diciendo: «Espíritu mudo y sordo, yo te mando, sal de él, y no entres más en él». El niño se convulsionó y después, cuando el espíritu salió, cayó al suelo como si estuviera muerto. Es más, todo el mundo pensó que estaba muerto hasta que Jesús lo tomó en sus manos y lo levantó perfectamente completo.

Los discípulos estaba maravillados con todo esto, y no podían esperar estar a solas con Jesús para preguntarle el porqué de su *éxito* y la razón de su *fracaso*. La respuesta de Jesús fue simple y directa: «este género con nada puede salir, sino con oración y ayuno» (Marcos 9.14-29). Pero noten, en la situación Jesús no oró como ordinariamente pensamos que se hace una oración. Él no habló a Dios para nada. En su lugar habló directamente al espíritu demoníaco, ordenándole que saliera.

Esta es oración, es cierto, pero es oración de mandato. Esta clase de oración está esparcida a lo largo de todo el ministerio de Jesús. Él ordena a los vientos y a las olas que paren, diciendo: «Calla, enmudece». Le manda al leproso: «sé limpio». Toca los ojos del ciego y dice: «sean abiertos». A los oídos del sordo les dice los mismo: «sean abiertos». Al paralítico le ordena: «levántate». En la tumba de su amigo Lázaro ordena «ven fuera». A los espíritus demoníacos les ordena: «salgan».

Jesús no sólo ejerció la oración de mandato; también delegó la misma autoridad a otros. Cuando envía fuera a los doce, les «da poder y autoridad sobre los demonios y para curar enfermedades, y los envió a predicar el Reino de Dios y a sanar a los enfermos» (Lucas 9.1-2). En esencia, les dijo que anunciaran la cercanía del Reino y que demostraran su presencia con obras de poder. Y eso es exactamente lo que hicieron: «Y saliendo, pasaban por todas las aldeas, anunciando el evangelio y sanando por todas partes» (Lucas 9.6).

Cuando envió a los setenta, fue con la misma misión: «y sanad a los enfermos .. y decidles: se ha acercado a vosotros el reino de Dios» (Lucas 10.9). Volvieron de su misión con gozo diciendo «... Señor, aun los demonios se nos sujetan en tu nombre» (Lucas 10.17). Jesús estaba emocionado, pues ahora sabía que el poder del cielo podía ser delegado a los seres humanos comunes: «... Jesús se regocijó en el Espíritu, y dijo: Yo te alabo, oh Padre, Señor del cielo y de la tierra, porque escondiste estas cosas de los sabios y entendidos, y las has revelado a los niños...» (Lucas 10.21).

Seguir la dirección de nuestro líder

Los pasajes que he presentado no son nuevos para mí, pero por años yo pensé que el ministerio de poder era sólo para los elegidos: ustedes saben a lo que me refiero, apóstoles, santos y todo eso. Ciertamente no debería esperarse que hiciera tales cosas. Pero después me topé con las fuertes palabras de Jesús: «De cierto, de cierto os digo: El que en mí cree, las obras que yo hago, él las hará también; y aun mayores hará, porque yo voy al Padre» (Juan 14.12). No pude seguir evadiendo mi responsabilidad y compromiso personales.

Estas, sin embargo, no fueron buenas nuevas para mí. Estaba preocupado pensando hacia a dónde me llevaría tal noción. Estaba preocupado que la gente se apartara de la soberanía de Dios e intentara cosas por sus propias fuerzas. Estaba inquieto por el orgullo y la presunción en todas estas cuestiones de autoridad. Más que todo, estaba temeroso de que la gente podría caer en el lado profundo... temeroso de caer en el lado profundo.

Pero muy pronto advertí que el peligro de la superficialidad es claramente tan dañino como el peligro del exceso, quizá más. Preocupado por caer en el lado profundo, me di cuenta que podía caer en el superficial. Mi deseo de mantener la honorabilidad religiosa podía con facilidad resultar en una fe domesticada. Supe que no debía dejar que esto pasara. Debo estar dispuesto a dar un paso adelante aun si las aguas se ven profundas.

Además, hay gente preciosa desesperada porque necesita ayuda. Hace algunos años conocí a una distinguida dama, durante una de mis conferencias en Santa Bárbara, California. La llamaré Gloria. El tema central de mi conferencia era la oración contemplativa, y la atmósfera de la reunión había sido elevada por la belleza natural de los regios árboles de eucalipto y la hacienda de tejas rojas. Después de una sesión de la tarde, Gloria me pidió una cita, y fuimos entonces a una encantadora biblioteca, donde no podríamos ser interrumpidos. Recuerdo los sólidos estantes de cedro y la bella mesa hecha a mano en el centro de la sala. También recuerdo la refinada dignidad con la que Gloria se movía. «Sofisticada», pensé para mí.

Pero la historia que me contó ese día no era nada sofisticada. Gloria, una persona profundamente espiritual, había sufrido durante seis meses de una intensa aflicción del maligno. Esa es la única forma que encuentro para describirla. Seis meses antes, cuando estaba en un retiro de silencio de una semana, Gloria, repentina e inesperadamente, experimentó un agudo dolor de estómago. «Me doblaba de agonía», me dijo. «Después sentí una presencia: una horrible, espantosa presencia. Comencé a llorar mucho. Me sentía increíblemente pesada sobre mis pies, como si estuviera cargando una cruz. Más tarde vi una cosa monstruosa. Era enorme, oscura, horrible. Habló con una voz grave, como de animal. Sentí una impresión: "el diablo me quería destruir"».

Doblada por el dolor, Gloria llegó con mucha dificultad hasta la capilla. Se roció con agua bendita y se postró en el suelo, diciendo: «sólo a Dios adoraré». Allí, en el suelo de la capilla, se quedó dormida.

Cuando Gloria se despertó, se sintió mejor. Durante la liturgia de la tarde recibió la Eucaristía y después se fue a la cama, esperando que el incidente hubiera pasado. «Mi cuerpo se estremecía con tal violencia», me dijo, «que sentí que mi cuello se quebraría. Todo lo que acerté a pensar fue, "el diablo está tratando de destruirme"». Se arrastró hasta el pasillo golpeando en la puerta del cuarto ocupado por el sacerdote que estaba guiando el retiro. Sacado de un profundo sueño y al no saber qué hacer, llamó a las hermanas de la casa de retiro, y todos juntos se sentaron con Gloria hasta que las tinieblas pasaron un poco. «Yo sé que ellos pensaron que estaba mentalmente enferma», me dijo Gloria. ¿Qué más podían pensar?

«Los incidentes y las tinieblas han continuado por seis meses». Gloria me comentaba esto de manera bastante lúcida. «Después, en su conferencia sobre la oración, usted habló de los espíritus que se oponen al camino de Dios, y pensé que tal vez podría entender mi historia, No puedo hablar con nadie. Por favor, ¿podría ayudarme?»

Había estado escuchándola durante cuarenta minutos, y sabía que me encontraba en presencia de alguien que estaba en sus sentidos. Sentí que las aflicciones que Gloria había estado experimentando eran del enemigo de las almas. Dije firme, y espero, compasivamente: «Sí, puedo ayudarla». (En realidad no estaba tan seguro como mis palabras sonaban, y sabía que si alguna ayuda estaba por venir, en verdad no sería de mí. Pero también sabía que este no era el momento para detalles teológicos innecesarios.)

Poniendo mis manos sobre la cabeza de Gloria, oré con toda la autoridad y la ternura que pude. Le ordené a las tinieblas —cualquiera que fueran— que salieran y se fueran a los fuertes brazos de Jesús. Gloria comenzó a llorar... un profundo llanto interior acompañado de largos suspiros. Invité a la paz y el amor de Dios a entrar en ella, llenarla en cada parte de su ser, mente, cuerpo y espíritu. Y las tinieblas se fueron. La paz llegó. Juntos nos sentamos en perfecto silencio, sintiendo el fluir de la gracia y la misericordia.

Eso fue hace diez años, y las tinieblas no han vuelto. Al reflexionar sobre ese suceso no hace mucho, Gloria me dijo en una conversación telefónica, que la oración de ese día fue «como un soneto dicho sobre mí». Me gustó su expresión y yo añadiría que, de ser así, entonces sería un soneto de lo alto.[4]

Consejos de sentido común

Se necesitan varios consejos simples en estas cuestiones. Primero, espero que no supondrán por esta historia que cada dolor de estómago es un ataque del diablo. Regularmente, con excepciones, un dolor es un dolor. No hay nada más. No debemos ir buscando demonios debajo de cada arbusto. Además, muchos de nuestros esfuerzos de oración en este campo

---

4. Para la preparación de esta historia repasé la secuencia de sucesos con «Gloria» por teléfono. Sus palabras, puestas entre comillas, vienen de esta conversación telefónica. Algunas personas encontrarán esta historia problemática porque siempre han sentido que los cristianos no pueden ser «poseídos por los demonios». Están en lo cierto, en el sentido de que los demonios no pueden tener completo control o «posesión» de un cristiano. En realidad el término «posesión demoníaca» es impropio y una pobre traducción de *daimonizomenoi*. Estamos hablando más bien de influencia y aflicción demoníaca, no de control y dominio demoníaco. Hasta donde yo sé, no hay pasaje en la Biblia que directamente establezca que los cristianos puedan ser «demonizados», como debiera decirse. Este es un argumento desde el silencio, por supuesto, pero cuando se compara con pasajes que pareciera que sugieren influencia demoníaca sobre gente creyente, entonces podemos hacer un argumento justo y sólido sobre la posibilidad de la demonización de los cristianos. Saúl, parece, tenía el «Espíritu del Señor» sobre él y «un espíritu malo» le atormentaba (1 Samuel 10 y 16). La mujer encorvada a quien Jesús llama «hija de Abraham» estuvo atada por un espíritu malo por dieciocho años (Lucas 13.10-17). La persona a quien Pablo dice que debe ser entregada a Satanás para la destrucción de la carne es evidentemente cristiana, pues Pablo agrega, «... para que el espíritu se salve en el día del Señor Jesús» (1 Corintios 5.1-5).

no están en la escala de lo dramático o cósmico. Por el contrario, se enfocan mucho más en las cuestiones mundanas, si bien son de igual importancia. En el poder de Dios aprendemos a tomar autoridad sobre los asuntos de cada día como nuestros hábitos de alimentación, nuestras fantasías sexuales, nuestros miedos y nuestros fracasos.

En segundo lugar, no tenemos que usar una voz especial o saltar para arriba y para abajo, o hacer cualquier otra cosa extraña para obrar en esta esfera. Si el poder de Dios está presente, entonces no necesitamos hacer ningún efecto especial, y si la autoridad divina está ausente, entonces ni toda la gimnástica en del mundo podrá cubrir esa deficiencia. Por eso, en lugar de tratar de ser alguien que no somos, podemos hablar normalmente y hacer cualquier cosa que parezca apropiada para la situación.

Tercero, tenemos recursos especiales de donde tomar. Es común experimentar una unción especial del Espíritu Santo para situaciones ministeriales específicas. Cuando sea apropiado, debemos esperar que aumente el poder del Espíritu, rodeándonos, con la luz de Cristo, cubriéndonos con la sangre de Cristo y sellándonos con la cruz de Cristo. Además, muchos de los ángeles de Dios nos han sido asignados para ayudarnos en nuestra batalla. Podemos pedir a Dios que nos ayude.

Cuarto, mientras luchamos firme y decididamente con el mal, debemos permanecer siempre moderados y compasivos con el individuo. La gente no debe ser desplazada, ni sus situaciones deben ser explotadas bajo ningún motivo. Son personas preciosas por las que Cristo murió, y debemos mostrarles mucha cortesía y respeto en todas las situaciones.

Quinto, la oración de autoridad no es un sustituto para los hábitos de disciplina de la vida. Muchas veces la gente no necesita liberación sino disciplina. En tales casos nuestra tarea es ayudarles a entrar en un patrón de vida total que comprenda las disciplinas normales de la vida espiritual.[5]

---

5. Yo, por supuesto, he escrito extensamente sobre esto en *Celebration of Discipline* [Alabanza a la Disciplina]. Me gustaría también llamarles la atención sobre Dallas Willard y su libro *The Spirit of the Disciplines* [El

Sexto, en esta labor haremos bien en estar en contacto con otros. Este no es un ministerio del tipo «pisa y corre». En ocasiones Dios querrá a un solitario Elías o Juan el Bautista, pero su norma más usual es anclarnos en comunidades donde pueda haber responsabilidad y ayuda. Esto, además, nos permite estar con gente sin tener que ser el centro de atención: una bendición en sí misma.

Y siete, aunque siempre queremos ser intrépidos en la audacia de Dios, debemos sumergir nuestros esfuerzos en la más profunda humildad de espíritu. Francamente, hay mucho más que no sabemos y mucho más que no debemos hacer. A veces me gustaría poder caminar por las unidades de cuidado intensivo y salud mental y llevar a las personas de esas salas a recuperar la salud, una tras otra. Pero no puedo hacerlo, y no sé de nadie que pueda hacerlo. «Te falta fe», me podría decir alguien. Seguro que estaría en lo correcto. Es más, sé que me faltan muchas cosas. Aunque no es por no haber tratado, y seguiré tratando, pues a veces —no siempre, pero a veces— pasan las cosas más maravillosas. Y cuando suceden, sólo podemos agradecer y bendecir al Dios de los cielos.

Del cielo a la tierra

Por lo regular la mayoría de las formas de oración van de la tierra al cielo. Pedimos por perdón, o damos gracias, o buscamos sanidad. Para usar una imagen espacial, es oración ascendente.

Pero la oración de autoridad se mueve exactamente en dirección opuesta. Estamos trayendo los recursos del cielo para

---

Espíritu de las Disciplinas], Harper, San Francisco, 1988; así como muchos otros de los clásicos de la devoción tales como William Law y sus libros *A Serious Call to a Devout and Holy Life* [Una llamada en serio a la vida santa y devota], *The Spirit of Love* [El espíritu de amor], ed. Paul G. Stanwood, Paulist, New York, 1978 y el libro de Jeremy Taylor, *The Rule and Exercises of Holy Living, and the Rules and Exercises of Holy Dying* [Las reglas y ejercicios de la vida santa, y las reglas y ejercicios de la muerte santa], comp. Roger L. Roberts Morehouse-Barlow, Wilton, CN, 1981).

que tengan alguna conexión con un asunto en particular sobre la tierra. Es una oración descendente, si lo quieren ver así. William Law declara que la oración es un instrumento poderoso, «no para que se haga la voluntad de los seres humanos en el cielo» sino «para que se haga la voluntad de Dios en la tierra».[6] El Dr. Ole Hallesby resalta, la misma realidad cuando escribe: «La oración es el conducto a través del cual se trae poder del cielo a la tierra».[7] En efecto, estamos orando del cielo a la tierra.

El apóstol Pablo nos dice que después que Dios levantó a Jesús de la muerte, Él «... sentándole a su diestra en los lugares celestiales, sobre todo principado y autoridad y poder y señorío[...] sometió todas las cosas bajo sus pies...» (Efesios 1.20b-22a). Su razonamiento es muy simple: Jesús, por medio de su ascensión y reinado celestial, tiene autoridad sobre todo poder espiritual y material.

Después, el apóstol nos involucra, a ustedes y a mí, en este cuadro. Dios, dice Pablo, ha tomado a aquellos que han sido salvos por gracia mediante la fe «juntamente con Él nos resucitó, y asimismo nos hizo sentar en los lugares celestiales con Cristo Jesús» (Efesios 2.6). No sólo Jesús ha sido colocado en posición de autoridad sobre todas las cosas; también nosotros hemos sido puestos allí.

Esto nos lleva lógicamente a la famosa descripción de Pablo sobre las batallas espirituales que libramos y sobre los recursos espirituales con los que contamos (Efesios 6.10-20). El hilo de su argumento es algo como esto: la posición celestial de autoridad de Cristo (Efesios 1) nos da nuestra posición de autoridad celestial (Efesios 2) lo cual da como resultado la capacidad de librar la batalla del Cordero contra todos los principados y potestades (Efesios 6). La oración de autoridad la ejercitamos desde esta posición celestial de autoridad.

---

6. William Law, *The Spirit of Prayer and the Spirit of Love* [El espíritu de oración y el espíritu de amor], ed. Sidney Spencer, Clarke, Canterbury, 1969, p. 120.
7. Hallesby, *Oración*. p. 117.

Librar la batalla del Cordero

Como un medio de hacer avanzar el Reino de Dios, la oración de autoridad está enfocada principalmente en luchar contra los principados y potestades de estas tinieblas presentes. Pablo escribe: «Porque no tenemos lucha contra sangre y carne, sino contra principados, contra potestades, contra los gobernadores de las tinieblas de este siglo, contra huestes espirituales de maldad en las regiones celestes» (Efesios 6.12). Al decir esto Pablo no quiere decir que la «sangre y carne» no son importantes sino que la verdadera batalla es más profunda. Detrás de los propietarios ausentes de ghettos simples están las fuerzas espirituales del egoísmo y la avaricia. Detrás de la resistencia excesiva e irracional al mensaje del evangelio están las fuerzas demoníacas de la desobediencia y distracción. Bajo las estructuras organizadas de injusticia y opresión están los principados de privilegio y estatus. Ayudando e incitando a la violencia sexual y al odio racial, al abuso de niños que es parte de esta sociedad moderna, están los poderes diabólicos de destrucción y brutalidad. Por lo tanto, dice Pablo, cuando enfrentamos a gente que está sorda al evangelio o a leyes que son crueles e injustas, o a líderes que son opresivos, entonces estamos también luchando contra las huestes celestiales y los poderes que salen directo del infierno.

En la oración de autoridad estamos comprometidos en la batalla del Espíritu contra el reino de las tinieblas. En el Apocalipsis, el último libro de la Biblia, Cristo es descrito tanto como Cordero sacrificial, como Rey conquistador (Apocalipsis 5 y 19). Esta gran visión escatológica de conquista por el sufrimiento es una descripción de la misión total y la lucha del pueblo peregrino de Dios. Ole Hallesby escribe: «el cuarto secreto de oración es una sangrienta batalla campal. Ahí se libran las batallas violentas y decisivas».[8]

Pero recuerden que se nos ha dicho que las puertas del hades no prevalecerán contra la Iglesia (Mateo 16.18). El reino de las tinieblas va en franca retirada cuando tomamos las armas

---

8. Ibid., p. 98.

de nuestra batalla. «Por tanto, tomad toda la armadura de Dios...», escribe Pablo, «... para que podáis resistir en el día malo...». Y estas son armas de poder real: el cinto de la verdad, la coraza de justicia, las sandalias de la paz, la espada del Espíritu, la vida de oración (Efesios 6.13-18).

Cristo, escribe James Nayler:

> puso armas espirituales dentro de nuestros corazones y en nuestras manos... para hacer la guerra... conquistando y conquistar, no como el príncipe de este mundo... con látigo y prisión, torturas y tormentos... sino con la palabra de verdad... devolviendo amor por odio, luchando con Dios en contra del enemigo, con oraciones y lágrimas noche y día, con ayuno, luto y lamento, en paciencia, en fe, en confianza, en amor sincero, en largo sufrimiento, y con todos los frutos del espíritu, para que si por algún medio venzamos el mal con el bien.[9]

Ejercer nuestra autoridad

La batalla espiritual no es algo de lo que hablamos; es algo que hacemos. ¿Cómo lo hacemos? Lo hacemos rompiendo todos los votos o juramentos destructivos —tanto conscientes como inconscientes— que atan la vida de las personas. Muchos se han condenado con votos internos de enfermedad, fracaso y muerte. Viendo estas cosas y sabiendo que no es bueno para la gente estar en esa esclavitud, hablamos la palabra de autoridad que rompe la maldición. Hay quienes tienen pendientes de ellos maldiciones de las generaciones que les han antecedido: la maldición del alcoholismo, la maldición de enfermedades mentales, y más. Ya sea que se trate de una maldición física, emocional o espiritual, la rompemos en el nombre y por la autoridad de Jesús.

¿Cómo lo hacemos? Lo hacemos al declarar autoridad sobre la enfermedad de la mente, cuerpo y espíritu. La enfer-

---

9. *A Collection of Sundry Books, Epistles, and Papers, Written by James Nayler* [Colección de Libros varios, Epístolas, y Papeles, escritos por James Nayler, etc. (Londres: no pub., 1716), p. 378.

medad es un enemigo y debemos luchar en su contra. Declaramos estabilidad en personalidades neuróticas y fóbicas. Reprendemos fiebres y el bloqueo de suplemento de sangre a las células cancerosas. Clamamos por restauración total y bienestar para que limpie la vida de la gente.

¿Cómo lo hacemos? Lo hacemos al ir en contra de cada «montaña» que obstaculiza nuestro progreso en Dios. Ordenamos a los miedos de todos los niños que los dejen y no vuelvan. Nos alzamos en contra de los malos pensamientos, sospechas y distorsiones de todo tipo. Atamos al espíritu de la ira, de los celos y de los chismes, y liberamos el espíritu de perdón, amor y fe.

¿Cómo lo hacemos? Lo hacemos expulsando a los demonios. Donde quiera que encontramos fuerzas malignas trabajando, firmemente demandamos que salgan. Nosotros estamos en control, no ellas. En el ministerio de poder proclamamos autoridad sobre cualquiera cosa que se oponga a nuestra vida en el Reino de Dios.

¿Cómo lo hacemos? Lo hacemos pronunciándonos en contra de todos los males sociales e injusticias institucionales. Sonamos las trompetas en contra de las estructuras institucionales que son responsables de la miseria del pobre. Nos oponemos a las leyes injustas que degradan y deshumanizan a aquellos por quienes Cristo murió. Trabajamos por leyes de igualdad y justicia. Damos a los pobres; alimentamos al hambriento; hospedamos al desamparado. Todas estas cosas y muchas más son la tarea de la oración de autoridad. Es trabajo que cuando se realiza se hace en el espíritu de profunda oración y gran humildad, pues confiamos en el poder de Dios, no en nuestras destrezas. Richard Sibbes escribe: «¿Qué no puede hacer la oración cuando el pueblo de Dios tiene sus corazones prestos, y levantados en oración? La oración puede abrir los cielos. La oración puede abrir las entrañas. La oración puede abrir la prisión y romper las cadenas».[10]

---

10. Alexander Grosart, ed., *The Complete Works of Richard Sibbes* [Las obras completas de Richard Sibbes], vol. 3 Nichol, Edinburgh, 1862-64, p. 186.

ORACIÓN DE AUTORIDAD

◆

En el poderoso nombre de Jesucristo me declaro contra el mundo, la carne y el diablo. Resisto toda fuerza que trate de distraerme de mi centro en Dios. Rechazo los conceptos e ideas distorsionados que puedan hacer el pecado posible y deseable. Me opongo a cada intento de alejarme de tener pleno compañerismo con Dios.

Por el poder del Espíritu Santo hablo directamente a los pensamientos, emociones y deseos de mi corazón y les ordeno que encuentren su plena satisfacción en la infinita variedad del amor de Dios en lugar de la desabrida dieta del pecado. Llamo al bien, la verdad y a la belleza para que se levanten en mí y al mal para que desaparezca. Pido por una porción extra de rectitud, paz y gozo en el Espíritu Santo.

Por la autoridad del todopoderoso Dios rompo las ataduras de Satanás en mi vida, en las vidas de aquellos que amo y en la sociedad en la cual vivo. Y tomo para mí las armas de la verdad, la justicia, la paz, la salvación, la palabra de Dios y la oración. Ordeno a toda la mala influencia que se vaya; no tienen derecho aquí y no les permito ningún punto de entrada. Pido para que se aumente mi fe, esperanza y amor, para que por el poder de Dios, pueda ser luz en una colina, dando lugar a que la verdad y la justicia florezcan.

Estas cosas las pido por Aquel que me amó y dio su vida por mí.

—*Amén.*

21

Oración radical

Unir las manos en oración es el comienzo de un levantamiento contra el desorden del mundo.

—Karl Barth

La oración radical va a la raíz, el corazón, el centro. La palabra radical en sí misma viene del Latín *radix*, que significa raíz. La oración radical se resiste a dejar que nos quedemos en los bordes de los grandes problemas de la vida. Se atreve a creer que las cosas pueden ser diferentes. Su meta es la transformación total de las personas, instituciones y sociedades. La oración radical, como ves, es profética.

Epifanía en Oregón

En la primavera de 1978 Carolynn y yo fuimos a la costa de Oregón para pasar unos días de descanso del demandante trabajo del invierno. La primera mañana me levanté antes de que saliera el sol, cuando rayaba el alba. Carolynn todavía dormía, de manera que me deslicé suavemente para dar una caminata temprana por la playa. Fuera de las gaviotas que siempre están presentes, no había nadie más. La marea estaba baja, y el rocío de la noche comenzaba a desaparecer con la llegada de la mañana. Cerca de ahí está un monolito enorme muy conocido en esa zona como Roca Almiar. En sus nidos, en lo alto de la roca, estaban escuadrones de copetudos frailecillos: unos pájaros negros pequeños y gruesos con pecho rojo y penachos de bandas blancas sobre sus cabezas. Con la marea baja, pude caminar casi por completo alrededor de este magnífico fuerte en la roca, que se elevaba recto sobre la arena. Estaba maravillado y tercamente parado contra el ataque de las olas del océano.

El sol había salido ya sobre las distantes montañas. El maravilloso esplendor me hizo tomar aliento. Exclamé en voz fuerte: «¡Esto es maravilloso!» Y no estaba tratando de ser religioso en esto; simplemente tomaba las maravillas de la luz, los árboles el océano y el rocío. Sin embargo, hubo una respuesta: —una clara, llana y franca respuesta—: «Lo sé, yo lo hice». Repentinamente expresé: «¡Gracias, Señor!» De nuevo, hubo respuesta: «De nada».

Me quedé como muerto, paralizado en la arena. No sé si ustedes, pero yo no estoy acostumbrado a «escuchar voces».[1] Después lo que siguió, aunque era inusual, no era nada extraño. Fue más como un diálogo ordinario entre amigos, no como las conversaciones huecas y estereotipadas de ciencia ficción que vemos en las películas. La experiencia duró quizá por espacio de una hora y media, aunque como no tenía el reloj conmigo no puedo decírlo con seguridad. Adoré, reí, di gracias y hasta tuve oportunidad, en un momento dado, de hacer algunas preguntas que con frecuencia me habían causado dificultad. Con una de las preguntas en particular creo que Dios se rió con naturalidad a causa de mi ingenuidad.

Lo que sucedió después es difícil de explicar. Estaba parado encima de un acantilado, mirando la playa. En la cumbre había un bosque de abetos de Sitka y cedros del oeste.

---

1. Uso el lenguaje de «escuchar» pero no me refiero a algo que podría haber sido grabado en un casete. Más acertadamente este es un «escuchar» interior, pero también es una experiencia distinta de lo que es tener una idea agradable que estalla en nuestra cabeza. Sólo he tenido tres experiencias personales de este tipo, esta fue la segunda. En cada caso han llegado en un momento crítico de mi vida.

En particular estuve admirando un cedro del oeste gigante. Sabía que habían tenido que pasar varios siglos para que este árbol alcanzara el tamaño que ahora tenía. Después, al dar tres pasos hacia la derecha, vi lo que se había estado escondiendo de mi vista detrás del árbol saludable: otro cedro extremadamente grande, pero en obvia descomposición. Algunos brotes verdes salían hacia los lados, pero sería sólo cuestión de poco tiempo antes de que el árbol muriera, pues su centro estaba al descubierto: aparentemente había sido partido por un rayo hacia ya bastante tiempo. Aparte de los dos enormes árboles, no había nada de particular en el lugar.

Pero entonces, cuando estaba examinando el árbol moribundo, la palabra del Señor vino a mí diciendo: «¡Esta es mi Iglesia!» Cuando escuché esas palabras, mis ojos se llenaron de lágrimas. He trabajado en iglesias toda mi vida, y sabía que así era: —la Iglesia, aunque grande y con algunos vestigios de vida todavía, estaba decayendo. Después, por alguna razón desconocida para mí, di una vuelta de ciento ochenta grados y miré a la distancia hacia la Roca Almiar. La marea había subido y el agua rodeó completamente la roca contra la cual se rompían salvajemente las olas. La palabra divina continuó: «Pero esto es lo que mi Iglesia habrá de ser». Una gran esperanza brotó en mi interior mientras miraba con asombro esa enorme imagen de fortaleza y resistencia.

Después me fueron dadas instrucciones, que asumo fue una de las razones primordiales del encuentro. Fue la guía de orar por el surgimiento de una nueva generación de líderes —profetas de fibra apostólica— líderes que pudieran una vez más juntar el pueblo de Dios en comunidades de fe radical.

Con esto, la experiencia pareció llegar a su fin y entonces me regresé para decirle a Carolynn todas las cosas que había visto y oído. Al paso de los años, desde este encuentro, he buscado orar en la forma que fui instruido, aunque a lo mejor no tan fervorosamente como estoy seguro que debiera ser. Pero también me siento inclinado a pensar que es un número vasto de personas alrededor del mundo a las que les han sido dadas instrucciones similares, de manera que las grandes olas de oración para levantar líderes proféticos ha estado ascendiendo al trono de Dios a través de los años. Ahora creo que estamos comenzando a ver la emergencia de profetas —muchos de ellos en los países del Tercer Mundo— profetas que están llamando a la gente a una expresión fresca y audaz de fe y obediencia.

El mensajero profético

Estoy consciente que algunas personas tienen razones teológicas para creer que el carisma de la profecía terminó con la era apostólica. Y para otros la palabra ya no tiene mayor utilidad debido al abuso contemporáneo y a los estereotipos. Entiendo estas preocupaciones; aunque yo he decidido seguir usando la palabra profeta por dos razones: porque esa fue la forma en que me fue dada en la playa de Oregón y porque hay una rica tradición en la Biblia que nos informa sobre lo que estoy hablándoles.

¿Cómo eran esos profetas? Surgen de cualquier clase y categoría de gente. Algunos son educados; otros iletrados o semiletrados. Algunos vienen de iglesias y denominaciones establecidas; otros surgen de fuera de estas estructuras. Unos son mujeres; otros hombres; y otros niños y niñas.

Estas personas aman a Jesús con todo su corazón. Todos ellos evidencian el llamado de Dios en sus vidas y la mano de Dios en sus ministerios. No tiene importancia para ellos quien va al frente, quien obtiene la atención, o a quien se le recuerda en los anales de la historia. Algunos de ellos, por cierto, son conocidos por los encargados de los medios masivos de comunicación modernos por la falta de elementos necesarios para ser «noticia de interés» dinero, poder y escándalo.

En su gran mayoría son insignificantes e irrelevantes en el mundo de la religión. No es que les falte influencia; sino que el lugar de la influencia se ve como irrelevante. ¿A quién le importa si una tribu de unos cuantos miles de personas en Zaire viene a la obediencia de Cristo? No es que les falte impacto; sino que la clase de impacto que hacen es vista como irrelevante. ¿Quién nota si gente anónima en Los Ángeles comienza a amar a sus enemigo y a compartir sus bienes unos con otros? Para el reconocimiento humano normal esas son personas sin importancia, pero en el Reino de Dios ellas son verdaderamente la gente importante. Son los herederos espirituales de Débora, Elías y de Amós y Jeremías, de Pablo y las hijas de Felipe. Bajo su liderazgo y por el poder del Santo Espíritu, la gente de Dios están siendo congregadas una vez más. (Estoy hablando no en sentido organizacional, sino orgánico.) Estamos presenciando en nuestros días un ejército completo de niños, mujeres y hombres que se están comprometiendo en un orden diferente de realidad y poder.

Estos son los que han visto la piedra cortada no con mano desmenuzando los reinos de este mundo para convertirse en un gran monte que llena toda la tierra (Daniel 2.34). Estos son aquellos que han visto la piedra viva —la misma piedra que rechazaron los edificadores— que ha llegado a ser la cabeza del ángulo, y se han convertido como en piedras vivas construidas en una casa espiritual, como real sacerdocio (1 Pedro 2). Estos son lo que han entrado al Reino de nuestro Dios y de su Cristo.

Estos son lo que pueden ver un nuevo futuro, un futuro de justicia, paz y gozo en el Espíritu Santo. Han sido cubiertos por un poder santo para hacer el bien. Han sido liberados de la esclavitud de los seres humanos. No pueden ser corrompidos, manipulados o adulados. Aman a sus enemigos y oran por quienes los desprecian. A su tiempo, sus acciones y presencia derrumbarán las estructuras que están sostenidas por el egoísmo, el orgullo y el miedo. Su no participación con la opresión, el prejuicio y la lucha de clase de la cultura moderna habrá de transformar el mundo que casi no podrá ser reconocido.

Yo creo que ustedes, quienes leen estas palabras, están en esta comunidad de comprometidos. La mano de Dios ha sido puesta en ustedes, invitándolos, ganándolos y moviéndolos hacia Él.

Con todo lo importante que es el mensajero profético, el mensaje profético en sí es más importante. El mensaje profético vislumbra una forma radical de vida y de oración. Ahora debemos tratar de esbozar los puntos básicos de este mensaje.

Defensa espiritual

El verdadero mensaje profético siempre nos llama a la defensa espiritual del mundo tal y como está ahora. Nuestra oración, cuando es completamente auténtica, es un atentado contra el status quo. Es un movimiento clandestino de resistencia espiritual. Somos subversivos en un mundo de injusticia, opresión y violencia. Como Amós en la antigüedad, demandamos que «... corra el juicio como las aguas, y la justicia como impetuoso arroyo» (Amós 5.24). Nosotros abogamos por el caso del huérfano y de la viuda, o de quienes están desamparados en nuestros contexto. En nuestras oraciones y en nuestras acciones nos declaramos firmemente en contra del racismo, sexismo, nacionalismo, la discriminación por edad, y contra todos los «ismos» que nos separan, fragmentan y dividen.

Nos convertimos en la voz de los sin voz, abogando por sus causas hasta el trono celestial. Demandamos ser escuchados. Insistimos que se deben hacer cambios. «La oración bíblica», escribe Walter Wink, «es impertinente, persistente, desvergonzada, indecorosa. Se parece más al regateo que se hace en un bazar, que al monólogo de las iglesias».[2] Igual que Abraham, también nosotros regateamos con Dios sobre el destino de la ciudad (Génesis 18). Igual que Moisés argüimos con Dios por el destino de la gente (Éxodo 32). Como Ester abogamos con Dios sobre el destino de la nación (Ester 4).

Nuestra defensa espiritual implica intentos de cambiar la mente de Dios cuando creemos que hacerlo es consistente con el inconmovible amor de Dios. «A veces», escribe Donald Bloesch, «la oración de fe involucra argüir con Dios rayando en la suposición».[3] Martín Lutero dice que «el poder de la oración» es «tan grande» que «ha vencido tanto al cielo como a la tierra». Casi podría hablar de «conquistar a Dios» en el

---

2. Walter Wink, *Prayer and the Powers* [La oración y los poderes], *Sojurners*, vol. 19, no. 8 Octubre 1990, p. 13.
3. Bloesch, *Struggle of Prayer* [Lucha de oración, p. 79.]

sentido que estamos tratando de obligar a Dios a sus propias promesas.[4]

Hablamos con Dios sobre los maltratados y quebrantados, los desamparados y despojados. También le hablamos a otros. Nuestra defensa espiritual apunta hacia una acción firme y agresiva contra toda injusticia y opresión. Estamos indignados porque la gente es llevada a la prisión por el capricho de un gobernante injusto, o porque un niño en la calle es violado emocional o físicamente. Nos ofende que nuestra cultura defina la elección en tal forma que instiga el cuerpo de la mujer contra sí misma, o que defina la vida de tal modo como para hundir al pobre lo más hondo posible en su pobreza. Por el contrario, nosotros debemos hacer oídos sordos a las caricaturas de los medios masivos y discernir en oración el camino de Cristo en medio de estos complejos asuntos de nuestros días.

Las armas de nuestra resistencia nos hacen aparecer completamente irrelevantes para un mundo basado en el poder, la eficiencia y el control. Hablamos la verdad. Oramos por nuestros enemigos. Rehusamos cooperar con la injusticia. Y todavía, por increíble que esto pueda parecer, estas armas son poderosas para derrumbar fortalezas y dar vida al justo y pacífico Reino de Jesús.

Santidad social

El verdadero mensaje profético siempre nos llama a la «santidad social», para usar la frase de John Wesley. Por nuestra oración y por nuestra vida, saboteamos toda clase de distinción de rangos y status.

Jesús fue, y es, un revolucionario social. Cuando curó a los enfermos hizo más que curar enfermedades: curó a los enfermos en una sociedad que los habría marginado. Cuando pronunció las bienaventuranzas sobre la gente, estaba hablando sobre clases y categorías que la sociedad veía como desven-

---

4. Martín Lutero, *Luthers's Works* [Obras de Lutero], ed. Jaroslav Pelikan, vol. 6. St Louis: Concordia, 1961, p. 158. Véase también Bloesch, *Lucha de Oración*, pp. ix, 49.

turadas e incapaces de recibir bendición. Él les dijo a estos «flojos, pendencieros, y delatores» que eran valiosos en el Reino de Dios. Bendijo a los niños; habló a una mujer repudiada; conversó con un rico ladrón (Marcos 10.13-16; Juan 4.1-26; Lucas 19.1-10).

Tenemos que hacer de igual modo. En nuestra oración y en nuestra vida valoramos todo, tirando todas las barreras. Las barreras de clase han cambiado en cierta forma en nuestros días. Valoramos a la gente delgada; a la gente gruesa no. Valoramos a los que tienen éxito; a los fracasados no. Valoramos a la gente poderosa; a los desamparados no. Valoramos a la gente inteligente; a los ignorantes no. Y así podríamos seguir, *ad nauseam*. Pero para los hijos del Reino no es importante *quién* es la persona, sólo basta saber que *es* una persona.

La revolución social de Jesús fue a dar hasta los corredores del poder religioso. En el Sermón del Monte le dijo a la gente, en esencia, que todo el sistema ritual del templo podría secarse y volar en pedazos y que sus bendiciones permanecerían. Jesús, como ven, liberó a la gente lejos de ponerla en esclavitud.

Y lo mismo hacemos. Por nuestras oraciones y por nuestras palabras liberamos a la gente, no la atamos. Cuando oramos por otros estamos guiándolos a Jesús, su Maestro presente, de modo tal que no nos necesiten más. Cualquier fe que hace de los bendecidos gente dependiente sobre alguien o algo en lugar de Dios mismo, es, justamente por eso una fe falsa.

La santidad social nos lleva más allá de nuestras zonas de confort y de nuestras fronteras geográficas. Cuando Jesús definió al prójimo con su parábola del buen samaritano, estaba destruyendo la visión popular de prójimo, es decir prójimo como el que es igual a nosotros. Bajo la tutela del Espíritu, Pedro también llegó a esa concepción de que «Dios no hace acepción de personas, sino que en toda nación se agrada del que le teme y hace justicia» (Hechos 10.34a-35).

Un venerable sabio anciano una vez preguntó a sus discípulos: —¿Cuándo sabemos que las tinieblas se están yendo y que el amanecer viene?

—Cuando podemos ver un árbol en la distancia y sabemos

que es un álamo y no un enebro común —se aventuró a contestar un estudiante.
—Cuando podemos ver un animal y saber que es una zorra y no un lobo, —dijo otro.
—No —dijo el anciano—, esas cosas no nos ayudarían.
Intrigados los estudiantes preguntaron, entonces
—¿De qué manera podemos saberlo?
El maestro sabio se incorporó en toda su estatura y replicó quietamente:
—Sabemos que las tinieblas se están yendo y el amanecer está llegando cuando podemos ver a otra persona y darnos cuenta que este es nuestro hermano o nuestra hermana; de lo contrario, no importa la hora que sea, todavía está oscuro.

Abrazar al mundo entero

El verdadero mensaje profético siempre nos llama a extender nuestros brazos con amplitud y abrazar al mundo entero. En santa audacia cubrimos la tierra con la gracia y la misericordia de Dios. Esta es una gran empresa, una noble tarea. Dios ha puesto en nuestras manos el destino del mundo, y por medio de nuestras oraciones detenemos la ira divina. Helmut Thielicke escribe: «El globo en sí vive y es sostenido como por los brazos de Atlas a través de las oraciones de aquellos cuyo amor no se ha enfriado. *El mundo vive por estas manos unidas, y por nada más*».[5]

Por eso prestamos atención a los vientos y oramos no sólo por individuos sino también por las naciones, no sólo por la renovación de la iglesia sino por la transformación del mundo. Oramos y trabajamos para que el Reino se extienda en la tierra —en toda la tierra— así como en el cielo.

Esta es la forma en que una maravillosa y sabia mujer de oración me enseñó a orar por las naciones.[6] Tenemos que

---

5. Thielicke, *Our Heavenly Father* [Nuestro Padre Celestial], p. 109.
6. La persona era Agnes Sanford, y estaba escribiendo sobre esta forma de orar en sus muchos libros, especialmente *The Healing Light* [La luz sanadora], Logos, Plainfield, NJ, 1972, cap. 15, y *Behold Your God* [Mira

comenzar, dijo, por enfocarnos en una nación y discernir en oración que clase de nación debiera ser. Si es una nación agresora, por ejemplo, quizás sintamos que debiera retirarse de su autodesarrollo y comenzar a «enviar al mundo pequeñas flechas doradas de intercambio y comercio, y cooperación financiera».[7] En ocasiones tal vez debamos limitar nuestras oraciones a favor de quienes toman decisiones que puedan cambiar el curso de la nación hacia la justicia. Bendecimos los pedacitos de virtud que estos líderes ya tienen y pedimos que ellos, como los peces y los panes, se multipliquen y sean usados para bien.

Después, lo más importante, nos arrepentimos por el pecado del mundo. En esto haremos bien por comenzar con nuestro propio país, cualquiera que sea este. Puesto que ninguna nación está sin culpa delante de Dios, nos declaramos representantes de nuestra propia nación y nos arrepentimos por sus pecados.

Esta no es una tarea pequeña, cualquiera que lo haya intentado puede atestiguar. Debemos ir más allá de toda jerigonza de propaganda y de autointerés nacional y arrodillarnos en aflicción y tristeza por la arrogancia y egoísmo que causa la injusticia nacional. Después de haber hecho esto, podemos también arrepentirnos en lugar de otras naciones. Abrimos fuentes espirituales aun más grandes cuando se nos ha dado la gracia y poder perdonador de arrepentirnos en el nombre de nuestros enemigos.

Además, escuchamos la voz del Buen Pastor llamándonos para llevar a toda la gente el mensaje liberador de vida en Cristo. Lo hacemos con atrevimiento de fe, pero también con humildad de corazón, pues sabemos que Jesús, la verdadera luz, ya ha estado irradiando su verdad en los corazones de la gente (Juan 1.9). Nuestra tarea, por lo tanto, es ver dónde Dios ha estado trabajando y en ese contexto proclamar el eterno evangelio de Jesucristo. George Fox escribe: «Que todas las

a tu Dios], Macalester Park, St Paul, MI, 1973, cap. 13.
7. Sanford, *The Healing Light* [La luz sanadora], p. 160.

naciones escuchen la palabra por el sonido o la escritura. No se guarde ni un lugar, no se guarde ni una lengua o pluma; sino sean obedientes a Dios... y sean valientes por la Verdad en la tierra... caminen radiantes sobre el mundo».[8]

Cuando hacemos estas cosas, hemos llegado a un punto en el que amamos a los otros por causa de Dios y no por nuestra propia causa. Por tanto, estamos dando una compasión sin límites a toda la gente.

Comunidad cristiana

Nuestro compromiso con el mundo entero también debe hacerse específico, y por eso, el verdadero mensaje profético siempre nos llama a la comunidad cristiana. No vivimos en aislamiento, y no oramos en aislamiento. El número cristiano es plural y no singular.

La Iglesia dispersa debe convertirse en la Iglesia congregada. Todavía no sabemos con exactitud qué formas tomarán estas nuevas congregaciones en nuestros días. Francamente, estamos entrando en una clase de «espiritualidad centrífuga». Un centrifugador es un aparato que gira a tal velocidad que la densidad existente se rompe y emerge una nueva.

Estamos viendo cómo sucede esto delante de nuestros ojos. Las densidades viejas, las antiguas formas de arreglar nuestras vidas religiosas, están rompiéndose y emergen nuevos arreglos. Ello persiste para todos nosotros que nos hemos reunido en Jesucristo, nuestro eterno Profeta, para vislumbrar el futuro.

En los días venideros podemos esperar que la comunidad cristiana tome una de las cuatro expresiones que ya mencionamos, aunque habrá infinidad de variedades en cada forma básica: institucional, comunal, mentor personal espiritual y formación espiritual en pequeños grupos. Estas cuatro expresiones no necesitan ser exclusivas la una de la otra, y en muchos

---

8. *The Journal of George Fox* [El diario de Jorge Fox], p. 263.

lugares habrán de funcionar todas juntas. Permítanme describir cada una de ellas brevemente.

Muchas de nuestras estructuras institucionales sobrevivirán y hasta prosperarán. Algunos de los profetas, como San Francisco hace ya muchos años, oirán el llamado de «construyan mi iglesia» desde el interior de las estructuras existentes. Su camino no será fácil, pues son muchos los obstáculos. La observación de Jesús acerca de lo futil de poner vino nuevo en los odres viejos establece la dificultad (Mateo 9.17). Uno de los problemas más cruciales que enfrentará la vida institucional será cómo encontrar un lugar para el funcionamiento del ministerio profético. ¿Podemos darle el honor de profeta a quienes usan el manto profético, o debemos siempre matarlos?

La tarea será monumental y habrá retroceso, pero también se lograrán triunfos. Dios está en el proceso de dar nuevo aliento de vida a los huesos secos. Hay una gran enseñanza de la Reforma, que la Iglesia reformada siempre está reformando. Creo incluso que esto es posible, y es necesario que quienes han sido llamados al ministerio de reformar la Iglesia y las iglesias eleven oraciones firmes. Nos queremos regocijar en cada nuevo brote de vida, cada fuerza creativa de renovación.

La vida comunitaria es la expresión más intensa de la comunidad cristiana, y ha existido en todas las edades de la Iglesia. Aunque yo no soy miembro, estoy cerca de un grupo que es comunal, llamado la Comunidad de amigos de Jesús. Estas cuatro formas de organización han aumentado sus recursos de modo tal que han comprado un pequeño complejo de apartamentos en el centro de la ciudad para sanar las heridas del racismo. Escriben: «Como amigos de Jesús, nuestro llamado a la comunidad intencional viene de nuestra convicción de que debemos tener una relación cercana con los demás aun si tuviéramos que resistir el énfasis incorrecto de nuestra cultura y ser fieles al llamado de Dios de vivir con los pobres y los débiles».[9] Por conocer de primera mano, puedo decirles que su testimonio es

---

9. Dorothy Craven, *Sharing in Community [Compartiendo en comunidad]*, *Jesús Community Nesletter*, [Periódico de la comunidad de Amigos de Jesús], vol. 2, No. 6 Diciembre 1991.

de verdad notorio en muchos niveles. Muchos otros grupos han intentado aventuras similares.

Aquellos que están buscando expresiones de compañerismo cristiano deben lidiar con problemas mayores: cómo mantener la debida autoridad sin llegar a ser autoritario, cómo mantener un nivel alto de vida comunitaria intencional sin llegar a cerrarnos, cómo hacer esta forma de vida accesible a familias con niños pequeños y parejas que están viajando constantemente. Es necesario elevar oraciones vigorosas para obtener la visión profética para crear nuevas soluciones a viejos problemas.

Algunos, en su ir y venir de la vida en Cristo, han encontrado útil buscar individuos que pueden guiarlos en las cosas del Espíritu. El viejo término para esto es director espiritual; otros usan el término amigo espiritual. Personalmente, prefiero hablar de mentor espiritual. Los mentores espirituales son gente dotada de discernimiento, sabiduría y conocimiento. Su tarea es ayudar a la gente a ver las huellas de Dios en sus vidas y, ahora y siempre, instarlas a caminar en la dirección en la que de otra manera no iría.

Esta es una expresión de la comunidad cristiana, pero no se pretende que sea la única. Faltan otras expresiones de vida de grupo, especialmente en el culto corporativo. El gran reto para quienes se están moviendo en esta dirección es encontrar formas de desarrollar suficientes mentores espirituales en un período razonable para tener un impacto sustancial en la vida de la Iglesia. De lo contrario, se convertirá en el interés exclusivo de unos pocos privilegiados. Debemos orar para que Dios haga camino donde no hay camino.

Un modelo de comunidad cristiana que muestra tremendo potencial para el futuro son los pequeños grupos de formación espiritual. Este es un enfoque que pretende proveer tanto alimentación espiritual como responsabilidad. Por ejemplo, cada semana me reúno con un grupo pequeño de cuatro miembros cuya meta es ayudarse unos a otros a ser mejores discípulos de Jesús. Hacemos esto por medio de cinco preguntas a las cuales respondemos en cada reunión. Las preguntas son bastante simples, pero a veces nos llevan a profundizar. Esta es la lista: consideren cómo responderían:

¿Qué experiencias de oración y meditación has tenido esta semana?

¿Qué tentaciones enfrentaste esta semana?

¿Qué movimientos del Espíritu Santo experimentaste esta semana?

¿Qué oportunidades de servir a otros tuviste esta semana?

¿En qué forma has encontrado a Cristo en tu estudio bíblico esta semana?[10]

Hay muchos asuntos que necesitan ser resueltos por aquellos comprometidos con los grupos pequeños de formación espiritual: cómo desarrollar mentores espirituales a la vez que se mantiene el liderazgo, cómo fomentar la libre proliferación de grupos sin los excesos destructivos, cómo mantener la responsabilidad sin el legalismo. Se necesita tener oraciones santas a fin de soñar sueños nuevos y tener nuevas visiones.

Cualquiera que sea la forma de nuestra vida juntos, es de suma importancia que oremos en comunidad. Aunque la oración es con frecuencia privada y personal, nunca está fuera de la realidad de la oración y adoración de la comunidad. A decir verdad no podemos sostener una vida de oración fuera de una comunidad. Ya sea que nos demos por vencidos, por la falta de apoyo y de cuidado de otros, o que hagamos esto un asunto de nuestra propiedad. Sin el discernimiento de la vida de la comunidad cristiana fácilmente cambiaremos la oración en un monólogo autojustificador y de componenda.

La comunidad cristiana es un regalo de Dios creada por el poder del Espíritu Santo y basada en nuestro perdón en Jesucristo. Todos vivimos bajo la sombra de gracia de la cruz, perdonando y siendo perdonados.

Dallas Willard escribe: «La meta de Dios en la historia es la creación de una comunidad totalmente inclusiva de personas amorosas, incluyéndolo a Él en esa comunidad como su prin-

---

10. Estas preguntas son parte de un programa de formación espiritual. Para mayores detalles escriba a: RENOVARÉ, P. O. Box 879, Wichita, KS 67201-0879, USA.

cipal sustentador y más glorioso habitante».[11] Yo creo que Dios está reuniendo a tal comunidad en nuestros días. Es una comunidad que combina la escatología con la acción social, el señorío trascendente de Jesús con el sufriente siervo Mesías. Es una comunidad de cruz y corona, de conflicto y reconciliación, de acción valiente y amor sufrido. Es una comunidad capacitada para atacar al maligno en todas sus formas y testificar sin componendas. Es una comunidad que se mantiene a flote por la visión del eterno reinado de Cristo, no sólo presente de manera parcial en nuestro horizonte sino próximo a venir y cumplirse en plenitud en medio nuestro.

La ley real

El amor divino, *ágape*, por sí solo puede sustentar la comunidad que Dios ha llamado a la existencia; por lo tanto el verdadero mensaje profético siempre nos llama a ese amor dinámico de Dios y al amor al vecino que están en el corazón del evangelio. Amamos a Dios al amar a nuestro vecino, y podemos amar a nuestro vecino sólo como amamos a Dios. Los dos mandamientos forman los dos lados de una toga.

Cuando tratamos de amar a nuestros vecinos sin amar a Dios, comenzamos a imponer lo que Bonhoeffer llama nuestros «deseos» en la relación, los cuales la destruyen al final. El amor humano sin ayuda sólo ama a otros por su propio bien, mientras que el *ágape* ama a otros por causa de Dios. El amor humano se da en espera de recibir algo a cambio, necesita recibir, demanda recibir. *Ágape*, por el contrario, da, no esperando recibir nada. «Esta es la razón», escribe Bonhoeffer, «el amor humano se convierte en odio personal cuando encuentra el amor espiritual auténtico, el cual no desea, sino que sirve».[12]

---

11. Dallas Willard, *Studies in the Book of Apostolic Acts: Journey into the Spiritual Unknown* [Estudios en el Libro de los Hechos apostólicos: peregrinaje en lo espiritual desconocido], guía de estudio no publicada.
12. Dietrich Bonhoeffer, *Life Together* [Vida en comunidad], tr. Juan W. Doberstein, Harper & Row, San Francisco, 1954, p. 35.

Tratar de amar a nuestros prójimos sin una relación de amor continua con Dios destruirá la comunidad.

Cuando tratamos de amar a Dios sin amar a nuestros prójimos, nos cortamos nosotros mismos de la «arteria pulmonar» de Dios. El amor de Dios demanda expresión; no se puede quedar solo. Esa es la manera en que Dios «respira», si nosotros lo hacemos. De la misma manera en que nuestra sangre *debe* fluir de nuestro corazón a nuestros pulmones, así el amor de Dios *debe* fluir a su creación. Por tanto, si amamos a Dios con todo nuestro corazón, alma, mente y fuerzas, seremos movidos necesariamente a amar a nuestros vecinos. Vemos la cara de Dios en nuestros prójimos, y descuidar a nuestros prójimos es descuidar a Dios. Si olvidamos a nuestros prójimos en nuestro celo por amar a Dios, pronto olvidaremos también a Dios. Es sólo a través de la ley real del amor que nuestros hechos de misericordia y compasión se vuelven una bendición. Sin ésta, así lo intentemos de todas formas, nuestro servicio se verá siempre afectado de arrogancia condescendiente. San Vicente de Paul dice: «Es sólo por causa de tu amor, solo tu amor, que los pobres perdonarán el pan que les des».[13]

La oración hace fluir libremente nuestro amor, tanto en forma vertical como horizontal. Conforme oramos, nos movemos hacia el amor de Dios que irresistiblemente nos guía hacia nuestro prójimo. Cuando tratamos de amar a nuestro prójimo, descubrimos nuestra absoluta inhabilidad para hacerlo, lo que irresistiblemente nos lleva de regreso a Dios. Y así, entramos en esa relación de amor de nunca acabar que da vida a la comunidad cristiana.

Fin

Quizá se dieron cuenta de que hemos hecho un círculo.

---

13. Esta cita es de la película francesa, Monsieur Vincent París: EDIC/Union General Cinematographique. Los guionistas, Jean-Bernard Luc y Jean Anouilh, ponen estas palabras en boca de San Vicente y, aunque es sin duda una licencia poética, la idea es ciertamente consistente con la vida y espíritu de San Vicente.

Comencé este libro con las palabras de San Agustín: «La oración plena y verdadera no es otra cosa que amor». Y aquí estamos de vuelta con el amor. A lo largo del recorrido de nuestro peregrinaje he tratado de describir algo del corazón de Dios que se extiende en absoluta aceptación de amor y nos invita a la intimidad de la oración. Vimos varias de las formas en que la amante relación con Dios nos lleva hacia el *interior* de la transformación que necesitamos; cambiándonos, moldeándonos, formándonos. Se nos invitó a *ascender* en la intimidad que necesitamos: adorando a Dios, descansando en Dios, escuchando a Dios. Escuchamos el llamado hacia el *exterior* para el ministerio pertinente: sanar al enfermo, sufrir con el quebrantado, interceder por el mundo.

Hace dos milenios, en un desayuno temprano por la mañana cerca del Mar de Tiberias, Jesús le hizo una sola pregunta a Pedro: «Simón hijo de Juan, ¿me amas?» (Juan 21). Jesús no preguntó sobre su efectividad, o sus capacidades, o ninguna otra cosa sino sobre su amor. Tres veces preguntó Jesús: «Simón, ¿me amas?» Pedro luchó por dar una respuesta adecuada a esa inquisitiva pregunta. Finalmente, exclamó, «Señor, tú lo sabes todo; tú sabes que te amo». Seguro de su corazón, Jesús le dio trabajo a Pedro: «Alimenta a mis ovejas».

La misma pregunta se nos hace a nosotros. El mismo trabajo nos ha sido dado.

◆

Una Bendición

Y ahora, por el poder del Santo Espíritu, reciban el espíritu de oración. Y que se convierta, en el nombre de Jesucristo, en la ocupación más preciosa de sus vidas. Y que el Dios de toda paz les fortalezca, bendiga y dé gozo.
—*Amén.*

www.ingramcontent.com/pod-product-compliance
Lightning Source LLC
Chambersburg PA
CBHW071230230426
43668CB00011B/1375